Konfliktcoaching und Konfliktmanagement in Schulen

Herausgegeben von Astrid Schreyögg

Bibliografische Information der Deutschen Nationalbibliothek
Die Deutsche Nationalbibliothek verzeichnet diese Publikation in der
Deutschen Nationalbibliografie; detaillierte bibliografische Daten sind
im Internet über **http://dnb.d-nb.de** abrufbar.

1. Auflage 2008
Alle Rechte vorbehalten.
© 2008 Deutscher Psychologen Verlag GmbH, Bonn.
www.psychologenverlag.de

Lektorat: Tobias Frindte

Umschlaggestaltung und Satz: Tanja Bregulla, Aachen
Bildnachweis: Lightguard, ranplett, www.istockphoto.com
Druck und buchbinderische Verarbeitung: DIP Digital Print, Witten-Annen

Printed in Germany
ISBN 978-3-931589-86-8

Konfliktcoaching und Konfliktmanagement in Schulen

Herausgegeben von Astrid Schreyögg

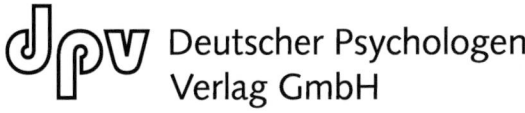 Deutscher Psychologen
Verlag GmbH

Bonn 2008

Inhalt

Abbildungsverzeichnis

Tabellenverzeichnis

Vorwort

Astrid Schreyögg

Konflikte sind in Schulen allgegenwärtig. Ob auf dem Schulhof, in der Klasse oder im Kollegium: Immer wieder kommt es zu Auseinandersetzungen zwischen Schülern, Lehrern oder Eltern. Konflikte können hierbei einzelne Personen betreffen, aber auch zwischen größeren Personengruppen bestehen. Sie werden von den Beteiligten meistens als Phänomene wahrgenommen, die die Zusammenarbeit stören und die Zielerreichung behindern. Dabei können Konflikte durchaus auch positive Folgen haben. Etwa wenn durch sie der Status quo in Frage gestellt wird, die Umgebungsbedingungen geändert werden und die Beteiligten ihre Kompetenzen durch eine erfolgreiche Konfliktbewältigung weiterentwickeln.

Der vorliegende Sammelband gibt einen Überblick über die Möglichkeiten des Konfliktcoachings und des Konfliktmanagements in Schulen. Er ging aus einer Supervisionsfortbildung für Schulpsychologen in Bayern hervor, die von der Akademie für Lehrerfortbildung und Personalführung in Bayern (Dillingen/Donau) in Kooperation mit der Deutschen Psychologen Akademie des Berufsverbandes Deutscher Psychologinnen und Psychologen (BDP) sowie dem bayerischen Kultusministerium durchgeführt wurde. Die Supervisionsfortbildung umfasste Elemente des Coachings und der Mediation und verstand sich als Maßnahme schulischer Personalentwicklung. Sie schloss mit der Fortbildungsqualifikation „Supervisor(in) BDP" ab.

An der Fortbildung nahmen Schulpsychologen teil, die in den verschiedenen Schultypen Grund-, Haupt-, Real- und Förderschule sowie Gymnasium arbeiten. Die Aufsätze des Sammelbandes basieren auf den Abschlussarbeiten zur Fortbildung, in denen die Teilnehmer über ihre Projekte zu Konfliktcoaching und Konfliktmanagement in Schulen berichteten. Diese Projekte haben durchweg Beispielcharakter und können der Schulpraxis sowohl in Bayern als auch in anderen Bundesländern wertvolle Impulse liefern. Wenn in den nachfolgenden Texten meist die männliche Form verwendet wird, so ist dies keinesfalls Ausdruck geschlechtsbezogener Vorurteile, sondern dient lediglich der sprachlichen Vereinfachung. Es sind ausdrücklich immer beide Geschlechter gemeint. Zentrale Begriffe und methodische Schritte sind fett gedruckt, um das selektive Lesen zu erleichtern.

Der Sammelband umfasst drei Teile. Im Grundlagenkapitel des ersten Teils werden von Astrid Schreyögg die zentralen Begriffe Konflikt, Konfliktmanagement und Konfliktcoaching erläutert. Der zweite Teil gilt dem Konfliktcoaching von Mitarbeitern im schulischen Dienst. Hier werden Ansätze vorgestellt, wie Studienreferendare, Lehrer und Schulleiter im Umgang mit Konflikten durch Beratung und Fortbildung gestärkt werden. Bei diesen Ansätzen stehen im Unterschied zu Teil drei des vorliegenden Bandes keine spezifischen Konfliktthemen im Mittelpunkt, sondern übergreifende Strategien der Konfliktbewältigung. Dagmar Mortler und Barbara Maier-Gigl zeigen im ersten Kapitel dieses Teils, wie Supervision Studienreferendaren während ihrer Ausbildung hilft, ihre damit einhergehenden Konflikte zu bewältigen. Die Autoren stellen anhand von Einzelfällen anschaulich dar, wie die Supervision ablaufen kann. Konflikte der Studienreferendare während der Ausbildung können hierbei Selbstzweifel, Schwierigkeiten, sich selbst abzugrenzen, oder soziale Ängste sein.

Im nächsten Kapitel referiert Petra Bachheibl die Ergebnisse einer explorativen Befragung zum Bedarf an Personalentwicklung und Coaching, den Schulleiter an Realschulen haben. Sie kommt zu dem Schluss, dass Realschulleiter Personalentwicklung als Möglichkeit zur besseren Führung, Kooperation und Entlastung ansehen. Coaching kann diese Personalentwicklung umfassend unterstützen. Ute Lucas gibt einen fundierten Einblick, wie Schulleiter-Coaching als Gruppensitzung ablaufen kann. Sie stellt das Ablaufschema der Sitzungen vor und zeigt anhand von Fallbeispielen auf, wie mit individuellen Konflikten umgegangen werden kann. Als Konflikte werden u. a. eine Bewerbungssituation, ein bereits eskalierter Konflikt und die Aufgabenverteilung innerhalb einer Doppelspitze geschildert.

Das Kapitel „Kann jetzt jeder Lehrer werden?" von Maria Hacker-Eichenseer widmet sich dem Quereinstieg von Beamten in den Lehrerberuf. Sie stellt das dazugehörige Qualifizierungskonzept in Bayern vor und geht auf einzelne Seminarsitzungen näher ein. Die Organisationsanalyse wird hierbei als Methode zur Konfliktbewältigung für Quereinsteiger behandelt. Im letzten Kapitel von Teil zwei konzipieren Doris Graf und Michaela Huber einen Workshop zur Konfliktbewältigung für Personalräte auf der Grundlage ihrer bisherigen Fortbildungserfahrungen. Dieser Workshop umfasst einzelne Fortbildungsmodule und begleitende Supervision. Fortbildungsinhalte sind Gesprächsführung, Organisationstheorie, Konfliktbewältigung und Großgruppen-Moderation. Innerhalb der Supervision werden die Probleme einzelner Teilnehmer in Gruppensitzungen besprochen.

Teil drei des vorliegenden Bandes bündelt die Beiträge zum spezifischen Konfliktmanagement in schulischen Settings. Ulf Cronenberg und Hanna Gastl entwerfen im ersten Kapitel dieses Teils ein Eskalationsmodell zum Mobbing unter Schülern und stellen eine Lehrerfortbildung vor, die auf diesem Modell aufbaut. Das Eskalationsmodell postuliert, dass in den einzelnen Eskalationsphasen des Mobbings Interventionen auf den unterschiedlichen Ebenen des Opfers, des Umfelds, des Täters oder der Schule effektiv sind. Die Lehrerfortbildung umfasst u. a. die Wissensvermittlung entsprechend dem Eskalationsmodell, einen Erfahrungsaustausch und Supervision zu Mobbingfällen der Teilnehmer. Klaudia Roth behandelt im nächsten Kapitel das Aggressions-Bewältigungs-Programm von Andreas Dutschmann als Methode zur Konfliktbewältigung. Sie gibt hierbei einen Überblick über das Programm und seine theoretischen Grundlagen. Anschließend berichtet sie von einer dreitägigen Lehrerfortbildung, die sie entsprechend dem Programm durchgeführt hat.

Brigitte Eder stellt die regionalen Kriseninterventionsteams in Niederbayern vor. Sie geht zunächst auf die psychotraumatologischen Grundlagen und auf die Interventionen für Schüler, Lehrer und Schulleitung ein. Der Einsatz eines regionalen Kriseninterventionsteams wird in allen seinen Phasen dargestellt: Alarmierung, Situationsanalyse, Einsatzplanung, Durchführung und Nachbereitung. Schließlich evaluiert die Autorin alle bisherigen Einsätze seit Gründung der Teams in Niederbayern. Die Kriseninterventionsteams haben sich als ein erfolgreiches vernetztes Modell zum Krisenmanagement erwiesen.

Sie sind in ihrer Umsetzung beispielhaft und haben auch für andere Bundesländer Modellcharakter. Im Anschluss daran zeigt Helmut Bauhuber, welche Schritte im Rahmen des Krisenmanagements bei Todesfällen in Schulen notwendig sind. Er erörtert auch die vorbereitenden und akuten Maßnahmen innerhalb des präventiven Krisenmanagements.

Im letzten Kapitel macht Reinhard Maar die Konfliktpotenziale bei der Zusammenarbeit von Kindergarten und Grundschule deutlich. Diese können die unterschiedlichen Qualifikationen, Berufsrollen und Arbeitszeiten der Angestellten in beiden Institutionen sein. Hinzu kommen Konfliktpotenziale hinsichtlich der Hierarchien, der beteiligten Personen, der Machtverhältnisse oder des Projektkonzepts.

Ich möchte allen herzlich danken, die diesen Sammelband möglich gemacht haben. Mein Dank gilt dem bayerischen Kultusministerium, das die Finanzierung des Projekts sicherte. Thomas Sachsenröder, Leiter der Akademie für Lehrerfortbildung und Personalführung in Bayern, danke ich dafür, dass die Fortbildung in bewährter Qualität wieder in seinem Haus stattfinden konnte. Heinz Lehmeier ermöglichte dabei die reibungslose Durchführung der Fortbildung. Ljiljana Saalbach und Gerald Maier, beide Geschäftsführer der Deutschen Psychologen Akademie, haben die Organisation und die administrative Abwicklung der Fortbildung unterstützt. Auch ihnen danke ich vielmals.

Mein besonderer Dank geht an die Autoren, die hier mit ihren Beiträgen versammelt sind. Sie geben mit ihren Projektberichten einen umfassenden Einblick in jene schulischen Bereiche, in denen Konfliktcoaching und Konfliktmanagement erforderlich sind. Die Autoren beziehen sich dabei vielfach auf ihre Zusammenarbeit mit Supervisanden, Coachingklienten, Lehrern und Schulleitern. Auch ihnen möchte ich meinen Dank aussprechen. Durch die Mitarbeit aller Beteiligten können wir einen Sammelband vorlegen, der Wissen und Praxis zu Konfliktcoaching und Konfliktmanagement in Schulen bündelt und neue Leitlinien zum Handeln aufzeigt. Damit dürfte er für alle Schulpsychologen, Lehrer, Schulleiter und Bildungsinteressierte eine reichhaltige Quelle zur erfolgreichen Konfliktbewältigung in Schulen sein.

Berlin, im Mai 2008

Teil 1: Grundlagen

1 Konflikte, Konfliktmanagement und Konfliktcoaching

Astrid Schreyögg

1.1 Konflikte

Konflikte gehören, ob in der Schule, bei der Arbeit oder im privaten Bereich, zum menschlichen Alltag. Oft können die Beteiligten trotz ihres untrüglichen Gespürs für die eskalierende Situation die grundlegenden Mechanismen des Konfliktgeschehens nicht genau benennen. Auch Außenstehenden fällt es mitunter schwer, die Struktur der wechselseitigen Angriffe, in die die Konfliktparteien verstrickt sind, zu verstehen. Im Folgenden sollen daher die Definition, die Funktion, mögliche Ursachen, die Merkmale von Konflikten sowie die Eskalationsstufen des Konfliktprozesses näher betrachtet werden.

1.1.1 Definition

Je nach Fachbereich werden Konflikte unterschiedlich definiert. Bei der Betrachtung von Konflikten in Schulen geht es vor allem um soziale Konflikte innerhalb einer Organisation. Friedrich Glasl (1994), Hauptvertreter der Konfliktforschung im deutschsprachigen Raum, gibt dazu folgende Definition:

„Ein **sozialer Konflikt** ist eine Interaktion zwischen Aktoren (Individuen, Gruppen, Organisationen), wobei wenigstens ein Aktor Unvereinbarkeiten im Denken/Vorstellen/Wahrnehmen und/oder Fühlen und/oder Wollen mit dem anderen Aktor (anderen Aktoren) in der Art erlebt, dass im Realisieren eine Beeinträchtigung durch einen anderen Aktor (die anderen Aktoren) erfolgt." (S. 14 f.)

1.1.2 Funktion

Sind Konflikte gefährlich, sind sie unbedingt zu vermeiden, oder sind sie gar nötig? Zur Funktion von Konflikten zeichnen sich in den letzten Jahrzehnten unterschiedliche Positionen in der Fachliteratur ab. Zu Beginn des 20. Jahrhunderts betrachteten Soziologen, wie Weber (1921/1976) oder Simmel (1908/1968), Konflikte als selbstverständlichen Bestandteil menschlichen Lebens. In den 1950er Jahren beschrieben Coser (1956/1969) oder Dahrendorf (1961) Konflikte sogar als unersetzliche Basis für Innovationen jeglicher Art, da andernfalls Stagnation droht. Unter dem Einfluss des Kalten Krieges änderte sich im Verlauf der 1970er und 1980er Jahre diese Sicht. Von da an galt es, Konflikten vorzubeugen oder sie möglichst schnell zu beseitigen (vgl. Krüger, 1972; Rüttinger, 1977). Seit Ende des Kalten Krieges werden sowohl Positionen vertreten, die die Vermeidung von Konflikten als unabdingbar betonen, als auch solche, die deren Nutzen herausstellen. So empfehlen De Dreu und Van de Vliert (1997) in ihrem grundlegenden Werk „Using conflict for organization", Konflikte gezielt zur Fortentwicklung von Organisationen zu nutzen. Zur Analyse und Bearbeitung von Konflikten sollten ihre möglichen nutzbringenden wie nachteiligen Folgen immer mit berücksichtigt werden.

1.1.3 Ursachen

Konflikte werden in der Regel durch mehrere Faktoren verursacht. Von daher ist es kontraproduktiv, etwa einer Person allein die Entstehung eines Konflikts anzulasten. Es lassen sich insgesamt gesehen gesellschaftliche, organisationale, interaktive und individuelle Ursachen von Konflikten unterscheiden. So führen beispielsweise gesellschaftliche Faktoren zu einem höheren Anteil von Schülern mit Migrationshintergrund. Organisationale Faktoren können zu wenig Lehrer sein, die auf diese Situation vorbereitet sind. Schließlich bedingen eine unangemessene Ansprache der Schüler durch den Lehrer in der Lernsituation als interaktiver Faktor oder der Lernstil als individueller Faktor mögliche Leistungseinbußen einzelner Schüler.

1.1.4   Merkmale

Zur genaueren Betrachtung von Konflikten sind nach Glasl (1994) äußere und inhaltliche Merkmale notwendig. Ein markantes äußeres Merkmal von Konflikten ist der **soziale Rahmen**. Bei einem sogenannten Mikro-Konflikt liegt eine Unvereinbarkeit im Denken oder Handeln zwischen zwei Personen vor. Diese Unstimmigkeit beeinträchtigt möglicherweise kaum jemand anders als diese beiden Personen und kann leicht auszuräumen sein. Ein Meso-Konflikt besteht zwischen zwei gegnerischen Gruppen, bei denen die Hauptakteure, unterstützt durch die jeweiligen Gruppenmitglieder im Hintergrund, ihre Meinungsverschiedenheit austragen. Durch die vorliegende Gruppendynamik können sich Meso-Konflikte schnell verschärfen. Makro-Konflikte schließlich verlassen die organisationalen Grenzen. Hierbei handelt es sich um Konflikte zwischen einzelnen Bereichen mehrerer Organisationen. Ein Beispiel wäre ein Konflikt zwischen Schulleiter und Kollegium, in den auch die Schulaufsichtsbehörde, Rechtsanwälte oder sogar die Presse involviert sind. Der Komplexitätsgrad dieser Konflikte geht mit entsprechenden Schwierigkeiten bei der Konfliktbewältigung einher.

Ein weiteres äußeres Merkmal ist die **inhaltliche Reichweite** eines Konflikts. Eine geringe Reichweite liegt vor, wenn um unterschiedliche Standpunkte gestritten wird. Die Reichweite nimmt bei sogenannten Positionskämpfen zu, bei denen es den beteiligten Seiten darum geht, formale oder informelle Positionen durchzusetzen. Als Beispiel ließen sich hier Auseinandersetzungen um formale Beurteilungen in der Schule anführen. Die größte inhaltliche Reichweite haben Systemveränderungskonflikte. Hier stehen wie etwa bei der Raucherregelung auf dem Schulhof Veränderungen ganzer Systembereiche zur Disposition.

Neben der inhaltlichen Reichweite spielt auch die **Formgebundenheit** von Konflikten als äußeres Merkmal eine Rolle. Konflikte sind formgebunden, wenn sie in der Weise ausgetragen werden, die in einem System üblich ist. Formlos sind demgegenüber Konflikte, bei denen die gängige Form überschritten wird. Schließlich ist die **Emotionalisierung** von Konflikten als äußeres Merkmal bedeutsam. Ein Konflikt kann nach Glasl (1994) als heiß bezeichnet werden, wenn seine Austragung von starken Emotionen begleitet ist. Kalt ist ein Konflikt, wenn Emotionen nicht gezeigt werden, sondern sich die Konfliktparteien lediglich mit einer untergründigen zynischen Haltung begegnen. Ein Beispiel für einen heißen, formlosen Konflikt wäre, wenn sich zwei Lehrer im Lehrerzimmer, wo bislang nur ruhige Debatten üblich waren, lautstark angreifen.

Zu den **inhaltlichen Merkmalen** von Konflikten zählen die Streitpunkte, die Personen der jeweiligen Konfliktpartei, die Beziehung der Konfliktparteien zueinander und die Chancen zur Beendigung des Konflikts. Die Streitpunkte können sich im Verlauf des Konflikts vervielfachen. Aus Sachthemen ergeben sich meist Streitpunkte, die die Form der Auseinandersetzung betreffen. Das lässt sich z. B. an Bemerkungen, wie: „Sei nicht so laut", innerhalb eines Streitgesprächs erkennen. Bei Mikro- und Meso-Konflikten, bei denen Einzelne oder eine überschaubare Gruppe von Personen beteiligt sind, gelingt es ohne Weiteres, die Personen der jeweiligen Konfliktpartei zuzuordnen. Bei Makro-Konflikten, bei denen oft übergeordnete Instanzen einbezogen sind, ist hingegen kaum mehr auszumachen, wer genau welchem Lager angehört. Die Beziehung der Konfliktparteien zueinander verschlechtert sich normalerweise im Verlauf eines längeren Konflikts immer mehr. Damit nehmen auch die Chancen ab, den Konflikt rasch ausräumen zu können.

1.1.5   Eskalationsstufen

Der Konfliktprozess ist die Veränderung des Konflikts über die Zeit hinweg. Innerhalb des Konfliktprozesses lassen sich einzelne Stufen entsprechend dem Grad der Konflikteskalation unterscheiden (Glasl, 1994; Neuberger, 1995; Regnet, 2001). Die Übergänge der Eskalationsstufen vollziehen sich über Wendepunkte. Ein Wendepunkt stellt eine Handlung dar, bei der von einer Partei neue, bisher nicht genutzte Mittel der Auseinandersetzung angewandt werden. Ein Beispiel für einen Wendepunkt ist die Einschaltung eines Rechtsanwalts, die von der gegnerischen Partei ihrerseits verlangt, einen Rechtsbeistand zu bemühen. Glasl (1994) unterscheidet innerhalb des Konfliktprozesses **neun Eskalationsstufen**. Diese werden von Neuberger (1995) zu **drei Eskalationshauptstufen** zusammengefasst. Im Folgenden werden die Eskalationsstufen und -hauptstufen kurz beschrieben.

Die erste Eskalationshauptstufe wird von einer **Win-win-Situation** bestimmt, bei der beide Konfliktparteien um eine befriedigende Lösung auf der Sachebene bemüht sind. Beide Parteien können aus der Konfliktsituation noch als Gewinner hervorgehen. Die erste Eskalationsstufe ist hierbei (1) eine **Verhärtung**, bei der sich erste Missverständnisse und Meinungsverschiedenheiten herausbilden. Daraus entwickelt sich (2) eine **Debatte oder Polemik**, bei der die Kontrahenten nicht mehr den Dialog suchen, sondern nur noch ihre eigenen Standpunkte plakativ darzustellen versuchen. Wenn (3) **Taten statt Worte** eingesetzt werden, weitet sich der Konflikt auf ursprünglich unbeteiligte Personen aus, und die Standpunkte beginnen, sich zu verhärten.

Die zweite Eskalationshauptstufe wird durch eine **Win-lose-Situation** geprägt, bei der einer Konfliktpartei mehr Nachteile drohen als der anderen. Hierbei wird zunächst versucht, (4) **Images** aufzubessern, und neue **Koalitionen** werden gesucht, um das Ansehen der eigenen Partei zu steigern. Im weiteren Verlauf wird versucht, dem Gegner (5) einen **Gesichtsverlust** beizubringen, sei es, indem er durch eigene Reputation in die Knie gezwungen wird oder dass er sich infolge einer Provokation selbst eigene Schwächen eingesteht. Aus Befürchtungen, die Auseinandersetzung womöglich doch nicht gewinnen zu können, werden (6) **Drohstrategien** eingesetzt. Der soziale Stress nimmt zu, der Konflikt nimmt die Form eines Kampfes an.

Die dritte Eskalationshauptstufe ist eine **Lose-lose-Situation**, bei der beide Konfliktparteien vor dem eigenen Untergang stehen. Es werden (7) erste **begrenzte Vernichtungsschläge** gegen den Gegner ausgeführt. Ab dieser Stufe lässt sich die weitere Eskalation des Konflikts oft nicht mehr unterbinden. Diese Vernichtungsschläge ziehen Vergeltung nach sich. Die Vernichtungsschläge konzentrieren sich mehr und mehr darauf, (8) eine **Zersplitterung** des Gegners herbeizuführen. Ein gegenseitiges Einlenken ist längst unmöglich geworden. Der Höhepunkt des Konflikts ist erreicht, wenn die Konfliktparteien die Vernichtung des Gegners um den Preis der eigenen Vernichtung erzwingen wollen. Damit ist die Stufe erreicht, auf der beide Kontrahenten bereit sind, (9) **gemeinsam in den Abgrund** zu gehen.

1.2 Konfliktmanagement

Konfliktmanagement umfasst den gesamten Prozess von der Analyse eines Konflikts bis zu seiner Lösung. Hierbei kann ein externer Konfliktmanager zur Konfliktbewältigung beauftragt werden. Rüttinger (1977) und Glasl (1994) schlagen zum Konfliktmanagement eine Reihe von Maßnahmen vor, die entsprechend der jeweiligen Eskalationsstufe des Konflikts gewählt werden sollen.

Die Technik der Moderation kann nach Meinung der Autoren auf der ersten Eskalationshauptstufe eingesetzt werden. Zu Beginn der zweiten Eskalationshauptstufe kommt eine Prozessbegleitung und im weiteren Verlauf dieser Hauptstufe die sogenannte soziotherapeutische Prozessbegleitung in Frage, mit je unterschiedlich tief greifenden psychodynamischen Interventionsstrategien. Für die dritte Eskalationshauptstufe werden Vermittlungsaktivitäten empfohlen, also all jene Aktivitäten, die unter dem gängigen Begriff der Mediation subsumiert werden. Auf der letzten Eskalationsstufe – „gemeinsam in den Abgrund" – scheinen beraterische Interventionen aussichtslos. Hier werden Machteingriffe durch die dazu berechtigten Instanzen notwendig.

1.2.1 Moderation

Es kann davon ausgegangen werden, dass die Konfliktparteien die Konflikte, die auf der ersten Eskalationshauptstufe angesiedelt sind, selbst bewältigen können. Die **Moderation** ist hier als „Hilfe zur Selbsthilfe" die probate Technik. Mit der Moderation ist vor allem verbunden, Gespräche zu strukturieren. Beim Management wird unter Moderation zum einen eine generelle Führungstechnik verstanden (Seidel & Redel, 1987). Sie hat hierbei die Funktion, Gruppendiskussionen mit fachlich spezialisierten und relativ autonom tätigen Mitarbeitern sachlich und emotional zu lenken. Zum anderen ist sie eine Technik zur Konfliktbewältigung (Besemer, 1993; Klebert, Schrader & Straut, 2003; Redlich, 1997; Fisher, Ury & Patton, 2006). Da die Moderation einen hohen Stellenwert bei der Lösung von Konflikten einnimmt, soll sie hier ausführlicher dargestellt werden. Als **Ziele der Moderation** nennt Glasl (1994):

- Sichtweisen, Aufgaben, Funktionen, Ablauf und Planungsfragen abklären
- den Kommunikationsfluss fördern
- die eigenen Bewältigungsstrategien anregen und eigene Wege finden

Die Intervention bezieht sich dabei inhaltlich auf einzelne Streitfragen und Sachthemen. Bei der Moderation wird mit unterschiedlichen Methoden gearbeitet. Zur Visualisierung eignen sich Flipcharts, Schreib- und Magnettafeln. Wenn die Gespräche festgefahren sind, kommen Rückzugsstrategien, wie das Aufschieben von Besprechungen oder die Analyse in Kleingruppen, in Frage. Ferner eignet sich die Methode der Selbstbeobachtung. Damit werden die Konfliktparteien angehalten, eine äußere Sicht auf ihren eigenen Standpunkt zu gewinnen. Bei der Moderation sollte die Aufmerksamkeit auch auf die nonverbale Kommunikation gelenkt werden. Dies geschieht z. B. durch ein Blitzlicht, bei dem die Gruppenteilnehmer ihre gegenwärtigen Gefühle und Gedanken kurz äußern, oder durch Metakommunikation, bei der über die bisherigen Gespräche in der Gruppe selbst gesprochen wird.

Folgende **Grundsätze der Moderation** sind zu beachten: Der Moderator bestimmt den Gesprächsrahmen und den Gesprächsprozess. Er achtet darauf, dass Inhalte ausführlich besprochen werden können, die Sachebene dabei aber nicht verlassen wird. Ihm sollten vor der Moderation seine eigenen Interessen klar sein, und im Falle, dass er sich im Verlauf des Gesprächs zur Parteinahme gezwungen sieht, sollte er einen Stellvertreter mit der Moderation beauftragen. Um die gegensätzlichen Anliegen der Konfliktparteien klar zu umreißen, sollte der Moderator die Teilnehmer dazu anhalten, nicht die globalen Positionen, sondern die konkreten Interessen zu äußern und in der Ich-Form statt in der Man-Form zu reden. Im Rahmen der Lösungsfindung sollte betont werden, dass es nicht eine richtige Lösung gibt, sondern viele Lösungsmöglichkeiten, die verhandelbar sind. Eine zeitliche Struktur erleichtert den Diskussionsverlauf. Bei nachfolgenden Treffen sollte der Moderator Ergebnisse abfragen. Andernfalls bleiben die Sitzungen unverbindlich. Durch mehrere aufeinanderfolgende Sitzungen können sich die Teilnehmer einer Konfliktlösung annähern. Eine positive Streitkultur wird damit gefördert.

Fisher et al. (2006) schlagen folgende **Moderationsphasen** vor: (1) die Anwärmphase, (2) die Phase der Themensammlung, (3) die Analysephase, (4) die Verhandlungsphase und (5) die Beschlussphase. Die **Anwärmphase** dient dazu, bei den Teilnehmern eine positive Stimmung und eine Bereitschaft für die Beteiligung am Gesprächsverlauf zu erzeugen. Der Moderator nimmt dazu mit allen Anwesenden Blickkontakt auf und versucht, schon vor dem Gruppengespräch mit jedem Einzelnen einige Worte zu wechseln. In der **Phase der Themensammlung** werden die einzelnen Tagungsordnungspunkte zusammengetragen und Vereinbarungen über das weitere Vorgehen getroffen. Zur Themensammlung stellt der Moderator offene Fragen. Hierbei kann z. B. ein Brainstorming eingesetzt werden, bei dem möglichst viele Ideen bewertungsfrei gesammelt werden. Um den gegensätzlichen Positionen der Konfliktparteien gerecht zu werden, empfiehlt es sich, dass jede Partei für sich die Themen sammelt und anschließend die Ergebnisse der gesamten Moderationsgruppe vorstellt. Die Themen werden auf beschrifteten Kärtchen oder am Flipchart festgehalten. Schließlich stimmen sich die Teilnehmer über das weitere Vorgehen ab.

In der **Analysephase** werden zunächst die Gefühle und Gedanken ermittelt, die jeder Teilnehmer mit dem jeweiligen Thema verbindet. Der Moderator stellt dazu offene Fragen und paraphrasiert die Aussagen der Teilnehmer, um sich zu vergewissern, dass er und die gesamte Gruppe alles richtig verstanden haben. Zur Bearbeitung der Themen sollten drei mögliche Bedarfe geklärt werden. Problemlösungsbedarf besteht, wenn ein Problem skizziert ist, aber noch Uneinigkeit darüber herrscht, wie es gelöst werden kann. Klärungsbedarf besteht, wenn die Sichtweisen der Teilnehmer über ein Problem unklar sind. Verhandlungsbedarf besteht, wenn die Teilnehmer unterschiedliche Ziele verfolgen. Das zugrunde liegende Problem kann bei allen drei Bedarfen entweder ein Sach- oder ein Beziehungskonflikt sein. Bei Beziehungskonflikten kann es im Rahmen der Deeskalation sinnvoll sein, das Gruppengespräch zu unterbrechen und weitere Einzelgespräche zu vereinbaren.

Entsprechend der Bedarfe, die in der Analysephase festgestellt wurden, geht es in der **Verhandlungsphase** für jedes Thema darum, entweder das Problem zu lösen, die Sichtweisen der Teilnehmer zu klären oder gemeinsame Ziele zu verhandeln. Zur Problemlösung können mit den Teilnehmern zukünftige Szenarien entwickelt werden. Auf dieser Grundlage wird die aussichtsreichste Problemlösung ausgewählt. Bei der Klärung der Sichtweisen der Teilnehmer sollen vor allem auseinandergehende Sichtweisen zusammengeführt werden. Dabei kann es sein, dass einige Divergenzen für die Konfliktlösung unerheblich sind oder sich im weiteren Verlauf nachfolgender Sitzungen von selbst auflösen. Die Zielfindung dient der Festlegung übergeordneter Ziele, die für beide Parteien verbindlich sind. Hierbei ist es meistens erforderlich, einen Kompromiss zwischen abweichenden Zielen der einzelnen Teilnehmer auszuhandeln. In der **Beschlussphase** werden die Ergebnisse präzisiert und Handlungen, die über die Sitzung hinausgehen, festgelegt. Die Personen, die nicht an der Sitzung teilgenommen haben, sollten über die Ergebnisse informiert werden.

1.2.2 Prozessbegleitung

Die **Prozessbegleitung** bezieht sich auf Einstellungen, Ziele und Verhaltensmuster, die sich bereits über längere Zeit hin gebildet haben. Sie richtet sich weniger auf einzelne Streitfragen als vielmehr auf die Interaktion der Konfliktparteien. Die **Ziele der Prozessbegleitung** sind nach Glasl (1994):

- die Konfliktparteien dazu befähigen, ihre Probleme aus eigener Kraft zu lösen
- die konfliktbezogenen Einstellungen beseitigen oder abmildern
- die Konfliktmechanismen außer Kraft setzen
- Wissen und Fähigkeiten erwerben, wie Konflikte in Zukunft selbstständig gelöst werden können
- die Konfliktparteien übernehmen Verantwortung für den bisherigen Konfliktverlauf

Die Intervention bezieht sich dabei vorwiegend auf die psychischen Prozesse derjenigen, die am Konfliktgeschehen beteiligt sind. Hier geht es darum, Einstellungen, Ziele und Verhalten zu verändern. Empathische Fähigkeiten werden eingeübt, die die Beziehung zwischen den Parteien verbessern. Die Parteien sollen ihre erstarrten Positionen aufgeben und wieder Vertrauen zur Gegenseite gewinnen. Die Beteiligten können sich so über ihre eigenen Gefühle und Motive klar werden, die mit der Austragung des Konflikts einhergehen.

1.2.3 Soziotherapeutische Prozessbegleitung

Die **soziotherapeutische Prozessbegleitung** erweitert die Prozessbegleitung um eine therapeutische Dimension. Mit ihr sollen die Selbst- und Fremdbilder angegangen werden, die sich durch den bisherigen Konfliktverlauf herausgebildet haben und eine erhebliche Fixierung aufweisen. Sie richtet sich zugleich gegen die pathologischen Interaktionen zwischen den Konfliktparteien. Ihre Bearbeitung erfordert vom Berater ein intensives, quasitherapeutisches Vorgehen. Von ihm wird verlangt, dass eine angstfreie Atmosphäre zur Konfliktlösung geschaffen wird und die Konfliktparteien vor Kränkungen durch die Gegenseite geschützt sind. Glasl (1994) hält folgende **Ziele der soziotherapeutischen Prozessbegleitung** fest:

• festgefahrene Situationen durchbrechen und die sie bedingenden psychosozialen Blockaden abbauen
• Angstgefühle vermindern und abbauen
• einen Sinnbezug in der Konfliktsituation wiedererlangen, die als hoffnungslos erlebt wird
• die Identität der jeweiligen Konfliktparteien festigen

Die Intervention ist vorwiegend auf die Beziehungen der Konfliktparteien gerichtet. Dabei sollen die gegenseitigen Wahrnehmungen geklärt und korrigiert und die Gedanken und Gefühle gegenüber der anderen Partei verändert werden. Zum Angstabbau eignen sich Imaginationen und verschiedene Arten des Rollenspiels. Die Angst muss erlebt und ausagiert werden. Indem Szenen mit kleinen Figuren oder Bausteinen nachgebaut und analysiert werden, kann ebenfalls die Angst abgeschwächt werden (Schreyögg, 2004). Mit Panoramen, bei denen die Klienten auf einem großen Bogen Papier den Konfliktprozess mit Malstiften darstellen, werden zudem die Ursachen des Konflikts aufgedeckt (Petzold & Heinl, 1983; Berdel-Mantz & Mantz, 1996).

1.2.4 Mediation

Auf der dritten Eskalationshauptstufe sehen die Parteien keine Möglichkeit mehr, ihren Konflikt durch eine gemeinschaftliche Herangehensweise beizulegen. Sie nehmen ihre Handlungen fast ausschließlich als gegensätzlich und unvereinbar wahr und stehen doch in gegenseitiger Abhängigkeit voneinander. Hier setzt die **Mediation** mit ihren Vermittlungsaktivitäten zu einer Konfliktlösung an. Der Vermittler ist dabei nicht mehr darauf aus, die Beziehungen zwischen den Konfliktparteien zu verbessern. Er führt vielmehr mit jeder Partei getrennte Verhandlungen und vermittelt dann zwischen den Parteien. Er konzentriert sich dabei auf die Fakten und ist in seinem Vorgehen direktiv. Hierbei benötigt er Kenntnisse über Strategien und Taktiken, muss aber selbst jeweils unparteiisch bleiben. Damit ergeben sich nach Glasl (1994) folgende **Ziele der Mediation**:

- Kommunikationsbarrieren reduzieren, um den Konflikt zu regeln und zu beenden
- die Konfliktparteien anleiten, ihre gegenseitigen negativen Bewertungen zu erkennen und in Zukunft zu vermeiden
- die Konfliktparteien lernen Verhandlungstechniken, mit denen sie weitere Eskalationen vermeiden können
- die Konfliktparteien einigen sich darauf, Ursachenfaktoren des Konflikts in Zukunft zu kontrollieren und damit eine Basis für die gegenseitige Duldung und Koexistenz zu schaffen

Im Mittelpunkt der Intervention steht die selektive Übermittlung von Informationen zu den Wahrnehmungen und Einstellungen der Konfliktparteien. Im Zuge von Verhandlungen mit der einen wie mit der anderen Partei versucht der Vermittler, schrittweise die Konzessionsbereitschaft der Parteien zu erhöhen, sodass sie sich jeweils Vertrauensvorschüsse geben. Er versucht außerdem, die Sichtweisen der Parteien zu ändern, indem er ihnen die Konsequenzen einer weiteren Eskalation vor Augen führt. Strittige Themen werden auf die wichtigen und verhandelbaren Streitpunkte eingegrenzt. Die Akzeptanz des Vermittlers ist bei der Mediation eine kritische Größe und kann nur gewährleistet werden, wenn der Vermittler vollkommen unparteiisch bleibt (Dulabaum, 2003; Fietkau, 2001).

1.3 Konfliktcoaching

Konfliktcoaching ist eine Methode, bei der derjenige, der innerhalb einer Organisation für die Konfliktregulation verantwortlich ist, wie etwa der Lehrer oder eine Führungskraft, sich von einem Coach in verschiedenen Gesprächssitzungen unterstützen lässt. Coaching ist dabei zur Konfliktprophylaxe, zur Konfliktbewältigung und zur Konfliktstimulation geeignet.

1.3.1 Coaching zur Konfliktprophylaxe

Coaching zur Konfliktprophylaxe dient dazu, Konflikte zu vermeiden, noch bevor sie aufgetreten sind. Dies gelingt am besten, wenn der Coach als langfristiger Dialogpartner zur Verfügung steht und Einblick in alle bedeutsamen organisatorischen Prozesse hat. Coaching kann somit präventive Haltungen und ein präventives Management fördern.

1.3.1.1 Präventive Haltungen

Der Coach wird dem Klienten deutlich machen, dass zwei zunächst widersprüchlich erscheinende Haltungen eine konfliktprophylaktische Wirkung haben: sowohl Gelassenheit als auch Wachsamkeit gegenüber potenziellen Konflikten. **Gelassenheit** einer Führungskraft gegenüber Konflikten wirkt in einem System deeskalierend, weil ihr die Mitarbeiter damit zutrauen, Krisen und Konflikte bewältigen zu können. Vorgesetzte können ganz selbstverständlich mit Konflikten umgehen und ihren Mitarbeitern genügend Raum für einen Schlagabtausch lassen. So wird die Grundlage für eine positive Streitkultur geschaffen.

Hat die Führungskraft hingegen Angst vor Konflikten, gehen auch an die Mitarbeiter vielfältige Signale, diese zu vermeiden. Da hierbei keine Erfahrungen gesammelt werden, wie ein Konflikt adäquat ausgetragen wird, ist die Wahrscheinlichkeit groß, dass Mitarbeiter und Führungskraft im Falle eines Konflikts diesem unvorbereitet und hilflos gegenüberstehen. Wenn die Führungskraft den Konflikt meidet und sich zu dessen Lösung ein informeller Führer berufen sieht, kann ein Führungsvakuum entstehen. Der Teufelskreis, bestehend aus der Angst vor Konflikten und der Unfähigkeit, sie zu bewältigen, wird so weiterhin aufrechterhalten.

Der Coach sollte die Führungskraft gezielt auf Konflikte vorbereiten. Im Sinne einer systematischen Desensibilisierung wird hierbei eine Liste Angst auslösender Konflikte erstellt, die nach dem Ausmaß der damit einhergehenden Angst geordnet sind. Der Klient beginnt dann, sich die am wenigsten Angst auslösenden Konflikte und geeignete Gegenmaßnahmen vorzustellen, und schreitet mit dieser Imagination zu den immer bedrohlicher werden Konflikten voran. Wenn er sich schließlich den am stärksten Angst auslösenden Konflikt vorgestellt und in Gedanken bewältigt hat, ist eine Desensibilisierung gegenüber Konflikten erreicht (Schreyögg, 2003).

Trotz einer ausgeprägten Konfliktbereitschaft ist jedoch immer **Wachsamkeit** gegenüber potenziellen Konflikten gefordert. Im Coaching sollten laufend mögliche Konfliktursachen reflektiert werden. Erst wenn der Klient in der Lage ist, Konfliktursachen auszumachen und Konflikte damit vorherzusagen, kann er ihnen auch vor ihrer Entstehung entgegenwirken.

1.3.1.2 Präventives Management

Eine weitere Form der Konfliktprävention ist das gezielte Management. Als Managementaufgaben gelten Planung, Organisieren, Personaleinsatz, Führung und Kontrolle (Steinmann & Schreyögg, 2005). Bei jeder dieser Aufgaben kann eine Konfliktprophylaxe durch gezielte und qualifizierte Ausführung erreicht werden.

Konfliktprophylaxe durch qualifizierte Planung wird möglich, indem die Ziele innerhalb der Organisation konkretisiert werden. Hinsichtlich der Planung wird zwischen strategischer und operativer Planung unterschieden. Bei der strategischen Planung werden die Rahmenziele für die gesamte Organisation festgelegt. Hierbei erarbeitet das Management Leitbilder oder übergreifende Strategien (Belzer, 1998). Bei der operativen Planung werden konkrete Handlungsziele bestimmt. Es empfiehlt sich, bei der operativen Planung die Mitarbeiter zu beteiligen. Damit wird sichergestellt, dass die Handlungsziele von allen mitgetragen werden, was wiederum die Mitarbeiter entscheidend motiviert.

Konfliktprophylaxe durch qualifiziertes Organisieren bezieht sich auf die effektive Umsetzung von Zielen. Dafür müssen geeignete Organisationsstrukturen geschaffen und die Aufgaben verteilt werden. Auch hierbei sollten die Mitarbeiter beteiligt werden. Es gilt, bei allen organisatorischen Fragen den Dialog mit ihnen zu suchen und ihre Interessen ausreichend zu berücksichtigen.

Bei der **Konfliktprophylaxe durch qualifizierten Personaleinsatz** werden alle Aktivitäten genutzt, um qualifiziertes und engagiertes Personal zu gewinnen, zu sichern und zu erhalten. In Schulen bestehen enge Grenzen für die Personalauswahl. Dennoch kann durch Mitarbeitermotivation oder durch einen Personaleinsatz, der sich an den Interessen des einzelnen Lehrers orientiert, die Leistungsfähigkeit des Kollegiums verbessert und langfristig erhalten werden.

Konfliktprophylaxe durch qualifizierte Führung ist für Führungskräfte allgegenwärtig. Führung bedeutet, dass eine Führungskraft die Arbeitsausführung der Mitarbeiter veranlasst und steuert. Die Führungskraft stützt sich dabei auf verschiedene Einflussquellen, wie ihren formalen Vorgesetztenstatus, positive und negativen Sanktionspotenziale, ihr Expertentum und ihre persönliche Ausstrahlung (Steinmann & Schreyögg, 2005). Führung erfordert einerseits Entschiedenheit, die Mitarbeiter im Sinne der Organisationsziele zu lenken. Andererseits erfordert sie Flexibilität, bereits getroffene

Entscheidungen revidieren zu können, Mitarbeiter am Entscheidungsprozess zu beteiligen und von ihnen zu lernen. Unklare und rigide Führung sind zentrale Ursachen für die Entstehung von Konflikten. Führung ist daher das Hauptthema beim Coaching.

Schließlich ist **Konfliktprophylaxe durch qualifizierte Kontrolle** möglich. Durch Kontrolle wird sichergestellt, dass die Mitarbeiter ihre Aufgaben entsprechend den organisationalen Zielen erfüllen. Für viele Vorgesetzte ist Kontrolle ein heikles Thema, da sie befürchten, dass dadurch Konflikte provoziert werden. Sie rechnen damit, ihre bislang aufgebaute Belohnungsmacht einzubüßen, wenn sie die Leistung der Mitarbeiter überprüfen. Konflikte entstehen jedoch eher, wenn Führungskräfte ihre Kontrollfunktion vernachlässigen. Kontrolle ist notwendig, um die Leistungsfähigkeit des Teams einzuschätzen, leistungsstarke Mitarbeiter zu bestärken und weniger leistungsstarke zu motivieren. Sie dient letztlich dazu, die Arbeitsmoral und Leistungsfähigkeit des gesamten Systems aufrechtzuerhalten.

1.3.2 Coaching zur Konfliktbewältigung

Für Führungskräfte ergeben sich aus ihrer Funktion heraus in Konfliktsituationen besondere Grenzen und Möglichkeiten. Sie können erstens nur die Arbeitskraft ihrer Mitarbeiter beeinflussen, nicht aber ihren privaten Bereich, der möglicherweise Anlass zum Konflikt ist. Zweites sind sie dafür verantwortlich, dass es zu einer Lösung des Konflikts kommt. Drittens verfügen sie durch ihren Vorgesetztenstatus über ein Machtpotenzial, Konfliktlösungen auch erzwingen zu können. Diese Grenzen und Möglichkeiten werden bei den beiden Methoden der Moderation und des Machteingriffs genutzt, die hier im Rahmen der Konfliktbewältigung vorgestellt werden.

Wann soll ein Coach jedoch im Konfliktfall hinzugezogen werden? Es besteht z. B. die Gefahr, dass eine Führungskraft in den Augen ihrer Mitarbeiter Schwächen eingesteht, wenn sie einen externen Berater um Unterstützung bittet. Ein Coach sollte nach Schreyögg (2002) dann eingeschaltet werden, wenn die Führungskraft selbst in den Konflikt involviert ist, wenn sie vermutet, dass bei einem Konflikt zwischen Mitarbeitern private Gründe eine Rolle spielen oder wenn sich eine feindliche Front zwischen Teilen der gesamten Organisation aufgebaut hat.

1.3.2.1 Moderation

Ziele, Grundsätze und Phasen der Moderation wurden bereits im Abschnitt zum Konfliktmanagement erläutert. Im Coaching wird der Klient gezielt auf die Durchführung der einzelnen Moderationen vorbereitet. Hierbei sollte die Gesprächssituation imaginiert und mit Hilfe von Materialien, Bausteinen oder kleinen Figuren dargestellt werden. Die Anwärmphase, die Phase der Themensammlung, die Analysephase, die Verhandlungsphase und die Beschlussphase werden genau vorweggenommen. Es wird ermittelt, an welchen Punkten die Führungskraft voraussichtlich unsicher sein wird. Zugleich berichtet der Klient von ähnlichen Situationen, die er in der Vergangenheit schon gemeistert hat. Damit werden frühere Erfolge bewusst gemacht, an die er in der bevorstehenden Moderation anknüpfen kann.

1.3.2.2 Machteingriffe

Machteingriffe sind nur durch formal ernannte Vorgesetzte möglich. Führungskräfte machen dadurch ihr Einflusspotenzial geltend, um einen Eskalationsstopp herbeizuführen. Machteingriffe beziehen sich dabei weniger auf Ausnahmehandlungen, wie Abmahnungen oder Entlassungen, als vielmehr auf alltägliche Eingriffe, wie etwa das eigenmächtige Herbeiführen von Entscheidungen. Da Machteingriffe immer mehr oder weniger undemokratisch sind und eine Reihe von unvorhergesehenen Konsequenzen nach sich ziehen können, sollten Führungskräfte, insbesondere wenn sie ihre Position neu übernommen haben, dazu ausführlich gecoacht werden.

Machteingriffe zielen darauf ab, einen Konflikt unter Kontrolle zu bringen, ihn zwangsweise auf die Sachebene zu reduzieren und alle negativen Folgen des Konfliktes zu begrenzen. Diese Interventionsstrategie erfordert von der Führungskraft eine distanzierte Haltung. Sie ist gezwungen, sich über die eigenen Gefühle und auch die der Konfliktparteien hinwegzusetzen. Machteingriffe erzeugen vielfach Vertrauenskrisen und können die Beziehung zwischen dem Vorgesetzten und den Mitarbeitern, die von dem Machteingriff unmittelbar betroffen sind, beeinträchtigen. Machteingriffe werden von den Mitarbeitern häufig zunächst als Bestrafung erlebt, bevor ihnen die positiven Konsequenzen deutlich werden. Der Wirkungsgrad eines Machteingriffs bestimmt sich nach dem Ausmaß, wie präzise er platziert wird. Hier ist genau zu bestimmen, welches Verhalten von wem unterbunden werden soll.

Vor Machteingriffen bestimmt der Coach mit der Führungskraft, über welche Machtpotenziale sie im Hinblick auf den aktuellen Fall überhaupt verfügt. In diese Analyse müssen auch Fragen nach der bisherigen Beziehung zwischen der Führungskraft und den Hauptakteuren einfließen. Außerdem ist die Führungskraft darauf vorzubereiten, dass sich ihre Mitarbeiterbeziehungen durch den Machteingriff voraussichtlich verändern werden. Schließlich muss deutlich werden, dass die Führungskraft selbst durch einen Machteingriff erheblich verunsichert werden kann.

1.3.3 Coaching zur Konfliktstimulation

Durch eine **Konfliktstimulation** sollen die positiven Konsequenzen von Konflikten für die Organisation genutzt werden (vgl. De Dreu & Van de Vliert, 1997). Nach Baron (1997) können sich Konflikte in Organisationen leistungssteigernd auswirken, besonders dann, wenn einzelne Organisationseinheiten miteinander konkurrieren. Dadurch findet ein positiver doppelter Wettstreit statt: Erstens konkurrieren innerhalb der Gruppe die Mitarbeiter darum, wer den Streit mit der anderen Gruppe am dynamischsten austrägt, zweitens konkurrieren beide Gruppen um das beste Ergebnis (Bornstein & Erev, 1997). Die Rivalität mit einer Außengruppe fördert die Gruppenkohäsion und die Kooperationsfähigkeit der eigenen Gruppe. Dadurch wird die Kreativität gesteigert, und die Gruppe kann mehr Innovationen hervorbringen (Carnevale & Probst, 1997). Zur Stimulierung von Konflikten, die sich positiv auf die Organisation auswirken, eignen sich folgende Maßnahmen:

* **Qualitätszirkel**, die für ihre Leistung prämiert werden, können zur Förderung von Abteilungswettstreiten eingesetzt werden (Fisher, 1997).

- Die **Trennung in unterschiedliche Arbeitsgruppen** während einer Sitzung kann die Konfliktbereitschaft steigern und die Ergebnisse der Arbeitsgruppen verbessern (Fisher, 1997).
- Die **Sachebene** sollte bei Konflikten möglichst nicht verlassen werden. Dadurch werden negative Emotionen vermieden, die sich leistungsmindernd auswirken können (De Dreu, 1997).
- **Humor und Lebendigkeit** können eine Kontroverse beflügeln (Baron, 1997). Daher sollten Streitgespräche und Debatten entsprechend aufgelockert geführt werden.
- **Konfliktreiche Themen** sollten immer wieder angesprochen und betont werden, um die Debatte anzufachen und die Streitkultur zu fördern (Putnam, 1997).

Im Coaching kann die Umsetzung dieser Maßnahmen besprochen und vorbereitet werden. Dabei sollte immer wieder darauf hingewiesen werden, dass die Führungskraft die zentrale Rolle bei der Konfliktstimulation einnimmt. Sie kann die Maßnahmen steuern und kontrollieren, und sie kann ein Modell für eine gelungene Streitkultur abgeben. Die Führungskraft sollte dabei jederzeit für unterschiedliche Standpunkte offen sein und ihren Mitarbeitern zeigen, dass Konflikte neue Chancen eröffnen.

1.4 Resümee

Für die Konfliktanalyse ist es vor allem notwendig, die Merkmale des Konflikts und seine Eskalationsstufe zu bestimmen. In Abhängigkeit von der Eskalationsstufe wird festgelegt, ob das Konfliktmanagement als Moderation, Prozessbegleitung oder Mediation erfolgt. Konfliktcoaching ist eine beratende Unterstützung für Personen, die für die Konfliktregulation verantwortlich sind. Der Klient wird dabei angeleitet, sich mit Konflikten, die den Unternehmenszielen entgegenstehen, erfolgreich auseinanderzusetzen. Das kann zum einen geschehen, indem prophylaktisch Konfliktursachen beseitigt werden. Zum anderen kann ein bereits eskalierter Konflikt durch Moderation und Machteingriffe schrittweise bewältigt werden. Konflikte lassen sich schließlich auch für die Unternehmensziele nutzen, indem durch Konfliktstimulation neue Problemlösungen angestoßen werden. Der Erfolg des Konfliktcoachings hängt davon ab, inwieweit der Klient durch den Coach zu einem wirksamen Bewältigungsverhalten angeregt werden kann.

1.5 Literatur

Baron, R. A. (1997). Positive effects of conflict: Insights from social cognition. In C. De Dreu & E. Van de Vliert (Eds.), *Using conflict in organizations* (pp. 177-191). London: Sage.

Belzer, V. (Hrsg.). (1998). *Sinn in Organisationen – oder: Warum haben moderne Organisationen Leitbilder?* (2. Auflage). München: Hampp.

Berdel-Mantz, B. & Mantz, M. (1996). Das dreidimensionale Panorama in der integrativen Supervision. *Organisationsberatung, Supervision, Coaching, 3*, 45-59.

Besemer, C. (1993). *Mediation: Vermittlung in Konflikten.* Königsfeld: Stiftung Gewaltfreies Leben.

Bornstein, G. & Erev, I. (1997). The enhancing effect of intergroup competition on group performance. In C. De Dreu & E. Van de Vliert (Eds.), *Using conflict in organizations* (pp. 116-128). London: Sage.

Carnevale, P. J. & Probst, T. M. (1997). Good news about competitive people. In C. De Dreu & E. Van de Vliert (Eds.), *Using conflict in organizations* (pp. 129-146). London: Sage.

Coser, L. A. (1956/1969). *The social functions of conflict: An examination of the concept of social conflict and its use in empirical sociological research.* New York: Free Press.

Dahrendorf, R. (1961). *Gesellschaft und Freiheit: zur soziologischen Analyse der Gegenwart.* München: Piper.

De Dreu, C. (1997). Productive conflict: The importance of conflict management and conflict issue. In C. De Dreu & E. Van de Vliert (Eds.), *Using conflict in organizations* (pp. 9-22). London: Sage.

De Dreu, C. & Van de Vliert, E. (Eds.). (1997). *Using Conflict in Organizations*. London: Sage.

Dulabaum, N. L. (2003). *Mediation: das ABC. Die Kunst, in Konflikten erfolgreich zu vermitteln* (4. Auflage). Weinheim: Beltz.

Fietkau, H. (2001). *Psychologie der Mediation: Lernchancen, Gruppenprozesse und Überwindung von Denkblockaden in Umweltkonflikten* (2. Auflage). Berlin: Edition Sigma.

Fisher, R., Ury, W. & Patton, B. (2006). *Das Harvard-Konzept: der Klassiker der Verhandlungstechnik* (22. Auflage). Frankfurt am Main: Campus.

Fisher, R. J. (1997). Third party consultation as the controlled stimulation of conflict. In C. De Dreu & E. Van de Vliert (Eds.), *Using conflict in organizations* (pp. 192-207). London: Sage.

Glasl, F. (1994). *Konfliktmanagement: ein Handbuch zur Diagnose und Behandlung von Konflikten für Organisationen und ihre Berater* (4. Auflage). Bern: Haupt.

Klebert, K., Schrader, E. & Straut, W. G. (2003). *Kurzmoderation: Anwendung der Moderationsmethode in Betrieb, Schule, Hochschule, Kirche, Politik, Sozialbereichen und Familie, bei Besprechungen und Präsentationen*. Hamburg: Windmühle.

Krüger, W. (1972). *Grundlagen, Probleme und Instrumente der Konflikthandhabung in der Unternehmung*. Berlin: Duncker und Humblot.

Neuberger, O. (1995). *Mikropolitik: der alltägliche Aufbau und Einsatz von Macht in Organisationen*. Stuttgart: Enke.

Petzold, H. & Heinl, H. (1983). *Psychotherapie und Arbeitswelt*. Paderborn: Junfermann.

Putnam, L. L. (1997). Productive conflict: Negotiation as implicit coordination. In C. De Dreu & E. Van de Vliert (Eds.), *Using conflict in organizations* (pp. 147-160). London: Sage.

Redlich, A. (1997). *Konflikt-Moderation: Handlungsstrategien für alle, die mit Gruppen arbeiten*. Hamburg: Windmühle.

Regnet, E. (2001). *Konflikte in Organisationen: Formen, Funktionen und Bewältigung* (2. Auflage). Göttingen: Verlag für Angewandte Psychologie.

Rüttinger, B. (1977). *Konflikt und Konfliktlösen*. München: Goldmann.

Schreyögg, A. (2002). *Konfliktcoaching: Anleitung für den Coach.* Frankfurt am Main: Campus.

Schreyögg, A. (2003). *Coaching: eine Einführung für Praxis und Ausbildung* (6. Auflage). Frankfurt am Main: Campus.

Schreyögg, A. (2004). *Supervision: ein integratives Modell. Lehrbuch zu Theorie und Praxis* (4. Auflage). Wiesbaden: VS Verlag für Sozialwissenschaften.

Seidel, E. & Redel, W. (1987). *Führungsorganisation.* München: Oldenbourg.

Simmel, G. (1908/1968). *Soziologie: Untersuchungen über die Formen der Vergesellschaftung.* Berlin: Duncker und Humblot.

Steinmann, H. & Schreyögg, G. (2005). *Management: Grundlagen der Unternehmensführung. Konzepte – Funktionen – Fallstudien* (6. Auflage). Wiesbaden: Gabler.

Weber, M. (1921/1976). *Wirtschaft und Gesellschaft: Grundriss der verstehenden Soziologie* (5. Auflage). Tübingen: Mohr.

Teil 2: Konfliktcoaching von Mitarbeitern im schulischen Dienst

2 Supervision von Studienreferendaren bei Konflikten während ihrer Ausbildung

Dagmar Mortler und Barbara Maier-Gigl

2.1 Einleitung

Der Entschluss, Referendaren Supervision anzubieten, resultiert aus den vielen informellen Gesprächen mit Junglehrern. Sie klagten dabei immer wieder über eine grundlegend beanspruchte oder gar desolate psychische Gesamtverfassung. Da beide Verfasserinnen an Seminarschulen tätig sind, entstand die Idee, gerade diese bisher übersehene Gruppe von Berufsanfängern supervisorisch zu unterstützen. Ausgehend von den Konflikten, die uns die Referendare in den letzten Jahren berichteten, lässt sich schlussfolgern, dass die gegenwärtige Form der Lehrerausbildung für Realschul- und Gymnasiallehrer sehr anspruchsvoll und für viele auch sehr belastend ist.

In den weiterführenden Schulen, in denen die Referendare eingesetzt sind, entstehen aufgrund des streng hierarchischen Schulsystems und der Ausbildungsform viele Konflikte, auf die die Berufsneulinge in keiner Weise vorbereitet sind. Konflikte mit der noch zu findenden Lehrerrolle, mit Schülern oder Eltern, die die Referendare nicht anerkennen oder deren Autorität untergraben wollen, sind vorprogrammiert. Hinzu kommen Selbstzweifel und die kaum ausgefochtenen Konflikte mit den Seminarlehrern, von deren

Beurteilung und Bewertung alles abhängt und deren Kritik die jungen Lehrer tagtäglich ausgesetzt sind.

Persönliche Stabilität, Kommunikationsfähigkeit, das Fachwissen und die Fähigkeit, auch in der beschwerlichen Ausbildungszeit persönliche Ressourcen aktivieren zu können, sind bei Junglehrern unterschiedlich ausgeprägt. Für viele beginnt mit dem Referendariat eine belastende Zeit mit hohen Ansprüchen und herausfordernden Aufgaben. Uns schien die Supervision als geeignete Methode, in dieser schwierigen Phase der Berufsausbildung Unterstützung bei der Konfliktbewältigung zu geben.

2.2 Die Ausbildung der Studienreferendare

2.2.1 Realschulen

Die Ausbildung der Studienreferendare an Realschulen in Bayern ist in zwei Abschnitte gegliedert. Während des ersten Ausbildungsjahres sind die Referendare an ihrer **Seminarschule**. An den Seminarschulen findet die Ausbildung der Referendare statt. Die Seminarlehrer sind für die Ausbildung der Referendare im jeweiligen Fach verantwortlich. Die Referendare werden schrittweise an einen eigenverantwortlichen Unterricht herangeführt. Zunächst hospitieren sie, beobachten Seminarlehrer und andere Lehrer im Unterricht. In Lehrversuchen gestalten sie unter Anwesenheit des Seminarlehrers einzelne Unterrichtsstunden. Später geben sie zusammenhängenden Unterricht und übernehmen schließlich selbstständig ganze Klassen. Häufig ist der Referendar hier kritischen Blicken des Seminarlehrers oder der anderen Lehrer ausgesetzt. In diesen ersten Ausbildungsabschnitt fallen neben den Seminaren, Lehr- und Unterrichtsversuchen sowie Stundenbesprechungen auch die beiden ersten Lehrproben an.

Im zweiten Ausbildungsabschnitt sind die Referendare an einer **Zweigschule** eingesetzt und kommen nur für einige Seminartage an die Seminarschulen zurück. Im Zweigschuleinsatz führen die Referendare selbstständig

Klassen, sind einem Betreuer unterstellt und erhalten gelegentlich Unterrichtsbesuche vom Betreuungslehrer. Im Normalfall bietet diese Zeit für die Referendare einige Freiräume und gibt ihnen Gelegenheit, ihre Lehrqualifikation zu testen und erste Erfahrungen als eigenverantwortlicher Lehrer zu sammeln.

2.2.2 Gymnasien

Die zweijährige Ausbildung im Referendariat zum Gymnasiallehrer gliedert sich in drei Abschnitte. Es folgen nach einem halben Jahr Seminarschule ein Jahr Zweigschuleinsatz und danach wieder ein halbes Jahr an der Seminarschule. Im ersten Halbjahr wird nach einem kurzen Zyklus von Hörstunden und eigenen Unterrichtsversuchen zügig ein zusammenhängender Unterricht in den eigenen Fächern übernommen. Dieser ist begleitet von fachdidaktischen Sitzungen und Seminaren in den allgemeinen Fächern Pädagogik, Psychologie, Staatsbürgerkunde und Schulrecht. Unterrichtsbesuche erfolgen durch die Seminarlehrer, und mit ihnen werden die Unterrichtsstunden besprochen.

Während des einjährigen Zweigschuleinsatzes können die Referendare an bis zu zwei unterschiedlichen Schulen zum eigenverantwortlichen Unterricht in ganz Bayern eingesetzt werden. Dort agieren sie selbstständig und werden durch einen Betreuungslehrer unterstützt. Zudem sind sie für fünf Seminartage an der Seminarschule.

Der letzte Ausbildungsabschnitt findet wieder an der Seminarschule statt. Hier unterrichten die Referendare nun eigenverantwortlich. Diese Rückkehr an die Seminarschule wird von vielen Referendaren negativ erlebt, da sie sich nach einem Jahr weitgehender Selbstständigkeit wieder in eine Situation starker Abhängigkeit zurückversetzt sehen. Nach jedem der drei Ausbildungsabschnitte wird jeweils eine Lehrprobe in einem Fach abgelegt, sodass schließlich alle drei Fächer des Referendars für das zweite Staatsexamen abgedeckt sind. Zusätzlich wird eine schriftliche Hausarbeit verfasst.

2.3 Ausbildungstypische Konflikte

Hier sollen die Konfliktpotenziale und einzelne Konflikte erörtert werden, die für die Referendarsausbildung typisch sind. In den unterschiedlichen Phasen der Ausbildung begegnen uns verschiedene Formen von Krisen. Zum einen sind dies **individuelle Krisen**, bei denen berufliche Beratung, z. B. in Bezug auf das Einnehmen der Lehrerrolle, verlangt wird. Zum anderen handelt es sich um **kollektive Krisen**, die zumindest für einen Teil des Kollektivs belastend sind (Schreyögg, 2002). Laut Glasl (1994) sind fast alle Krisensituationen soziale Konflikte. Diese werden durch eine Unvereinbarkeit im Denken oder Handeln von mindestens zwei Akteuren bestimmt.

Konfliktpotenziale sind dabei auf intrapersonaler, interpersonaler, organisationaler und gesellschaftlicher Ebene auszumachen (vgl. Schreyögg, 2002). Auf intrapersonaler Ebene kann es mangelnde psychische Stabilität sein, die eine Krise bedingt. Auseinandersetzungen mit dem Seminarlehrer finden sich häufig auf interpersonaler Ebene. Ein organisationaler Faktor ist die neue Schule, an denen sich die jungen Lehrer, die vor kurzem noch Schüler oder Studenten waren, mit ihrer neuen Lehrerrolle konfrontiert sehen. Gesellschaftlich sind die Referendare in der informellen Hierarchie zuweilen hoch angesiedelt, da sie bei Schülern und Eltern oftmals beliebter sind als die übrigen Lehrer.

Die Referendare werden hinsichtlich dienstlichen Verhaltens, Unterrichtskompetenz und Sachkompetenz von den Seminarlehrern bewertet. Diese beurteilen die Lehrproben und entscheiden mit der Notenvergabe auch über die späteren Anstellungschancen der Auszubildenden. Diese Abhängigkeit vom Seminarlehrer verhindert vielfach eine offene Konfliktaustragung. Die Folge nicht ausgetragener Konflikte sind Gefühle der Niederlage oder Ohnmacht. Wir sahen daher unsere wesentliche **supervisorische Aufgabe** darin, uns mit den Gefühlen der Referendare auseinanderzusetzen. Darüber hinaus sollten ihre Deutungs- und Handlungsmuster erweitert und ihr Selbstwertgefühl gestärkt werden.

In unseren Supervisionsgruppen und Einzelsupervisionen wurden immer wieder **typische Konflikte** angesprochen. Mehrfach wurde der **Umgang**

mit schwierigen Seminarlehrern thematisiert. Dieser Konflikt konnte sich in Ohnmachtsgefühlen gegenüber den schulischen Strukturen äußern. Vorwiegend stellte sich der Konflikt jedoch auf einer interpersonalen Ebene dar, auf der es um Kommunikations- und Beziehungsprobleme ging. Im Mittelpunkt standen dabei oft bestimmte Angst auslösende Charaktertypen von Seminarlehrern, wie z. B. in ihren Bewertungen oft unberechenbare Personen.

Auf intrapersonaler Ebene ging es oft darum, wie mit **Misserfolg und Kritik** umzugehen ist. Ständig Beurteilungen ausgesetzt zu sein, war für viele Referendare belastend. Durch die enorme zeitliche Beanspruchung wurden das Privatleben und die Ressourcen, die zum Ausgleich dienen sollten, häufig in Mitleidenschaft gezogen.

Schwierige Interaktionen mit Schülern wurden ebenfalls häufig benannt. Hierbei sprachen die Referendare Disziplinprobleme an, den Umgang mit problematischen Schülern oder die Nähe-Distanz-Regulierung in der tagtäglichen Kommunikation zwischen Lehrer und Schüler.

Ein Thema, das häufig schon in den ersten Sitzungen erwähnt wurde, waren **Konflikte mit der Lehrerrolle**. Der Wechsel vom Lernenden zum Lehrenden, vom Beurteilten zum Beurteiler, der oft an einem einzigen Schultag mehrmals zu erfolgen hatte, bereitete große Probleme. Schwierig wurde es besonders, wenn die Rollen rasch wechselten oder sich gar überlappten, wenn ein Referendar z. B. dahin gehend beurteilt wurde, wie er selbst einen Schüler bewertet. Gegen Ende der Ausbildung wurde der Rollenkonflikt noch einmal aktuell, wenn sich die Referendare mit Erwartungen und Vorurteilen gegenüber Lehrern in der Gesellschaft auseinandersetzten. Dann wurde die eigene Lehrerrolle erneut in Frage gestellt.

Weniger ausgeprägt waren **Rivalitätsprobleme in der Referendarsgruppe** oder der Umgang mit Außenseitern unter ihnen. Diese Themen wurden vorzugsweise in die Einzelsupervision verlegt. In der Gruppe wurden sie eher vermieden, möglicherweise um keine neuen Gruppenkonflikte zu provozieren oder um den fragilen Zusammenhalt der Gruppe nicht zu gefährden.

2.4 Die Supervisionsmethode

Die **Supervisionsmethode** ist das durch Gesprächstechniken und Übungen bestimmte Vorgehen innerhalb der Supervision. Die Wahl der Supervisionsmethode erfolgte nach dem Setting, dem Reifegrad der Person oder Gruppe, der Stärke des psychischen Drucks und nach der Art des Problems. Es gab **drei verschiedene Settings**: (1) regelmäßige Kleingruppen mit 8 bis 16 Teilnehmern und der verbindlichen Teilnahme für ein Schuljahr, (2) mehrtägige größere Gruppen mit bis zu 28 Teilnehmern und (3) in Ausnahmefällen Einzelsupervision.

Für alle Gruppen, die wir zu zweit als Supervisorinnen leiteten, wählten wir eine Form des **Reflecting Teams** als Dialogform aus (Hargens & von Schlippe, 2002). Hierbei war jeweils eine von uns die Beobachterin oder Ko-Supervisorin, die der handelnden Supervisorin Rückmeldungen gab. Wir versuchten, unsere Eindrücke, die Methodenwahl oder den Rollenwechsel von der Ko-Supervisorin zur Supervisorin für die Teilnehmer verständlich und transparent zu machen. Das Reflecting Team bot den Supervisanden ein breites Spektrum an neuen Erfahrungen und gab ein Modell zum Team Teaching ab. Der offene Umgang mit Kollegen führte ihnen die Vielfalt der Lösungsideen vor Augen, die dazu beitragen konnte, die Deutungs- und Handlungsmuster zu erweitern. Die beiden Supervisorinnen fühlten sich mit dieser Vorgehensweise sicherer. Keine musste eigenverantwortlich die gesamte Sitzung leiten. Im Verlauf unserer gemeinsamen Arbeit konnten wir ein profundes gegenseitiges Vertrauen aufbauen. Wir erlangten mithin Gewissheit, dass wir uns durch unsere unterschiedlichen Temperamente harmonisch und gewinnbringend ergänzten.

Vielfach wurden **Techniken aus der Gestalttherapie**, wie z. B. Awareness-Übungen und Imaginationstechniken, eingesetzt. Bei Awareness-Übungen wurde der Supervisand aufgefordert, sich so intensiv wie möglich auf innere oder äußere Phänomene zu konzentrieren und seine Gefühle dabei zu erleben. Zudem waren Sprachspiele, die Arbeit mit kreativen Materialmedien und Hausaufgaben wesentliche Bestandteile der Sitzungen. Bei der Technik mit dem leeren Stuhl, die ebenfalls häufig genutzt wurde, saß der Supervisand vor einem leeren Stuhl. Auf diesem stellte er sich eine bestimmte Person vor, mit der er laut sprach (Staemmler, 1995). Elemente aus der lösungsorientierten Therapie, die ihren festen Platz in unseren Sitzungen hatten, waren Komplimente, ziel- und lösungsorientierte Fragen und Umdeutungen.

Häufig nahmen wir auch Anleihe bei der **Themenzentrierten Interaktion (TZI)**. Diese ist ein Konzept zur Gruppenarbeit, das u. a. bestimmte Hilfsregeln für die Interaktion in der Gruppe vermittelt, z. B. die Aufforderung, in der Ich-Form statt in der Wir- oder Man-Form zu sprechen oder zu sagen, warum man etwas fragt und was einem die Frage bedeutet (Ratsch & Reichert, 1991). Beim Resonanzverfahren, das ebenfalls eingesetzt wurde, sagte der Supervisor der Gruppe, was die Fallschilderung bei ihm gedanklich und gefühlsmäßig ausgelöst hat. Dieses Verfahren hatte für die Beteiligten oft eine entlastende Wirkung, und es konnte später als Einstieg für eine Awareness-Übung genutzt werden. Die Fishbowl-Methode bot sich an, wenn die Gruppe zu groß, ein Thema aber von allgemeinem Interesse war. Hierbei diskutierten wenige Teilnehmer in einem Innenkreis und waren von vielen Teilnehmern im Außenkreis umgeben, die zuhörten. Die Teilnehmer aus dem Innenkreis konnten die Diskussion jederzeit verlassen. Ebenso konnten Teilnehmer aus dem Außenkreis an der Diskussion teilnehmen und auf einem dafür frei gelassenen Stuhl im Innenkreis Platz nehmen.

In der Einzelsupervision war der Übergang zu einer eher **therapeutischen Vorgehensweise** fließend, zumal in diesem Setting üblicherweise persönliche Konflikte auf intrapersonaler oder interpersonaler Ebene bearbeitet wurden. Wichtig war uns hier immer, eine Erweiterung der Deutungs- und Handlungsmuster zu erzielen, was sowohl durch Methoden der Gestalttherapie als auch durch spontane Umdeutungen mit Hilfe kreativer Medien erreicht werden konnte (Schreyögg, 2004). Die tiefer gehende Bearbeitung oder Auflösung dysfunktionaler Denk- und Handlungsmuster erfolgte mitunter durch eine psychoanalytische Herangehensweise. Die folgenden Fallbeispiele aus den Supervisionssitzungen sollen möglichst anschaulich zeigen, wie Supervision während der Ausbildung zum Realschul- oder Gymnasiallehrer ablaufen kann.

2.5 Beispiele für den Umgang mit einzelnen Konflikten in der Supervision

2.5.1 Misserfolg und Selbstzweifel

In einer Sitzung schilderte ein Referendar Probleme, die ihn seit seinem eigenständigen Unterrichten belasteten. Bereits bei seinem ersten Unterrichtsversuch, den er zusammen mit einem Mitreferendar durchgeführt hatte, war es zu Disziplinproblemen gekommen. Beide Männer hatten die Hilflosigkeit, sich nicht einmal zu zweit durchsetzen zu können, als frustrierend empfunden. Diese Stunde hatten sie anschließend miteinander besprochen, gemeinsam nach Lösungen gesucht und sich Strategien für andere Stunden zurechtgelegt. In einer anderen Klasse hatte der Referendar dann alleine eine Stunde im Beisein der Seminarlehrerin gehalten. Die Stunde hatte er sowohl in inhaltlicher als auch in methodisch-didaktischer Hinsicht ausgezeichnet vorbereitet. Dennoch war die Klasse unruhig. Er selbst hatte den Eindruck, dass er vielleicht zu ehrgeizige Ziele für die Unterrichtsstunde hatte und deshalb zu schnell vorgegangen war. Die Seminarlehrerin kritisierte anschließend rundweg alles: den Inhalt, den didaktischen Aufbau sowie die gesamte Vorgehensweise.

Während seiner Schilderung sank der Referendar immer tiefer in sich zusammen. Als er den immensen Zeitaufwand schilderte, mit dem er die Stunde vorbereitet hatte, wurde seine Stimme immer leiser, und sie begann zu zittern. Mehr Zeit könne er unmöglich investieren, gab er zu bedenken. Er habe jetzt schon zu wenig geschlafen, sich keine Pause gegönnt, und ab der folgenden Woche müsse er regelmäßig Stunden halten. Die Seminarlehrerin hatte ihm keinerlei positive Bewertung gegeben, auf der er in seinen folgenden Unterrichtsstunden hätte aufbauen können. Insgesamt war erkennbar, dass das Zutrauen in seine Fähigkeiten als junger Lehrer sehr erschüttert war.

In einer ersten Austauschrunde äußerten einige der Referendare ähnliche Gefühle: Verletzlichkeit, bedingt durch Schlafmangel, persönliche Verunsicherung, Frustration über die vergebliche Mühe bei der Vorbereitung, Ärger über das unsensible Verhalten der Seminarlehrerin, Angst, nicht mehr das Beste geben zu können, und Hilflosigkeit, unter Beobachtung nicht mehr spontan auf die Schüler reagieren zu können. Diese Äußerungen machten dem Referendar die Empathie seiner Kollegen deutlich. Sie artikulierten Gefühle, die er selbst noch nicht offen zugegeben hatte. Gleichzeitig wurde ihm bewusst, dass fast alle seiner Kollegen von ähnlichen Problemen betroffen waren. Dieser Austausch hatte damit eine entlastende Wirkung für alle, stieß einen konstruktiven Lösungsprozess an und erzeugte solidarische Gefühle innerhalb der Gruppe.

Bei der anschließenden Zielklärung für diese Sitzung fiel uns auf, dass sich der Referendar entspannte, sobald er über die Inhalte seiner Fächer erzählte. Wir baten seine Kollegen, ihre Aufmerksamkeit auf Stimme und Körperhaltung des Referendars zu lenken, während er von seinem Ziel sprach, sein Selbstwertgefühl wiederzufinden. Bei der Suche nach seinen Ressourcen stellten wir fest, dass er sich erkennbar aufrichtete, wenn er von seinen Erfolgen an der Universität erzählte und mit Begeisterung die Gründe für die Wahl seiner Fächer nannte. Seine Stimme erhielt mehr Festigkeit, als er sich verdeutlichte, dass er der Seminarlehrerin auf wissenschaftlichem Gebiet wahrscheinlich deutlich überlegen war.

Nach diesen lebhaften Darstellungen schilderten die Kollegen und wir ihm unsere Beobachtungen. Wir baten ihn, sich seine Stärken und ihre positiven Wirkungen auf andere körperlich bewusst zu machen. Ihm wurden seine fachliche Sicherheit und seine Begeisterung deutlich, mit der er andere anstecken kann. Um sich nicht auf universitärem Niveau zu verlieren, rieten ihm die Kollegen, zur Vorbereitung Kinder- und Jugendbücher zur Hand zu nehmen. Die methodischen Unsicherheiten, komplexe Sachverhalte vor der Klasse einfach darzustellen, betrafen alle. Daher wurde beschlossen, gegenseitig Informationen und Material zu spielerischen Lern- und Übungsformen auszutauschen. Auch die Kritik mancher Seminarlehrer wurde von den anderen Kollegen als zu destruktiv empfunden. Sie vereinbarten deshalb, sich gegenseitig sowohl bei den Seminarstunden als auch in selbst gehaltenen Unterrichtsstunden zu hospitieren und anschließend darüber zu sprechen. Dabei sollten die Beobachtungen hinsichtlich nachvollziehbarer Beobachtungskriterien erfolgen. Der Kritik seitens des Seminarlehrers konnten so objektive Fakten entgegengestellt werden, und eine ausschließlich negative Sicht wurde so vermieden. Dies ergab wichtige Ansatzpunkte für die weiteren Entwicklungsmöglichkeiten der Referendare.

2.5.2 Einzelinteressen versus Gruppeninteressen

In einem Fachseminar hatten Teile der Gruppe immer wieder Probleme mit der entsprechenden Seminarlehrkraft. Sie gaben an, dass sie sowohl Schülern als auch Referendaren gegenüber ungerecht, launisch und destruktiv sei und zu viel verlange. Zugleich sei sie als Lehrkraft ein abschreckendes Modell. Man fühle sich entmündigt, sogar gedemütigt, und die Abhängigkeit von ihrer Bewertung lähme und mache enorme Angst. Ein selbstbewusster Referendar, der in der Gruppe sehr konstruktiv und besonnen mitarbeitete und als Referendarssprecher gewählt worden war, hatte wiederholt fundamentale Kritik von ihr einstecken müssen. Für ihn war die Grenze erreicht. Er wolle sich nicht länger als Mensch herabgesetzt fühlen. Die Kritik an seinen Stunden komme oft einer Infragestellung seiner gesamten Persönlichkeit gleich, und das könne er nicht mehr hinnehmen. Er hatte deshalb für einen der nächsten Tage ein Gespräch mit dem Seminarleiter beantragt.

Diese Absicht rief bei den anderen Teilnehmern gemischte Reaktionen hervor, die von Unterstützung über Verunsicherung bis hin zur völligen Ablehnung reichten. Es wurde deutlich, dass sich diese Einzelaktion auf die gesamte Gruppe auswirken würde. Daher mussten die Entscheidung des Referendars, aber auch die Vorschläge der Gruppe berücksichtigt werden. Nach einigen Fragen an ihn wurde das Anliegen des Referendars deutlicher, zwar als Einzelner zu sprechen, dabei aber auch seine Funktion als Gruppensprecher zu wahren. Einem Teil der Gruppe war es wichtig, dabei vorsichtig vorzugehen. Andere konnten sich überhaupt nicht mit dem Anliegen des Sprechers identifizieren.

Der Referendar stellte klar, im Gespräch mit dem Seminarleiter nur über seine eigenen Gedanken und Gefühle sprechen zu wollen und nicht die gesamte Gruppe einzubeziehen. In Form einer Probehandlung wurde im Rollenspiel ein Gespräch nachgestellt, in dem der Referendar in Ich-Botschaften seine Empfindungen und Wünsche gegenüber dem Seminarleiter äußerte. Damit war es möglich, dass sich andere Gruppenmitglieder von der geplanten Handlung distanzieren konnten. Zugleich legte er verbindlich den Rahmen seiner Handlung fest. Er wollte nur in einem Gespräch mit dem Seminarleiter deutlich machen, dass unterschiedliche Persönlichkeiten in einem Abhängigkeitsverhältnis wie der Referendarsausbildung manchmal einfach nicht harmonieren können. Auf ein Dreiergespräch zusammen mit der Seminarlehrkraft, dem Seminarleiter und ihm wollte er sich aber keinesfalls einlassen. Ebenso sollte dies keine offizielle Beschwerde sein.

2.5.3 Sich abgrenzen

Eine engagierte Referendarin im Zweigschuleinsatz berichtete in einer Gruppensupervisionssitzung, dass sie sich sehr überfordert fühle. Sie könne zu Hause kaum mehr abschalten, da ihr die Schüler mit ihren schulischen und privaten Problemen nicht mehr aus dem Kopf gingen. Sie sei ständig damit beschäftigt, nach Lösungen zu suchen, drehe sich dabei aber immer im Kreis. Sobald sie das Schulhaus betrete, werde sie sofort von Schülern belagert, die ihr das Herz ausschütteten und Hilfe von ihr bei unterschiedlichsten Problemen erwarteten. Das werde ihr selbst in der Schule zu viel, da sie sich während des eigenen Unterrichts nicht mehr auf die Stoffvermittlung konzentrieren könne. Die Aufgabe einer guten Pädagogin sei es doch, den Schülern zu helfen und sie auch über den normalen Unterricht hinaus zu unterstützen. Zu Hause müsse sie ständig über die Sorgen der Schüler reden, sodass sich ihr Mann und ihre Freunde darüber schon beschwert hätten. Sie sei bereits in so viele Probleme geradezu verstrickt, dass sie sie teilweise kaum mehr auseinanderhalten könne. Das Gefühl, von allem aufgefressen zu werden und keiner Aufgabe mehr gerecht zu werden, schlage teilweise in Schuldgefühle und Selbstvorwürfe um.

Nach Absprache mit den anderen Gruppenmitgliedern wurde ihr eine ausführliche Bearbeitungszeit in der Supervisionssitzung eingeräumt. Die Referendarin wurde aufgefordert, das Problem zu schildern, das sie derzeit am meisten belastete. Dies war ein Mobbingfall in der Klasse, die sie selbst leitete. Dort attackierte eine Schülerin mit ihren Freundinnen zusammen eine andere, sehr sanfte, aber auch etwas eigenartige Mitschülerin. Mit Hilfe der Technik des leeren Stuhls sollte sie sich nacheinander die Beteiligten auf einem Stuhl vorstellen und ihnen einen abgrenzenden Satz sagen, wie z. B.: „Du löst dein Problem auch ohne mich!" Das gelang ihr aber nicht. Sie sagte: „Die Schülerinnen brauchen mich doch und kommen ohne meine Hilfe nicht zurecht."

Wir vermuteten, dass sie auch früher innerhalb ihrer Familie eine fürsorgliche Rolle eingenommen hatte, und fragten, ob sie die Älteste unter ihren Geschwistern sei. Sie verneinte zwar erstaunt, berichtete jedoch ausführlich über die Situation in ihrem Elternhaus. Nachdem ihre wesentlich ältere Schwester schon vor vielen Jahren das Elternhaus verlassen habe, kümmere sie sich nun um die ganze Familie, um ihren kleineren Bruder, ihre schon betagten Eltern, inklusive Großeltern, und jetzt auch noch um die Schwiegereltern. Der Bemerkung der Supervisorin: „Das macht Ihnen offenbar Spaß und gibt Ihnen ein gutes Gefühl", stimmte sie freudig zu und sagte, wie befriedigend diese Fürsorge für sie sei. Der Satz: „Und so gut meinen Sie es auch mit ihren Schülerinnen!", ließ sie stocken und sehr nachdenklich werden. Nachdem sie einige Zeit nachgedacht hatte, versuchte sie noch einmal, den imaginierten Schülerinnen auf dem Stuhl etwas Abgrenzendes mitzuteilen, was auch gelang.

Die Referendarin war durch dieses Gespräch einem persönlichen Muster auf die Spur gekommen, aus dem sie lernte und das sie gleichzeitig wieder handlungsfähig machte. Bemerkenswert war, wie nachhaltig diese Gruppensitzung für sie war. Sie berichtete in den darauffolgenden Wochen immer wieder, wie froh und erleichtert sie jetzt sei, da sie sich immer mehr von den Problemen der Schüler abgrenzen könne. Sie sei aber auch irritiert, immer häufiger diesem persönlichen Muster, überall helfen zu wollen, zu begegnen. Sie sei glücklich, sogar schon ab und zu Nein sagen zu können, ohne Schuldgefühle zu haben oder die negativen Sanktionen anderer zu befürchten.

2.5.4 Das negative Selbstbild als Lehrer

Am Ende der Ausbildung, als alle Referendare schon erfahren hatten, dass sie die Prüfungen bestanden und bereits Anstellungen erhalten hatten, sprach eine Referendarin ihr Selbstbild als zukünftige Lehrerin an. Sie sagte, dass sie sich einerseits freue, die Ausbildung hinter sich zu haben und in den Beruf einsteigen zu können. Andererseits sei es für sie nach wie vor ein echtes Problem, in Gesprächen mit neuen Bekannten zuzugeben, dass sie Lehrerin sei. Gerade jetzt, wo unwiderruflich feststehe, dass sie Lehrerin werden wird, falle es ihr noch schwerer, sich damit zu identifizieren. Sie gebe sich stattdessen lieber als Krankenschwester aus oder als jemand, „der wirklich etwas tut".

Dies rief in der gesamten Gruppe heftige Reaktionen hervor. Die einen konnten das Problem der Kollegin nachvollziehen. Sie hatten zum Teil während der Ausbildung mit ihr darüber gesprochen oder ähnliche Gefühle gehabt. Andere waren stolz darauf, sich in der privilegierten Rolle als Lehrer zu sehen. Sie wollten sich ihre Freude über ihren erfolgreichen Abschluss und auf die kommende Zeit nicht nehmen lassen. Da besonders dieser Teil der Gruppe wenig Bereitschaft zeigte, sich mit dem Problem auseinanderzusetzen, wählten wir zu dessen Bearbeitung die Fishbowl-Methode. Damit wollten wir allen die Chance geben, am Gespräch teilnehmen oder aber sich ganz zurücknehmen zu können.

Der gesprächsbereite Teil der Gruppe nahm zusammen mit der Supervisandin in einem Innenkreis Platz. Alle anderen saßen im Außenkreis. Ein Stuhl blieb im Innenkreis leer, sodass jederzeit ein Teilnehmer von außen diesen einnehmen und sich am Gespräch beteiligen konnte. In einer ersten Gesprächsrunde berichteten die Teilnehmer im Innenkreis über ähnliche Gefühle wie die Referendarin. Sie schilderten ihre eigenen Erfahrungen damit, welches Bild des Lehrers in der Familie oder im Freundeskreis vorherrschte. Vor allem Referendare, die aus Familien mit Handwerksbetrieben oder kleineren Unternehmen stammten, sagten, dass der Lehrberuf in ihrem Umfeld eher belächelt oder als Teilzeitjob für Frauen abgetan werde. In spontanen Rollenspielen wurden diese Erfahrungen nachvollzogen. Hierbei kamen besonders die Verletzungen zur Sprache, die unbedachte Äußerungen Außenstehender hervorgerufen hatten.

In einer Imaginationsübung sollten sich die Referendare ihre eigene Entwicklung während der letzten zwei Jahre vor Augen führen, die Menge des bisher Geleisteten betrachten und sich zu ihrem Erfolg beglückwünschen. Danach baten wir die Kollegen, die stolz auf ihren Beruf waren, in je einem Satz einen Grund dafür zu nennen. Diese Sätze wurden schriftlich festgehalten. Zunächst äußerten die Referendare im Innenkreis die positiven Gründe für ihren Lehrerberuf. Dann konnten sich auch die Teilnehmer des Außenkreises äußern, indem sie sich auf den freien Stuhl setzten oder den Platz derer einnahmen, die den Innenkreis verließen. Da die Teilnehmer des Außenkreises mehrheitlich von ihrem Beruf überzeugt waren, wurde die Liste somit schnell voll. Am Ende konnte der Referendarin eine umfangreiche Sammlung mit den guten Gründen überreicht werden, weshalb man auf seinen Lehrerberuf stolz sein kann.

2.5.5 Soziale Ängste

Eine Einzelsupervision war im Rahmen gravierender sozialer Ängste einer Referendarin notwendig. Sie meldete sich bei uns, da ihr psychisches und physisches Wohlbefinden in letzter Zeit sehr gelitten hatte und sie sich in einem bedenklichen Allgemeinzustand befand. Sie konnte kaum mehr essen und hatte innerhalb von zehn Wochen acht Kilogramm Gewicht verloren. Sie litt durch die Überarbeitung auch unter Schlafstörungen. In den Gesprächen stellte sich heraus, dass ihre Vorbereitungen für eine einzige Unterrichtsstunde endlos dauerten und ihr buchstäblich Magenschmerzen bereiteten. Zwar glückten ihr die Unterrichtsstunden meistens, was ihr auch immer wieder positives Feedback vom Seminarlehrer einbrachte. Aber allein die Vorstellung, sich der Unterrichtssituation und der Bewertung der Schüler und der Seminarlehrer aussetzen zu müssen, kostete sie alle Kraft. In den Gesprächen, in denen sie über ihre Blockaden berichtete, wurde deutlich, dass sie eine grundlegende Abneigung dagegen hatte, vor die Klasse zu treten. Sie hasse es, gab sie an, im Mittelpunkt zu stehen und sich wie auf dem Präsentierteller vorzukommen. Mit Menschen oder Personengruppen zu arbeiten, sei ihr sehr unangenehm, da ihr die vielen Sozialkontakte und die daraus resultierenden Konflikte ständig Angst machten. Die Angst vor diesen Situationen werde immer größer, und sie fühle sich diesen Anforderungen nicht mehr gewachsen. Das Problem war inzwischen so gravierend, dass sie sich täglich, sobald sie ihre Lehrprobenstunde vorbereitete, übergeben musste.

Ziel der Einzelsupervision war, die Referendarin psychisch und physisch zu stabilisieren und mit ihr Wege aus dieser belastenden Berufssituation zu finden. Zunächst wurden Entspannungstechniken vermittelt und positive Ausgleichsmöglichkeiten zur ihrer schulischen Tätigkeit gesucht. In einer Visualisierungsübung mit der Frage: „Wie sehe ich mich beruflich in zwei Jahren", zeigte sich, dass sie sich keinesfalls als Lehrerin, sondern bei einer wissenschaftlichen Tätigkeit sah. Es wurde eine Vereinbarung getroffen, die Ausbildung nicht übereilt abzubrechen und zumindest den ersten Ausbildungsabschnitt noch zu beenden. Parallel dazu nahm sich die Referendarin vor, nach alternativen Berufsmöglichkeiten zu suchen. Die Erkenntnis, dass das Lehramt nicht die richtige Berufwahl war, und die Vereinbarung, nach Alternativen zu suchen, entlasteten die Referendarin. Sie kam nach Wochen der Anstrengung erstmals wieder ein wenig zur Ruhe. Ein Problem war es für sie, ihren Eltern zu erklären, dass sie möglicherweise nicht Lehrerin und Beamtin werden würde. Als sie ihren Eltern davon erzählte, reagierten diese jedoch verständnisvoll. Die Referendarin nahm im weiteren Verlauf Kontakt zu ihrer Universität auf. Ihr konnte dort sogar eine Assistentenstelle angeboten werden, die sie nach dem ersten Ausbildungsabschnitt des Referendariats überglücklich annahm. Ein Jahr später berichtete sie, dass ihr die Arbeit am Lehrstuhl und Ihre Promotion viel Spaß machten und alle damaligen Symptome verschwunden seien. Nicht Lehrer werden zu wollen, sei die einzig richtige Entscheidung gewesen.

2.6 Die positive Wirkung von Supervision

Zusammenfassend sollen im Folgenden all jene Aspekte genannt werden, die aus unserer Sicht die positive Wirkung von Supervision während der Referendarsausbildung ausmachen. Supervision wird von Referendaren als besonders lohnend und gewinnbringend empfunden, da sich die jungen Lehrkräfte noch als Suchende verstehen und dankbar Unterstützung annehmen. Die jungen Lehrer können sich durch Gespräche und Übungen in der Supervision ihrer eigenen Handlungskompetenz vergewissern und dadurch ihren schulischen Alltag zunehmend meistern. Die Supervision stellt in den stark hierarchisch geprägten Schulsystemen oft die einzige Möglichkeit dar, innerhalb eines geschützten Raums kollegiale Unterstützung jenseits von Kontrolle und Bewertung zu erhalten. Die Supervision macht die Referendare für die Probleme ihrer Kollegen empfänglich, solidarisiert sie und wirkt so einer unvorteilhaften Konkurrenz innerhalb der Gruppe entgegen. Trotz des zusätzlichen Zeitaufwands betonen die Junglehrer, dass die von ihnen selbst eingebrachten Supervisionsinhalte äußerst nützlich und hilfreich sind und alle relevanten Themen der Ausbildung aufgreifen. Schließlich hat sich die Arbeitsform der Supervisorinnen im Zweierteam bewährt, da es ein gutes Modell für die Kommunikation, die Teamarbeit und das Team Teaching abgibt.

2.7 Literatur

Glasl, F. (1994). *Konfliktmanagement: ein Handbuch zur Diagnose und Behandlung von Konflikten für Organisationen und ihre Berater* (4. Auflage). Bern: Haupt.

Hargens, J. & von Schlippe, A. (Hrsg.). (2002). *Das Spiel der Ideen: reflektierendes Team und systemische Praxis* (2. Auflage). Dortmund: Borgmann.

Ratsch, S. & Reichert, H. (1991). Praxis und Theorie einer TZI-Supervision. *Themenzentrierte Interaktion, 5* (2), 78-95.

Schreyögg, A. (2002). *Konfliktcoaching: Anleitung für den Coach.* Frankfurt am Main: Campus.

Schreyögg, A. (2004). *Supervision: ein integratives Modell. Lehrbuch zu Theorie und Praxis* (4. Auflage). Wiesbaden: VS Verlag für Sozialwissenschaften.

Staemmler, F.-M. (1995). *Der leere Stuhl: ein Beitrag zur Technik der Gestalttherapie.* München: Pfeiffer.

3 Der Bedarf an Personalentwicklung und Coaching von Schulleitern an Realschulen: Eine explorative Befragung

Petra Bachheibl

3.1 Einleitung

Die Idee zur explorativen Befragung von Schulleitern von Realschulen hinsichtlich ihres Bedarfs an Personalentwicklung und Coaching entstand im Verlauf einer Supervisionsfortbildung. Immer wieder wurde dabei die zentrale Rolle von Personalentwicklungsmaßnahmen und Coaching für die Schulleitung angesprochen, ohne jedoch den tatsächlichen Bedarf zu kennen. Da ich in Oberbayern-West für die Betreuung der Schulleiter an Realschulen zuständig bin, bot sich eine entsprechende Befragung an. Dabei wurde die Form einer explorativen Befragung gewählt, um zu diesem bislang wenig untersuchten Bereich erste Hypothesen generierende Ergebnisse zu liefern. Bevor Methode und Ergebnisse der Untersuchung vorgestellt werden, soll zum theoretischen Hintergrund kurz auf die Rolle des Schulleiters eingegangen werden. Am Ende des Kapitels werden die Ergebnisse hinsichtlich bisheriger Erkenntnisse zu Personalentwicklung und Coaching diskutiert.

3.2 Die Rolle des Schulleiters

Die Leitung einer Schule ist eine anspruchsvolle Führungsaufgabe. Dabei gilt es, eine Vielzahl von Interessen der Kollegen, Schüler und Eltern zu bündeln und eigene Akzente bei der konzeptionellen Ausrichtung der Schule und im schulischen Alltag zu setzen. Die **Führung** seitens der Schulleitung kann hierbei als Prozess verstanden werden, auf die Lehrer und Schüler so einzuwirken, dass sie ein Verständnis von übergreifender Zusammenarbeit entwickeln und dadurch persönliche und gemeinsame Lern- und Lehrziele erreichen (vgl. Dörr, 2006).

Zu erfolgreicher Führung sind verschiedene Schlüsselqualifikationen notwendig. **Schlüsselqualifikationen** sind Kenntnisse, Fähigkeiten und Fertigkeiten, die weniger einer konkreten Tätigkeit zugeordnet sind. Sie verhelfen vielmehr dazu, eine große Anzahl unterschiedlicher Aufgaben zu verschiedenen Zeitpunkten bewältigen zu können (Mertens, 1974). Als führungsrelevant werden vor allem Methoden- und Fachkompetenz sowie soziale Kompetenzen angesehen (Steinmann & Schreyögg, 2005). Mit Fachkompetenz überzeugt der Schulleiter inhaltlich. Methodenkompetenzen kommen im Umgang mit der EDV oder bei der Unterrichtsdidaktik zum Tragen. Sie werden auch bei der Personalbedarfsplanung benötigt. Soziale Kompetenzen sind für die erfolgreiche Interaktion mit Lehrern und Schülern unerlässlich.

Die Rolle des Schulleiters ist im Laufe seiner beruflichen Karriere Veränderungen unterworfen. Unter **Karriere** werden hierbei die beruflichen Entscheidungen und Entwicklungen und die einzelnen Berufsrollen über die Zeit hinweg verstanden. Eine **Berufsrolle** umfasst die impliziten und expliziten verhaltenswirksamen Erwartungen eines Positionsinhabers hinsichtlich dessen, wie man sich in dieser Position zu verhalten hat. Die Berufsrolle kann bei neu ernannten Schulleitern noch diffus und schwierig sein. Das neue Aufgabenspektrum ist häufig unklar, die damit verbundenen Belastungen können erheblich sein. Hinzu kommt die Personalverantwortung, die ebenfalls Ressourcen in großem Maß bindet.

Im Laufe der Zeit klärt sich die Rolle des Schulleiters. Mintzberg (1975) unterscheidet **drei Rollen von Führungskräften**, die auch für Schulleiter gelten. Zunächst ist der Schulleiter in seiner interpersonalen Rolle Repräsentant, Vorgesetzter und Vernetzer. Mit einer informationalen Rolle sind Erwartungen verbunden, Informationen weiterzugeben oder als Sprecher aufzutreten. Schließlich wirkt die Entscheidungsrolle dahin gehend, Innovationen zu unterstützen, Ressourcen zu verteilen und Störungen zu beheben. Die Karrierewege sind auch für Schulleiter recht unterschiedlich. Zum einen ist es möglich, dass Schulleiter ihre Position durch einen sogenannten Kaminaufstieg erhalten, also schon zuvor als Lehrer oder Konrektor an der gleichen Schule angestellt waren. Zum anderen kann ein Schulleiter seine Position über einen Seiteneinstieg erreichen, indem er z. B. vorher Konrektor an einer anderen Schule war.

Die Führungsqualitäten eines Schulleiters werden auch von dessen Führungsstil bestimmt. So zeichnen sich **Social-emotional Leader** dadurch aus, dass sie eine grundlegende Mitarbeiterorientierung haben und über das soziale Miteinander die Führungsziele zu erreichen versuchen. **Task Leader** sind vorrangig aufgabenorientiert und steuern dadurch den Führungsprozess. Mitarbeiterorientierte Führer werden von den Mitarbeitern eher bei persönlichen Konflikten angesprochen, aufgabenorientierte eher bei schwierigen Aufgaben.

Personalentwicklung ist eine Hauptaufgabe der Schulleitung. Sie umfasst neben der kompetenten Begleitung des Auswahlprozesses für Lehrer die Förderung individueller Fort- und Weiterbildung im Kollegium. Auch der Personaleinsatz im Schulalltag, der sich vor allem an den Lehrinteressen des einzelnen Lehrers orientiert, ist Teil der Personalentwicklung. Diese Aufgaben gehen nicht selten mit Konflikten einher. Konflikte können sich hierbei mit einzelnen Kollegen oder innerhalb des gesamten Kollegiums ergeben.

Als Methode, dem Schulleiter besonders bei der Personalentwicklung hilfreich zur Seite zu stehen, setzt sich zunehmend das Coaching durch. **Coaching** ist hierbei eine Beratung im Einzelgespräch oder in der Gruppe, um konkrete berufliche Probleme zu besprechen und zu bewältigen. Coaching ermöglicht es dem Schulleiter, Konflikte effektiv zu lösen und damit der Konfliktbewältigung als einer der zentralen Führungsaufgaben nachzukommen. Welchen Bedarf an Personalentwicklung und Coaching sehen Schulleiter insbesondere an Realschulen? Um dieser Frage nachzugehen, wurde die folgende Befragung durchgeführt.

3.3 Methode

Die Methode der Wahl war eine **explorative Befragung**. Mit diesem qualitativen Verfahren sollte der Forschungsgegenstand, der bislang wenig untersucht wurde, systematisch exploriert werden. Der Vorteil einer explorativen Befragung besteht darin, mit geringem Aufwand verlässliche Daten zu einem bisher unerschlossenen Forschungsbereich zu erhalten und damit neue Hypothesen generieren zu können. Mit einem Fragebogen, der weitgehend vorgegebene Antwortkategorien enthielt, wurde der Bedarf an Personalentwicklung und Coaching bei Schulleitern von Realschulen in Oberbayern-West ermittelt.

3.3.1   Aufbau des Fragebogens

Der Fragebogen enthielt 20 Fragen mit vorgegebenen Antwortkategorien, die anzukreuzen waren. Zusätzlich war eine offene Frage angegeben, die mit „Weitere Wünsche" bezeichnet war. Hierbei konnte auf Hilfslinien ein freier Text eingetragen werden. Zwei der 20 Fragen ermittelten, wie lange der Schulleiter schon im Amt war und wie viele Konrektoren er hatte. Die Zeit im Amt konnte mit den Antworten *1-5 Jahre, 6 bis 10 Jahre, 11-15 Jahre* oder *mehr als 15 Jahre* angegeben werden. Als Anzahl der Konrektoren konnten *1* oder *2* angekreuzt werden.

Neun der 20 Fragen ermittelten den Bedarf an Personalentwicklung, neun weitere Fragen den Bedarf an Coaching. Als Antwortkategorien war eine Likert-Skala mit den vier Abstufungen *trifft gar nicht zu, trifft teilweise zu, trifft größtenteils zu* und *trifft voll zu* angegeben sowie eine Antwortmöglichkeit mit *weiß nicht*. Alle Fragen mit vorgegebenen Antwortkategorien sind in Tabelle 1 auf Seite 62 ff. zu sehen.

3.3.2   Stichprobe

Die Stichprobe waren Schulleiter von Realschulen in Oberbayern-West. Zum Zeitpunkt der Untersuchung handelte es sich noch um die Regierungsbezirke Oberbayern-Nord und -Süd, die inzwischen aber zu den Regierungsbezirken Oberbayern-Ost und -West zusammengeschlossen wurden. Für den Bereich der Realschulen in Oberbayern-West bin ich als zentral verantwortliche Schulpsychologin tätig. Mit vielen dieser Schulleiter arbeite ich oft zusammen. Den meisten war ich daher vor der Untersuchung bereits bekannt. Da der Fragebogen an alle Schulleiter der Realschulen in Oberbayern-West geschickt wurde, kann die Untersuchung als repräsentativ für Realschulleiter gelten.

3.3.3 Durchführung

Der Fragebogen und ein entsprechendes Anschreiben wurden zunächst dem bayerischen Staatsministerium für Unterricht und Kultus zur Genehmigung vorgelegt. Anschließend wurden noch die Ministerialbeauftragten der Regierungsbezirke informiert und um Unterstützung gebeten. Die Teilnehmer erhielten im Anschreiben den Hinweis, dass die Befragung freiwillig und streng vertraulich sei und in der Ergebnisdarstellung etwaige Rückschlüsse auf die Identität einer Person ausgeschlossen seien. Ebenso war angegeben, dass das Ergebnis an das bayerische Staatsministerium für Unterricht und Kultus weitergeleitet werden solle. Anschreiben und Fragebogen wurden an die Schulleiter aller 38 Realschulen versand, für die ich innerhalb des Regierungsbezirks verantwortlich bin. Die Instruktion des Fragebogens lautete: „Bitte kreuzen Sie das für Sie Zutreffende an!" Die Antwortmöglichkeit, mit der zusätzliche Bedarfe durch freien Text angegeben werden konnten, wurde nicht genutzt.

3.4 Ergebnisse

3.4.1 Rücklauf

Insgesamt sandten 28 der 38 Realschulleiter den Fragebogen zurück, was einer Rücklaufquote von 73,68 % entspricht. Alle Rückläufe lagen innerhalb einer Woche nach Versand des Fragebogens vor. Von den 28 zurückgesandten Fragebogen wurden zwei zum größten Teil nicht ausgefüllt. Die beiden Schulleiter dieser Rücksendungen legten stattdessen ein Begleitschreiben von einer DIN-A4-Seite bei, in dem sie sich zu der Befragung ausführlich äußerten. Einige Fragen der übrigen Fragebögen blieben unbeantwortet. Damit lag eine Stichprobengröße von insgesamt $N = 28$ vor, wobei die Antworthäufigkeiten entsprechend der nicht abgegebenen Antworten pro Frage von 24 bis 28 variieren.

3.4.2 Schulleitung

Mehr als die Hälfte aller befragten Schulleiter, nämlich 57 %, geben an, erst seit einer relativ kurzen Zeit von einem Jahr bis zu fünf Jahren als Schulleiter tätig zu sein (siehe Tabelle 1). Je ungefähr ein Fünftel (18 %) gibt an, sechs bis zehn oder elf bis fünfzehn Jahre im Amt zu sein. Die wenigsten sind bereits mehr als fünfzehn Jahre Schulleiter. Drei Viertel aller Schulleiter haben immerhin zwei Konrektoren als Stellvertreter. Nur ein Viertel der Schulleiter verfügt über einen Stellvertreter.

Tabelle 1: Fragen und Ergebnisse (Antworthäufigkeiten) hinsichtlich des Bedarfs an Personalentwicklung und Coaching von Schulleitern an Realschulen

Fragen zur Schulleitung	1 bis 5	6 bis 10	11 bis 15	Mehr als 15	Summen
1. Wie viele Jahre sind Sie bereits in Ihrer Funktion als Schulleiter(in) tätig?	**16**	5	5	2	28
	57 %	18 %	18 %	7 %	100 %

	1	2	
2. Wie viele Konrektor(inn)en haben Sie an Ihrer Schule?	7	**21**	28
	25 %	**75 %**	100 %

Fragen zum Bedarf an Personalentwicklung	trifft gar nicht zu	trifft teilweise zu	trifft größten-teils zu	trifft voll zu	weiß nicht	Summen
3. Ich wünsche mir bessere Kenntnisse über Maßnahmen, die mir helfen, meine Mitarbeitergespräche zu optimieren.	3	**15**	3	3	1	25
	12 %	**60 %**	12 %	12 %	4 %	100 %
4. Ich wünsche mir, mit speziellen Problembereichen wie Krisen und Konflikten besser umgehen zu können.	4	**8**	6	7	1	26
	15 %	**31 %**	23 %	27 %	4 %	100 %
5. Ich wünsche mir, tabuisierte Themen, wie z. B. Alkoholismus im Kollegium, anzusprechen.	**8**	7	4	6	0	25
	32 %	28 %	16 %	24 %	0 %	100 %
6. Mich interessiert, wie ich die Kooperation im Schulleitungsteam optimieren kann.	5	6	5	**8**	0	24
	21 %	25 %	21 %	**33 %**	0 %	100 %
7. Ich würde gerne Maßnahmen kennenlernen, mit denen ich meine Führungskompetenz weiterentwickeln kann.	0	**12**	6	6	1	25
	0 %	**48 %**	24 %	24 %	4 %	100 %
8. Ich würde gerne wissen, wie ich mit Konflikten mit Eltern, Schülern, Personalrat besser umgehen kann.	6	**15**	3	2	0	26
	23 %	**58 %**	12 %	8 %	0 %	100 %

	trifft gar nicht zu	trifft teilweise zu	trifft größtenteils zu	trifft voll zu	weiß nicht	Summen
9. Ich würde mir Unterstützung hinsichtlich Personalfragen, z. B. Einstellung von Hausmeister, Sekretärin etc., wünschen.	**18**	2	5	1	0	26
	69 %	8 %	19 %	4 %	0 %	100 %
10. Ich möchte gerne lernen, wie die Auswahl von Funktionsträgern, z. B. der Beratungslehrkraft, an meiner Schule optimiert werden könnte.	7	**12**	5	2	0	26
	27 %	**46 %**	19 %	8 %	0 %	100 %
11. Meine Tätigkeit zeichnet sich durch besonders hohe Anforderungen aus. Daher erachte ich Maßnahmen zur eigenen Entlastung als sinnvoll.	2	5	7	**12**	0	26
	8 %	19 %	27 %	**46 %**	0 %	100 %
Fragen zum Bedarf an Coaching						
12. Ich halte Coaching (= individuelle Beratung hinsichtlich beruflicher Rollen, Funktionen und Kompetenzen) für ein geeignetes Instrument, um mit Personalentwicklungsfragen besser umgehen zu können.	0	6	7	**12**	0	25
	0 %	24 %	28 %	**48 %**	0 %	100 %

	trifft gar nicht zu	trifft teilweise zu	trifft größtenteils zu	trifft voll zu	weiß nicht	Summen
13. Ich halte Coaching gerade zu Beginn der Schulleitertätigkeit für sehr wichtig.	0	4	4	**18**	0	26
	0 %	15 %	15 %	**70 %**	0 %	100 %
14. Coaching als Unterstützung beim Wechsel der Schulleitung erscheint mir sinnvoll.	1	8	5	**12**	0	26
	4 %	31 %	19 %	**46 %**	0 %	100 %
15. Ich kann mir vorstellen, dass Supervision (= Entlastung und persönliche Weiterentwicklung durch Austausch in der Gruppe) mir hilft, meine Aufgaben im Bereich der Personalentwicklung besser wahrnehmen zu können.	2	**12**	4	8	0	26
	8 %	**46 %**	15 %	31 %	0 %	100 %
16. Bei Bedarf an Gruppencoaching könnte ich mir mehrere Treffen im Jahr vorstellen (z. B. sechsmal im Jahr, je einen halben Tag).	**7**	5	6	**7**	0	25
	28 %	20 %	24 %	**28 %**	0 %	100 %
17. Ich bevorzuge eine individuelle Betreuung (Coaching).	7	**11**	5	3	0	26
	27 %	**42 %**	19 %	12 %	0 %	100 %

	trifft gar nicht zu	trifft teilweise zu	trifft größtenteils zu	trifft voll zu	weiß nicht	Summen
18. Ich möchte mich lieber gemeinsam mit anderen Schulleiter(inne)n austauschen.	1	5	9	**12**	0	27
	4 %	19 %	33 %	**44 %**	0 %	100 %
19. Ich möchte mir meine Gruppe selbst aussuchen.	4	6	5	**10**	0	25
	16 %	24 %	20 %	**40 %**	0 %	100 %
20. Ich möchte mich an einer bereits bestehenden Gruppe beteiligen.	**15**	5	2	1	2	25
	60 %	20 %	8 %	4 %	8 %	100 %

Anmerkungen. Angegeben sind die Antworthäufigkeiten und ihre Prozentränge (jeweils darunter), bezogen auf 100 % aller Antworten auf eine Frage. Die häufigsten Antworten auf eine Frage sind fett markiert.

3.4.3 Bedarf an Personalentwicklung und Coaching

Hinsichtlich des Bedarfs an Kompetenzen zur Personalentwicklung wünscht sich die Mehrzahl der Schulleiter von insgesamt 60 % eher keine besseren Kenntnisse zur Durchführung von Mitarbeitergesprächen. Der Bedarf, mit Krisen und Konflikten besser umgehen zu können, ist relativ gleich verteilt. 50 % wünschen sich, mit Krisen und Konflikten besser umgehen zu können, 46 % haben hier eher keinen Bedarf. Die am häufigsten gegebene Antwort zu den tabuisierten Themen war, dass 32 % diese im Kollegium eher nicht ansprechen wollen. Allerdings gibt es auch eine relativ große Gruppe von 24 %, die sich ausdrücklich wünschen, tabuisierte Themen anzusprechen. Am häufigsten, nämlich in einem Drittel aller Fälle, wurde ein Interesse zur Optimierung der Kooperation im Schulleitungsteam angegeben. Gleich groß ist die Anzahl der Teilnehmer, die sich eher Maßnahmen zur Weiterentwicklung ihrer Führungskompetenz wünschen (12), und derjenigen, die sich diese eher nicht wünschen (12). Die Mehrzahl der Schulleiter würden nur teilweise (58 %) bis gar nicht (23 %) wissen wollen, wie sie mit Konflikten, in die Eltern, Schüler oder Personalrat involviert sind, besser umgehen können. Ebenfalls die Mehrzahl (69 %) wünscht sich keine Unterstützung hinsichtlich Personalfragen, die z. B. die Einstellung betreffen. Nur die wenigsten der Schulleiter (27 %) möchten etwas zur Optimierung des Auswahlprozesses von Lehrern an ihrer Schule hinzulernen. Für die meisten (73 %) trifft dies nicht oder teilweise nicht zu. Die meisten der Schulleiter, nämlich 73 %, geben teilweise oder vollständig an, dass ihre Tätigkeit durch hohe Anforderungen gekennzeichnet ist und dass sie sich Maßnahmen zur Entlastung wünschen.

Hinsichtlich des Coachingbedarfs hält die Mehrzahl (76 %) das Einzelcoaching mehr oder weniger für ein geeignetes Instrument, um besser mit Personalentwicklungsfragen umgehen zu können. Ebenso findet eine sehr große Mehrheit (85 %) Coaching zu Beginn der Schulleitertätigkeit wichtig. Sogar 70 % aller Schulleiter geben an, dass dies voll und ganz zutrifft. Auch beim Wechsel der Schulleitung findet eine Mehrheit von 65 % Coaching wichtig. Eine Gruppenberatung wird von ungefähr gleich vielen Schulleitern für geeignet (46 %) oder weniger geeignet (54 %) gehalten, um die Aufgaben im Bereich der Personalentwicklung besser zu bewältigen. Regelmäßige Coachingtreffen werden von fast gleichen Teilen als nützlich (52 %) oder weniger nützlich (48 %) angesehen. Die Mehrzahl der Schulleiter wünscht sich ein Coaching in der Gruppe. Die meisten (69 %) bevorzugen eher kein Einzelcoaching. Eine deutliche Mehrheit von 77 % wünscht sich den Austausch mit anderen Schulleitern in einer Coachinggruppe. Die meisten (44 %) geben dabei an, dass dies für sie voll zutrifft. Die Mehrzahl (60 %) will dabei nicht an einer bestehenden Gruppe teilnehmen, sondern sich diese eher selbst aussuchen.

3.5 Diskussion der Ergebnisse

3.5.1 Die Hauptergebnisse

Bei den Angaben zum Bedarf an Personalentwicklungskompetenz fällt auf, dass sich einerseits die Hälfte der Schulleiter wünscht, besser mit Krisen und Konflikten umgehen zu können. Andererseits will die Mehrzahl eher weniger zu konkreten Konfliktthemen, wie Alkoholismus oder Konflikten mit Eltern, Schülern oder Personalrat, wissen. Die könnte darauf hindeuten, dass konkrete Konflikte eher nicht zugegeben werden oder die Konflikte, die die Schulleiter wirklich beschäftigen, im Fragebogen nicht angesprochen wurden.

Bedarf besteht auf Seiten der Schulleiter weniger darin, Unterstützung bei der Auswahl von Lehrern, Sekretärin oder Servicepersonal zu bekommen. Unterstützungsbedarf wird eher im Bereich der Führung des Lehrerkollegiums angegeben. Die Hälfte der Schulleiter ist an der Weiterentwicklung ihrer Führungskompetenzen interessiert. Ein Drittel wünscht sich, dass die Kooperation innerhalb der verantwortlichen Schulleitungsteams verbessert wird. Schließlich gibt eine deutliche Mehrheit aller Schulleiter an, bei ihren anspruchsvollen Aufgaben entlastet werden zu wollen.

Eine große Mehrheit betrachtet Coaching als geeignet für die Personalentwicklung. Coaching wird ebenso von einer Vielzahl der Schulleiter als geeignet angesehen, sowohl beim Beginn der Schulleitertätigkeit als auch beim Wechsel der Schulleitung unterstützen zu können. Mehrheitlich befürworten die Schulleiter ein Gruppencoaching, bei dem sie sich mit anderen Schulleitern austauschen. Die Coachinggruppe wollen sie sich dabei selbst aussuchen.

3.5.2 Personalentwicklung für bessere Führung, Kooperation und Entlastung

Viele Schulleiter wünschen sich, ihr Wissen zur Führung im Kollegium zu erweitern. Führungskompetenz bezieht sich hier vor allem auf die soziale

Kompetenz, das Lehrerkollegium so zu beeinflussen, dass gemeinsame Ziele erreicht werden und dies von allen Beteiligten als unterstützend erlebt wird. Führung wird dabei heute weniger als mechanistische Form aufgefasst, bestimmte Personen oder Situationen zu beeinflussen. Sie setzt vielmehr an der Gesamtpersönlichkeit des Schulleiters an. Nur durch seine Leistungsorientierung und ein bestärkendes Verhalten als Mentor kann er seine Mitarbeiter zu besonderen Leistungen motivieren (Dörr, 2006). Für eine ausgewogene Arbeit im Team ist es notwendig, den Konrektor im Sinne einer **partizipativen oder kooperativen Führung** an Entscheidungen zu beteiligen. Personalentwicklung, die zum Ziel hat, den Führungserfolg des Schulleiters zu verbessern, muss sich daher auf die Förderung der gesamten Persönlichkeit des Schulleiters und auf die weitreichende Analyse seiner Führungsbeziehungen innerhalb der Schule richten.

Schulleiter an Realschulen wünschen sich die Kooperation mit dem Konrektor ihrer Schule. Schulleiter und Konrektor bilden zusammen eine Quasi-Doppelspitze, bei der der Schulleiter die formale Leitung der Schule innehat und der Konrektor daran informell beteiligt ist. Konfliktpotenziale innerhalb dieser Quasi-Doppelspitze entstehen oft durch Interaktionsprobleme oder durch Störfaktoren von außen. So können z. B. nicht ausgeräumte Missverständnisse bei Auseinandersetzungen die weitere Interaktion zwischen Rektor und Konrektor gefährden. Störfaktoren von außen können neue Verordnungen sein, die die Zusammenarbeit des Schulleiters und seines Stellvertreters gefährden. Personalentwicklung, die der Kooperation zwischen Schulleiter und Konrektor dient, setzt eine Analyse zu den Konfliktpotenzialen der Doppelspitze voraus. Die Aufgaben von beiden können in einem Funktionendiagramm eindeutig festgelegt werden. Hierbei werden den Stellen die Aufgabenbereiche (z. B. Außenkontakte) und die Funktionen (z. B. „entscheidend" oder „ausführend") zugeordnet. Dabei sollten auch die informellen Macht- und Einflussquellen der Konrektoren angesprochen werden. Diese sind häufig schon länger als der Schulleiter angestellt und verfügen über gute Kontakte nach innen und außen.

Personalentwicklung sollte auch darauf abzielen, den Schulleiter zu entlasten. Das wurde in der Befragung ebenfalls vielfach gewünscht. Ein wirksames Zeitmanagement kann schon relativ kurzfristig zu einer persönlichen Entlastung führen. Die Fähigkeit zu delegieren unterstützt die Verteilung der vielfältigen Aufgaben der Schulleitung. Zeitmanagement und Delegation können in entsprechenden Seminaren eingeübt werden. Auch Ideen zur Work-Life-Balance können einbezogen werden, um beruflicher Überforderung entgegenzuwirken (Schreyögg, 2005). **Work-Life-Balance** dient dem Gleichgewicht zwischen Arbeit und Privatleben und hat zum Ziel, die Leistungsfähigkeit im Beruf bei bestmöglicher Erholung in der Freizeit zu steigern. Da sich beide Lebensbereiche bedingen, kann eine bewusste Freizeit- und Familiengestaltung, die auf die individuelle Erholung ausgerichtet ist, den persönlich erlebten Arbeitsdruck mildern. Zugleich werden dadurch perfektionistische Ziele relativiert, die durch einseitige Arbeitsorientierung entstehen. Schließlich kann die erlebte Belastung im Beruf psychoanalytisch auch als Widerstand aufgefasst werden. Damit Widerstände aufgelöst werden können, sollten sie als solche angenommen werden, und ihre verdeckte Botschaft sollte gesucht werden. Hilfreich ist es auch, sich bewusst zu machen, dass es keine Veränderung ohne Widerstand gibt.

3.5.3 Coaching zur Personalentwicklung und Gruppencoaching

Coaching kann dafür eingesetzt werden, die beschriebenen Probleme bei der Personalentwicklung zu lösen. Es dient sowohl der Förderung von Führungskompetenz als auch zur Unterstützung der Kooperation zwischen Schulleiter und Konrektor. Zudem kann die Aufgabenbelastung analysiert und im Gespräch eine Strategie zur Entlastung entwickelt werden. Coachingbedarf wurde vor allem zu Beginn der Schulleitertätigkeit und beim Wechsel der Schulleitung gesehen. Das neue Amt bringt erfahrungsgemäß eine Vielzahl von Konfliktpotenzialen mit sich. So sind die Position des Vorgängers und seine Beziehungen zum Kollegium richtig einzuschätzen. Die Legitimation der Stelle muss geklärt sein. Ansprüche seitens der Träger sind zu berücksichtigen. Schließlich muss der zentrale Auftrag deutlich werden, der an den Schulleiter gerichtet ist (Schreyögg, 2002). Coaching ermöglicht es, alle diese

Aspekte zu reflektieren, dafür Handlungsalternativen zu erarbeiten und diese systematisch umzusetzen.

Als Form des Coachings wünschen sich die meisten ein **Gruppencoaching**. Sie möchten mit anderen Schulleitern über ihre Probleme sprechen und suchen den kollegialen Erfahrungsaustausch. Dabei wollen sie selbst aktiv entscheiden, welcher Coachinggruppe sie sich anschließen. Eine Möglichkeit, diesem Bedarf zu entsprechen, wäre eine öffentliche Ausschreibung für ein Angebot zum Coaching für Realschulleiter. Die Schulleiter können damit frei über eine Teilnahme entscheiden. Die Coachinggruppe wird von einem Experten, z. B. von einem Schulpsychologen mit einer Qualifizierung als Supervisor oder Coach, geleitet. Da in der vorliegenden Untersuchung keine Einigkeit darüber herrschte, wie oft und in welchem Rhythmus die Gruppensitzungen stattfinden sollten, könnte dies zusammen mit der Gruppe genau festgelegt werden. Nach Erkenntnissen aus der Interventionsforschung sollten etwa acht Treffen eingeplant werden, damit es zu einer nachhaltigen Wirkung kommt. Der Coach hat innerhalb des Gruppencoachings folgende **Aufgaben**: (1) Wissen in entsprechenden Modulen zu vermitteln, (2) aktuelle Probleme, den konkreten Lösungsbedarf und die Fragestellung von betroffenen Teilnehmern zu erkennen und aufzunehmen, (3) die Probleme durch Gespräche oder Übungen zusammen mit der Gruppe zu bearbeiten, (4) lösungsorientiert Informationen von allen Seiten aufzunehmen und festzuhalten und (5) die Informationen zu einer Problemlösung, die von den Betroffenen akzeptiert wird, zusammenzuführen.

3.6 Resümee

Die vorliegende Untersuchung ermittelte den Bedarf an Personalentwicklung und Coaching bei Schulleitern von Realschulen. Dabei konnte mehrheitlich ein Bedarf festgestellt werden, die eigenen Führungskompetenzen und die Kooperation mit dem stellvertretenden Schulleiter zu verbessern. Von den meisten Schulleitern wurde Handlungsbedarf hinsichtlich der eigenen Entlastung und bei der Übernahme des neuen Amts als Schulleiter gesehen. Eine geeignete Maßnahme, diesen Problemen zu begegnen, ist für sie das Gruppencoaching. Grenzen der vorliegenden Untersuchung stellen die spezialisierten Fragen dar, die sich auf andere Problembereiche nicht ohne Weiteres übertragen lassen. Dennoch kann die explorative Befragung als erster Schritt angesehen werden, den Coachingbedarf von Schulleitern genau festzustellen und diesen in maßgeschneiderten Coachinggruppen zukünftig adäquat zu berücksichtigen.

3.7   Literatur

Dörr, S. L. (2006). *Motive, Einflussstrategien und transformationale Führung als Faktoren effektiver Führung: Ergebnisse einer empirischen Untersuchung mit Führungskräften.* Dissertation, Universität Bielefeld. Verfügbar unter: http://bieson.ub.uni-bielefeld.de/volltexte/2006/1006/ [20.03.2008].

Mertens, D. (1974). Schlüsselqualifikationen [Sonderdruck]. *Mitteilungen aus der Arbeitsmarkt- und Berufsforschung, 7.* Verfügbar unter: http://doku.iab.de/mittab/1974/1974_1_MittAB_Mertens.pdf [20.03.2008].

Mintzberg, H. (1975). The manager's job: Folklore and fact. *Harvard Business Review, 53* (4), 49-61.

Schreyögg, A. (2002). *Konfliktcoaching: Anleitung für den Coach.* Frankfurt am Main: Campus.

Schreyögg, A. (2005). Coaching und Work-Life-Balance. *Organisationsberatung, Supervision, Coaching, 12,* 309-321.

Steinmann, H. & Schreyögg, G. (2005). *Management: Grundlagen der Unternehmensführung. Konzepte – Funktionen – Fallstudien* (6. Auflage). Wiesbaden: Gabler.

4 Schulleiter-Coaching als Instrument zur Konfliktbewältigung

Ute Lucas

4.1 Einleitung

Eine Schulleitung bekommt heutzutage immer mehr Aufgaben zugewiesen. Von der Schulleitung wird z. B. der eigenverantwortliche Umgang mit Finanzmitteln verlangt, der Schulalltag wird komplizierter, neue Gestaltungsfreiräume eröffnen sich. Dem gegenüber steht eine zunehmende Verknappung der Ressourcen hinsichtlich Personal oder Stundenzuteilung. Von der Schulleitung wird neben ihrem alltäglichen Unterrichten auch verlangt, übergreifende **Managementfähigkeiten** zu entwickeln und einzusetzen. Diese Managementfähigkeiten umfassen im schulischen Kontext die Methodenkompetenz, die Fachkompetenz und die sozialen Kompetenzen. Methodenkompetenz ist z. B. erforderlich, wenn Software zur schulischen Verwaltung bedient werden soll. Fachkompetenz zeigt sich in Projekten zur Schulentwicklung. Soziale Kompetenzen sind im Umgang mit Lehrern, Schülern und Eltern notwendig. Das Lehrerkollegium muss geführt und die Arbeit der Lehrer beurteilt werden. Die Schulleitung ist Ansprechpartner für die Eltern und repräsentiert das Schulleitungsteam nach außen. Schließlich zeigen sich die sozialen Kompetenzen in der tagtäglichen Lehrer-Schüler-Interaktion.

Diese vielfältigen Aufgaben können häufig zu Konflikten führen. Schulleiter-Coaching dient dazu, die Schulleiter bei der Bewältigung dieser Konflikte zu unterstützen und ihnen bei der Lösung ihrer Aufgaben beratend zur Seite zu stehen. Hier sollen die Ergebnisse eines Projekts zum Schulleiter-Coaching vorgestellt werden. Dieses umfasste die Durchführung von Coachings mit einer Gruppe von Förderschulleitern und einer Gruppe von Hauptschulleitern sowie einige Einzelcoachings. Zunächst werden die Rahmenbedingungen des Schulleiter-Coachings beschrieben und dann einzelne Themenbeispiele aus den Coachingsitzungen erörtert.

4.2 Die Methoden des Schulleiter-Coachings

Beschrieben werden hier das Setting mit den organisatorischen Rahmenbedingungen und die Coachingmethoden. Das **Setting des Schulleiter-Coachings** umfasste zwei Gruppencoachings. Ein Gruppencoaching wurde mit Schulleitern aus Förderschulen, das andere mit Schulleitern aus Hauptschulen durchgeführt. Daneben wurden Schulleitern mit schwerwiegenderen oder persönlichen Problemen Einzelcoachings angeboten. Die Schulleiter der Förderschulen rekrutierten sich über eine Ausschreibung der Förderschulabteilung der Bezirksregierung. Einige Teilnehmer dieser Gruppen nahmen vorher an einem dreitägigen Seminar für neu ernannte Schulleiter teil. Die Schulleiter der Hauptschulen konnten über eine Ausschreibung des staatlichen Schulamts gewonnen werden.

Die Coachinggruppen trafen sich ein Schuljahr lang alle vier bis sechs Wochen. Die Gruppensitzungen dauerten jeweils ca. zweieinhalb Stunden. Bis zum Zeitpunkt, als der vorliegende Text erstellt wurde, trafen sich beide Gruppen sieben Mal. Die Treffpunkte waren die einzelnen Schulen der Teilnehmer und wurden für jeden Termin abgesprochen. Die Förderschulgruppe leitete die Verfasserin, die selbst als Schulpsychologin für Hauptschulen tätig ist, zusammen mit einem Schulpsychologen aus dem Förderschulbereich. Die Coachings mit der Hauptschulgruppe wurden von der Verfasserin allein durchgeführt. Die Teilnehmerzahl beider Gruppen war auf zehn bis fünfzehn begrenzt. Teilnehmer waren Schulleiter und Konrektoren, also die stellvertretenden Schulleiter.

Die Methoden des Schulleiter-Coachings orientierten sich am **integrativen Supervisionsmodell** von Schreyögg (2004). Dieses Modell umfasst Prämissen zum menschlichen Umgang innerhalb einer Beratung, beratungsspezifische Organisationstheorien, die Methoden und Ziele der Beratung und konkrete Techniken zur Gesprächsführung und zu Übungen. Unter Supervision wird dabei eine Beratungsform verstanden, bei der berufliche Zusammenhänge thematisiert werden. Coaching ist eine Beratungsform, die sich speziell an Führungskräfte in Profit- und Non-Profit-

Organisationen richtet. Das Coaching, das sich als Beratungsform im Bereich des Managements entwickelte, bedient sich dabei einzelner Methoden der Supervision, die sich als Beratungsform für eher therapeutisch tätige Dienstleister herausbildete. **Schulleiter-Coaching** ist somit eine Form der Beratung, bei der führungsspezifische Aufgaben des Schulleiters im Mittelpunkt stehen, die sich einzelner Methoden aus der Supervision bedient und sowohl in Gruppen als auch in Einzelberatungen angewendet werden kann. Ziel des Schulleiter-Coachings ist es, neue Denkmuster und Handlungskompetenzen zu entwickeln, damit der Schulleiter dadurch seine Aufgaben besser lösen und die dabei auftretenden Konflikte bewältigen kann (vgl. Schreyögg, 2003). Der beratende Leiter der Coachinggruppe wird hierbei als Coach oder Supervisor, der zu beratende Klient als Coachee oder Supervisand bezeichnet.

Was die konkrete Umsetzung anbelangt, wurden vor allem systemische Methoden eingesetzt. Sie bauen darauf auf, dass innerhalb eines Systems alle Personen und ihre Beziehungen mit allen anderen Personen und Beziehungen im Zusammenhang stehen. Beispiele systemischer Methoden sind Feedback geben oder das Rollenspiel. Zentral war darüber hinaus eine lösungsorientierte Haltung. Hierbei wird davon ausgegangen, dass der Klient mit seinem Problem immer auch schon eine Lösung oder zumindest eine Idee davon mitbringt. Alle Handlungen des Supervisors sind auf diese Lösung hin ausgerichtet (Hargens, 2003; Hargens & von Schlippe, 2002; Luhmann, 2004; Selvini Palazzoli, 1989).

Die Gruppensitzungen des Schulleiter-Coachings liefen nach folgendem **Grundschema** ab:

1. **Eingangsrunde**: Die Teilnehmer äußern sich zu ihrer Befindlichkeit und ihrem aktuellen Anliegen.
2. **Vereinbarung des heutigen Themas**: In der Gruppe wird geklärt, welches Anliegen ausführlich behandelt wird.
3. **Problemschilderung**: Der Supervisand berichtet sein Problem oder seinen Konflikt.
4. **Verständnisfragen**: Der Supervisor fragt nach, um das Problem besser verstehen zu können.

5. **Auftragsklärung**: Der Supervisand gibt an, welche Frage mit der heutigen Sitzung beantwortet, welches Ziel oder welches Ergebnis erreicht werden soll.

6. **Erste Reaktion der Gruppe**: Die Teilnehmer in der Gruppe geben ein erstes, knappes Feedback zum geschilderten Problem, ohne ausführlich darüber zu diskutieren.

7. **Reaktion des Supervisanden**: Der Supervisand äußert sich zu den Bemerkungen der Gruppe und wiederholt seinen Auftrag als Frage an die Gruppe.

8. **Lösungsfindung**: Die Teilnehmer in der Gruppe suchen in einer Diskussion nach Lösungsmöglichkeiten für das Problem. Hierbei werden einzelne Methoden, wie beispielsweise das Rollenspiel, eingesetzt.

9. **Zusammenfassung**: Der Supervisand fasst die Problemlösungen zusammen und sagt, was er davon umsetzen wird.

Je nach Anliegen wurde dieses Grundschema abgewandelt. So konnten beispielsweise mehrere Runden mit Reaktionen der Gruppe erfolgen, bis der Auftrag des Supervisanden geklärt oder seine Frage hinreichend beantwortet war. Das Schema diente jedoch in allen Fällen zur Orientierung, welche Reaktionen des Supervisanden, der Gruppe und des Supervisors notwendig zu berücksichtigen waren. Oft fiel es den Teilnehmern schon in der ersten Feedback-Runde nicht leicht, sich mit Tipps und Ratschlägen zurückzuhalten. Der Supervisor musste die Diskussion dann unterbinden und auf den ausführlichen Bearbeitungsteil verweisen. In den Rückmeldungen der Supervisanden wurde deutlich, dass die Äußerungen der anderen Teilnehmer als Spiegel des eigenen Handelns hilfreich waren und immer als eine wertvolle Ideenquelle zur Lösungsfindung angesehen wurden. Die Themen der Coachingsitzungen reichten von persönlichen Problemen bis hin zu Konflikten, die teils erheblich eskaliert waren und bereits mehrere Konfliktparteien einbezogen.

4.3 Themenbeispiele aus den Coachingsitzungen

4.3.1 Bewerbung einer Schulleiterin

In einer Sitzung wurde die Frage einer Supervisandin eingebracht, ob sie sich auf die ausgeschriebene Stelle einer Schulleiterin bewerben solle oder nicht. Für die Einstellung war die Bezirksregierung zuständig. Am Auswahlprozess war offensichtlich noch der kirchliche Träger der Schule beteiligt. Bei der Bearbeitung der Fragestellung bezogen wir uns zunächst auf die **Konfliktpotenziale für neu ernannte Schulleiter** nach Schreyögg (2002). Diese können (1) in der Rekrutierungsart, (2) in der Situation des Vorgängers, (3) im spezifischen organisationalen Auftrag und (4) in der Legitimation der Position, also den formalen Befugnissen, die sich aus der Stelle ergeben, liegen. Anhand dieser Konfliktpotenziale wurde die Stellenausschreibung analysiert und zukünftige Konflikte formaler und informeller Art vorweggenommen. Eine mögliche Hürde ergab sich durch die Ansprüche des kirchlichen Trägers, die im Auswahlverfahren berücksichtigt werden mussten. Bezogen auf den spezifischen organisationalen Auftrag wurden vom neuen Stelleninhaber aller Wahrscheinlichkeit nach bestimmte schulrechtliche Maßnahmen erwartet.

In zwei Rückmelderunden schilderten die Teilnehmer ihre Gedanken und Gefühle zur Fragestellung und verlangten nach weiteren Informationen zur Sachlage. Die Supervisandin sagte, dass sie mit dem Träger Kontakt aufnehmen wolle, um weitere Angaben zur Stelle zu erhalten. Der Auftrag wurde mit einer neuen Frage an die Gruppe präzisiert: Wie nutze ich das von mir gesuchte Gespräch mit dem Träger, um zu entscheiden, ob ich mich bewerben soll oder nicht? Ein Gespräch mit dem Träger wurde in einem anschließenden Rollenspiel mit Unterstützung der Gruppe nachgestellt. Im Mittelpunkt standen hierbei der Gesprächsverlauf und die Antworten, die sich die Supervisandin davon erhoffte. In der nächsten Sitzung dankte die Schulleiterin für die gute Unterstützung und berichtete von ihrem Gespräch mit dem Träger.

Aufgrund der dadurch gewonnenen Informationen könne sie nun klar sagen, dass sie sich nicht bewerben wolle.

4.3.2 Eskalierter Konflikt und Mobbing

Mit einer Schulleiterin führte ich aufgrund eines Konflikts, der bereits auf Leitungsebene eskaliert war, in mehreren Sitzungen ein Einzelcoaching durch. An diesem Konflikt waren verschiedene Konfliktparteien beteiligt. So stand etwa der Konrektor in Konkurrenz zur Schulleiterin. Er hatte schon ein Jahr lang die Schule kommissarisch geleitet hatte, bevor sie Schulleiterin wurde. Der Gemeinderat und der Bürgermeister waren Sachaufwandsträger und Arbeitgeber der Schulsozialarbeit. Damit machten sie Machtansprüche geltend, die die Gestaltung des Schullalltags betrafen. Es kam zum Mobbing der Schulleiterin, die darüber hinaus psychosomatisch erkrankte. Der Konflikt erreichte schließlich die achte und damit zweithöchste Eskalationsstufe der Zersplitterung nach Glasl (2004), bei der die Konfliktparteien massive Vernichtungsschläge einsetzen, um den Gegner zu zersplittern und zu demontieren. Die Schüler, die Eltern, das gesamte Kollegium, die Schulleitung, der Gemeinderat und selbst die Presse waren involviert. Die Funktionsfähigkeit der gesamten Schule war deutlich eingeschränkt.

Zunächst erfolgte eine ausführliche Analyse des Ist-Zustands. Die Konfliktparteien wurden den einzelnen Hierarchieebenen innerhalb des Schulsystems zugeordnet. Ausgehend von Verordnungen wurden die Zuständigkeiten der Konfliktparteien definiert, und die Supervisandin gab an, welche unterschiedlichen Erwartungen die Beteiligten hätten. Die Schulleiterin erarbeitete sich ihr Selbstverständnis, wie sie sich selbst als Schulleiterin sehe und wie ihre Leitung legitimiert sei. Es wurde deutlich, dass zur Konfliktbewältigung Machteingriffe von Funktionsebenen über ihr nötig sein würden.

Ein Programm der kleinen Schritte wurde aufgestellt, mit dem die Supervisandin selbst etwas für sich und gegen ihre psychosomatischen Erkrankungen tun konnte. Außerdem wurde ein moderiertes Gespräch mit Vertretern der Konfliktparteien aller Hierarchieebenen geplant. Damit sollte erstmals wieder ein geordneter Kontakt zustande kommen, bei dem die Konfliktparteien ihre Perspektiven darlegen konnten. Ziel war es, dass jede Partei die Sichtweise der anderen Beteiligten nachvollziehen konnte. Weiter wurde festgelegt, von wem und auf welche Weise die Schulleiterin Unterstützung anfordern würde. Zudem sollten der Geschäftsverteilungsplan neu geordnet sowie die Zuständigkeiten und die Schweigepflicht schriftlich abgesprochen werden. Dazu wurden einzelne Arbeitsgruppen anberaumt. In einem nächsten Schritt sollte die Schulleiterin klären, inwiefern sie selbst an den Vorgängen beteiligt war, um für ähnliche Situationen in Zukunft über Handlungsalternativen zu verfügen (Keller, 2001; Schreyögg, 2002).

Problematisch war, dass für mich als Mitarbeiterin im Schulamt immer wieder die Gefahr bestand, von außen automatisch der Interessenspartei der Schulleiterin zugeordnet zu werden. Im Coaching war es daher notwendig, die Rolle des unabhängigen, nicht wertenden und lediglich begleitenden Coachs einzunehmen. Nach außen hin musste deutlich gemacht werden, dass es von meiner Seite aus per se keine Parteinahme für die Schulleiterin und ihre Interessen gab.

4.3.3 Die Aufgabenverteilung innerhalb der schulischen Doppelspitze

In Bayern benennen Bezirksregierung und Kultusministerium normalerweise für jede Schule einen Rektor als Schulleiter und einen Konrektor als stellvertretenden Schulleiter. In Förderschulen können mehrere Konrektoren ernannt werden. Große Förderzentren verfügen teilweise sogar über zwei Schulleiter. Rektor und Konrektor übernehmen jeweils einen Teil der Schulleitungsaufgaben. Eine bestimmte Aufgabenverteilung ist nicht vorgegeben. Oft teilen sie sich gleichberechtigt die Führungsaufgaben eines Schulleiters.

In Schulen sind damit meistens Quasi-Doppelspitzen, bestehend aus Rektor und Konrektor, und teilweise formale Doppelspitzen, bestehend aus zwei Schulleitern, vorhanden. **Formale Doppelspitzen** sind Konstellationen innerhalb der Aufbauorganisation, bei der zwei Stellen auf oberster Leitungsebene einer Organisation eingerichtet sind, denen gleiche Leitungsaufgaben, Befugnisse und Verantwortlichkeiten zugeordnet sind. **Quasi-Doppelspit-**

zen sind Konstellationen innerhalb der Aufbauorganisation, bei der es formal gesehen nur eine Stelle auf oberster Leitungsebene gibt, bedingt durch alltägliche Aufgabenteilung aber von zwei Personen ähnliche Leitungsaufgaben wahrgenommen werden. Damit ist eine informelle Doppelspitze gegeben.

Nach Schreyögg (2005) können folgende **Konfliktpotenziale formaler und informeller Doppelspitzen** gegeben sein:

- **Störungen der Interaktion**: Hier liegen Kommunikationsprobleme zwischen beiden Leitern vor. Unbewusste Phänomene wie etwa Übertragungen, bei denen ein Schulleiter die Vorstellungen, die er über andere, schon bekannte Personen hat, auf den anderen Schulleiter unbewusst überträgt, können die Kommunikation ebenfalls beeinträchtigen.

- **Störungen durch einen Dritten**: Hier wird die Balance der Doppelspitze durch eine dritte Person gestört, die als informeller Führer oder Experte auftritt. So können beispielsweise beide Schulleiter von den Software- und Programmierkenntnissen eines anderen Lehrers abhängig sein.

- **Störungen durch Kontextfaktoren**: Hier beeinträchtigen spezifische Umgebungsfaktoren die einvernehmliche Arbeit der Doppelspitze. So kann z. B. eine neue Beurteilungsrichtlinie, die verlangt, dass der Konrektor durch den Schulleiter beurteilt wird, zu Problemen zwischen beiden führen.

- **Störungen durch individuelle Faktoren**: Hierbei liegen persönliche Merkmale der Schulleiter vor, die zu einer Störung der Doppelspitze führen. Beispielsweise kann die Leistungsfähigkeit eines Schulleiters durch eine Krankheit oder Schwierigkeiten im privaten Umfeld eingeschränkt sein.

In einzelnen Coachingsitzungen wurden immer wieder entsprechende Konflikte zwischen Rektor und Konrektor angesprochen. Es kamen häufig Kommunikationsprobleme zur Sprache. Angesprochen wurde ebenfalls das Problem der Aufgabenteilung, das die Frage aufwarf: „Wer ist für welche Aufgaben zuständig?" Unklarheit bestand darüber, wer die Qualität der Arbeit, die die Schulleitung erbrachte, bewerten und nach welchem Maßstab dies geschehen sollte.

Das Problem der Aufgabenteilung wurde in einer Übung mit einem Kreisdiagramm bearbeitet. Zunächst stellte jeder Teilnehmer eine Liste mit den Aufgaben der Schulleitung an seiner Schule zusammen. Dann sollten diese entsprechend ihrem Zeitaufwand als Segment in das Kreisdiagramm eingetragen werden. Aufgaben mit großem Zeitaufwand wurden als großes „Tortenstück" in den Kreis eingezeichnet, Aufgaben mit geringem Zeitaufwand als kleines Kreissegment. Eigene Aufgaben und die Aufgaben des anderen Teils der Schulleitung wurden mit unterschiedlichen Farben gekennzeichnet. Anschließend wurden die Ergebnisse diskutiert.

In der Diskussion wurde festgestellt, dass nicht alle Aufgaben in der Zeit, die täglich zur Verfügung stand, untergebracht werden konnten. Es wurde auch ersichtlich, dass die Größe der Kreissegmente häufig weniger den Zeitumfang wiedergab als vielmehr die Wichtigkeit der Aufgabe oder die erlebte Macht, die mit dieser Aufgabe verbunden war. Aufgaben, denen oft freudlos nachgegangen wurde, nahmen in der Summe eine beträchtliche Zeit in Anspruch nehmen. Bei der farblichen Kennzeichnung der eigenen Aufgaben fiel auf, dass oft klare oder auch schriftlich fixierte Zuständigkeiten für die Aufgabenverteilung innerhalb der Schulleitung fehlten. Die hauptsächlichen Konfliktpotenziale wurden in der Störung der Interaktion und in Störungen durch Kontextfaktoren gesehen: Zum Ersten ergeben sich Probleme dadurch, dass die vorgesetzten Behörden der Bezirksregierung und des Kultusministeriums keine bindenden Vorgaben über die Aufgabenteilung innerhalb der Schulleitung machen. Dieses Fehlen von Vorgaben kann zu verzerrten Aufgabenverteilungen innerhalb der Doppelspitze führen, die ihrerseits Machtkonflikte auslösen. Zum Zweiten sind die Informationswege, d. h., wer wen informieren muss, innerhalb der Schulleitung häufig nicht festgelegt. Hieraus kann resultieren, dass Informationen nicht den richtigen Empfänger erreichen oder dies nur über informelle Wege geschieht. Das wiederum kann Störungen in der Interaktion der Schulleiter bedingen.

Als eine Lösung, die Aufgaben zwischen den Schulleitern eindeutig zu verteilen und Informationswege zu definieren, wurde die Neufassung von Geschäftsverteilungsplänen vorgestellt. Der **Geschäftsverteilungsplan** einer

Schule weist die Stellen und ihre Funktionen innerhalb der Schule aus, beschreibt die Aufgaben jeder Stelle und erläutert einzelne schulübergreifende Prozesse und Tätigkeiten. In der Gruppe berichteten die Teilnehmer über ihre bisherigen Erfahrungen mit der Erstellung von Geschäftsverteilungsplänen. Die Teilnehmer sprachen zudem über die Vor- und Nachteile der Pläne. Es wurde vereinbart, dass jeder Schulleiter bis zur nächsten Sitzung einen Geschäftsverteilungsplan für seine Schule erarbeiten oder den vorliegenden verbessern sollte, um zukünftigen Konflikten vorzubeugen. Aus den Gesprächen rund um die Geschäftsverteilungspläne ergaben sich weitere Probleme, die das persönliche Machtkonzept, die Mitarbeiterführung oder die Weitergabe von Informationen betrafen. Diese Probleme sollen nachfolgend erörtert werden.

4.3.4 Schulleiter und Macht

Das Thema Macht beschäftigt Schulleiter immer wieder. Mit der **Macht eines Schulleiters** ist das Vermögen verbunden, das Denken und Verhalten von Einzelnen oder Gruppen in der Schule oder in der schulischen Umgebung beeinflussen zu können. Die Macht wird ihm vor allem durch Legitimierung seiner Stelle als Schulleiter und die damit verbundenen Entscheidungs- und Weisungsbefugnisse gegeben. Weitere Grundlagen von Macht, die für Schulleiter eine Rolle spielen, können seine Autorität, die er sich durch allgemein anerkannte Entscheidungen und seine Persönlichkeit erworben haben mag, und sein Fachwissen sein.

Mit dem Thema Macht setzte sich die Gruppe in einer der Sitzungen auseinander. Einleitend wurde dazu eine Selbstreflexion durchgeführt. Dabei sollte jeder Teilnehmer ermitteln, wie er seine Macht und ihre Grundlagen wahrnimmt, in welchen Situationen diese Macht eingesetzt wurde und welche Konsequenzen die Machtausübung hatten (vgl. Miller, 2007). Jeder Teilnehmer stellte anschließend seine Ergebnisse vor. Auffällig war hierbei ein geschlechtsspezifischer Unterschied im Machverständnis. Während Frauen in ihrer Machtposition großen Wert darauf legten, dass gegenseitiges Verständnis und enge Kontakte zu den Mitarbeitern gegeben waren, formulierten Männer ihren Machtanspruch häufig sehr direkt: „Ich bin der Chef und habe hier das Sagen." Im schulischen Alltag treffen Macht durch Verständnis und Macht durch direkten Druck häufig jäh aufeinander. In der Gruppe wurde ein Fall geschildert, bei der die Schulleiterin in Machtfragen eher das Gespräch suchte, der Konrektor hingegen offen Druckmittel einsetzte. Im Lehrerkollegium wurde der Konrektor häufig als der wahre Schulleiter angesehen, was der Schulleiterin Entscheidungen, die sie selbst durchsetzen wollte, deutlich schwerer machte. In der folgenden Sitzung wurde noch einmal vertiefend auf die konkreten Machtmittel Bezug genommen: Legitimation, Belohnung oder Bestrafung, Wissen und Fähigkeiten sowie die Persönlichkeitswirkung (Schreyögg, 2004).

4.3.5   Mitarbeiterführung

Die zentrale Aufgabe des Schulleiters ist die **Führung des Lehrerkollegiums**. Hierbei müssen einerseits formale Vorgaben, wie etwa Sitzungstermine oder Anleitungen zum Unterrichten, eingehalten werden. Andererseits sind auf informeller Ebene alle Umgangsformen wichtig, die das Gespräch und den Austausch mit den Kollegen erleichtern. Die gesamte Kommunikation zwischen Schulleitung und Lehrerkollegium ist in den Schulalltag mit Schülern und Eltern eingebunden. In diesem Kommunikationsnetzwerk ist es für die Schulleitung eine besondere Herausforderung, klare Anweisungen zu geben und diese auch durchzusetzen.

In der Gruppe wurde das Problem angesprochen, dass ein Kollege immer wieder fehlte, ohne für die Fehltage ein ärztliches Attest beizubringen. Das Problem war bereits zusammen mit dem Kollegen und einer übergeordneten Behörde besprochen worden, und es gingen klare Anweisungen daraus hervor, für alle Fehltage zukünftig ein Attest vorzulegen. Die aktuelle Konfliktsituation bestand darin, dass der Kollege erneut unentschuldigt fehlte. Es wurde vermutet, dass ein Arztbesuch, den der Kollege vorgab, nicht stattgefunden hatte. Die Frage des Supervisanden an die Coachinggruppe war: „Wie würdet ihr an meiner Stelle handeln? Würdet ihr den Kollegen erneut darauf ansprechen?"

Um die Gruppenintention zu veranschaulichen, wurden die Einzelmeinungen am Flipchart auf einer Skala eingezeichnet. Das eine Ende stand für die Absicht, sofort mit ihm reden zu wollen, das andere für jene, dies auf keinen Fall tun zu wollen. Die Teilnehmer konnten entsprechend ihrer Meinung auf der Skala ihre Position festlegen. Die gesamte Skala war schließlich gleichmäßig besetzt. Für den Supervisanden war dies unbefriedigend. Er konnte aber erkennen, dass beide Handlungsmöglichkeiten gerechtfertig wären und dass es bei der Entscheidung auf seine persönliche Meinung ankäme. Sein Entschluss war am Ende, den Kollegen auf diesen Vorfall hin anzusprechen. Im Gespräch stellte sich heraus, dass ein Kind des Kollegen erkrankt war und ein Arztbesuch stattgefunden hatte. Der Lehrer hatte jedoch vergessen, das Attest vorzulegen, da er nach eigener Auskunft ein etwas chaotisches Verhältnis zu Formularen habe. Der Schulleiter wies nochmals darauf hin, dass Atteste zukünftig unabdingbar seien und der Kollege so verlässlich sein müsse, diese zeitnah vorzulegen. Das Coaching diente in diesem Fall dazu, das Problem offen anzugehen und das gemeinsame Gespräch zu suchen. Innerhalb der Konfliktlösung konnte der Schulleiter seine Weisungsbefugnis geltend machen, was er zuvor vermieden hatte.

4.3.6 Die Weitergabe von Informationen

Im Rahmen der **horizontalen Informationswege** müssen Mitteilungen über getroffene Abmachungen oder über Vorgaben der Bezirksregierung und des Kultusministeriums innerhalb der Schulleitung weitergegeben werden. Dabei ist zu regeln, wer welche Informationen an wen in welcher Form weitergibt. Ebenso sollten innerhalb des Schulleitungsteams die **vertikalen Informationswege** klar sein. Hierbei müssen vor allem Informationen zu Problemen mit Schülern oder Eltern, die die Schulleitung betreffen, zuverlässig weitergegeben werden. Darüber hinaus sind die formalen von den informellen Informationswegen zu unterscheiden. **Formale Informationswege** liegen durch die Informationspflicht innerhalb einer Organisation vor, die eine Stelle gegenüber einer anderen hat. **Informelle Informationswege** sind die nicht formal geregelten Möglichkeiten, Mitteilungen auszutauschen, sei es durch ein Pausengespräch mit dem Kollegen oder durch eine persönliche E-Mail.

In einem Theorie-Input wurde in der Gruppe zunächst der Unterschied zwischen den Informationswegen erläutert. Die Teilnehmer berichteten von ihren eigenen Erfahrungen damit. Ein Schulleiter wollte in einem Rollenspiel ausprobieren, wie er seinem Konrektor die Anweisung geben könnte, ihm bestimmte Informationen stets weiterzugeben und dabei einen festgeschriebenen Informationsweg einzuhalten.

Dabei wurde klar, dass mit der Festschreibung des Informationswegs weitere Probleme verbunden sein würden. So mussten die Gefühle des Konrektors berücksichtigt werden. Seine Befürchtungen, kontrolliert und bevormundet zu werden, mussten ausgeräumt werden. Es sollte vermieden werden, dass die Forderung nach festen Informationswegen in einen Machtkampf ausarten würde. Für den Schulleiter war es darüber hinaus ein Anliegen, dem Konrektor zu verstehen zu geben, wie wichtig ihm seine Person und seine Kompetenzen im Schulalltag seien.

4.4   Reflexion des eigenen Coachings

In meiner Reflexion zum eigenen Coaching möchte ich auf die Schwierigkeiten, die Coachinggruppen zu organisieren, auf schulartübergreifendes Arbeiten, auf Bewertungen und auf die Zusammensetzung der Gruppe und der Gruppenleitung eingehen.

Schon in der Ausschreibungsphase wurde uns durch einige Hürden klar, dass von Regierungsseite aus Coaching für Schulleiter nicht unbedingt erwünscht ist. Dies könnte zwei Gründe haben: Erstens stärkt Coaching die Schulleitungen und gibt ihnen Gelegenheit, sich gegenseitig zu unterstützen. Die übergeordneten Behörden werden durch die vereinbarte Schweigepflicht darüber nicht in Kenntnis gesetzt, was als vermeintlicher Kontrollverlust aufgefasst werden kann. Zweitens scheint auf Regierungsseite Angst davor zu bestehen, innerhalb des Coachings selbst thematisiert zu werden. Die dabei geäußerte Kritik könnte sich womöglich gegen die Behörden richten.

Von Bezirksregierung und Schulamt wird nicht unterstützt, dass im Coaching schulartübergreifend gearbeitet wird und z. B. Coachinggruppen mit Schulleitern aus mehreren unterschiedlichen Schultypen gebildet werden. De facto haben jedoch die Schulleiter der Hauptschulen meine Kenntnisse über das Förderschulsystem als sehr hilfreich empfunden. Schulleiter der Förderschulen waren durch meine teilweise Unkenntnis des Förderschulsystems gezwungen, die Fakten und Zusammenhänge ausführlicher darzulegen. Dadurch wurden sie sich selbst ihrer gegenwärtigen Lage besser bewusst, was ihnen bestimmte Entscheidungen erleichterte.

Für Schulpsychologen ist es in ihrer Rolle als Coach unerlässlich, dem systemimmanenten Drang der Schule zu widerstehen, alles sofort und verbindlich bewerten zu wollen. Der Coach sollte immer wieder Beobachtungen und Perspektivenwechsel ohne Bewertung einfordern. Zugleich sollten unterschwellige Bewertungen und Beschuldigungen in den Sitzungen angemessen thematisiert werden. Auch ist immer wieder darauf hinzuweisen, dass die Inanspruchnahme von Beratung nicht heißt, sich als Schulleiter Unfähigkeit und Handlungsblockaden einzugestehen.

Die Zusammensetzung der Gruppe aus Frauen und Männern habe ich als sehr bereichernd erlebt. Geschlechterrollen wurden teils kritisch reflektiert, teils aktiv zur Problemlösung genutzt. So sind die männlichen Teilnehmer eher auf mich zugekommen, die Teilnehmerinnen wandten sich vor allem an meinen Kollegen. Insbesondere bei der Machtproblematik haben die Schulleiterinnen besser verstanden, welche Herangehensweise ihre männlichen Kollegen verfolgen.

Die Arbeitsteilung mit meinem Kollegen war für mich als Coach entlastend. Ich konnte mich teilweise zurücknehmen, und wir ergänzten uns in unseren Perspektiven und unserem Fachwissen. Die Coachinggruppe, die ich allein leitete, empfand ich als wesentlich anstrengender. Andererseits erübrigte sich hier der Zeitaufwand für Absprachen, und ich konnte spontaner reagieren.

4.5   Literatur

Glasl, F. (2004). *Konfliktmanagement: ein Handbuch für Führungskräfte, Beraterinnen und Berater* (8. Auflage). Bern: Haupt.

Hargens, J. (2003). *Systemische Therapie ... und gut: ein Lehrstück mit Hägar.* Dortmund: Verlag Modernes Lernen.

Hargens, J. & von Schlippe, A. (Hrsg.). (2002). *Das Spiel der Ideen: reflektierendes Team und systemische Praxis* (2. Auflage). Dortmund: Borgmann.

Keller, G. (2001). *Konfliktmanagement in der Schule: moderieren, lösen, vorbeugen.* Seelze-Velber: Kallmeyer.

Luhmann, N. (2004). *Einführung in die Systemtheorie* (2. Auflage). Heidelberg: Carl-Auer-Systeme.

Miller, R. (2007). *Selbst-Coaching für Schulleiterinnen und Schulleiter* (2. Auflage). Weinheim: Beltz.

Schreyögg, A. (2002). *Konfliktcoaching: Anleitung für den Coach.* Frankfurt am Main: Campus.

Schreyögg, A. (2003). *Coaching: eine Einführung für Praxis und Ausbildung* (6. Auflage). Frankfurt am Main: Campus.

Schreyögg, A. (2004). *Supervision: ein integratives Modell. Lehrbuch zu Theorie und Praxis* (4. Auflage). Wiesbaden: VS Verlag für Sozialwissenschaften.

Schreyögg, A. (2005). *Coaching von Doppelspitzen: Anleitung für den Coach.* Frankfurt am Main: Campus.

Selvini Palazzoli, M. (1989). *Der entzauberte Magier: zur paradoxen Situation des Schulpsychologen* (2. Auflage). Stuttgart: Klett-Cotta.

5 „Kann jetzt jeder Lehrer werden?" – Qualifizierung für Reformbeamte und Möglichkeiten zur Konfliktbewältigung

Maria Hacker-Eichenseer

5.1 Einleitung

Am Anfang stand die Verwaltungsstrukturreform 21 der bayerischen Staatsregierung unter Federführung des ehemaligen Ministerpräsidenten Edmund Stoiber im Frühjahr 2005. 150 Beamte aus Forstämtern, Vermessungsämtern, Wasserwirtschaftsämtern und Gewerbeaufsichtsämtern sollten im Rahmen eines Outplacements an Schulen wechseln und damit zwei Problem lösen: Zum einen wollte man daraus Einsparungen im Behördenapparat erzielen. Zum anderen sollten zusätzliche Kapazitäten für die Unterrichtsversorgung an Haupt- und Realschulen geschaffen werden. Die Idee der bayerischen Staatsregierung folgt dabei einer historischen Vorlage. Schon Friedrich der Große hatte in der Ära des Reformabsolutismus in der Armee überflüssige Soldaten zu Lehrern ausbilden lassen (Jeismann, 1987). Jedoch eigneten sich nur wenige Soldaten für den Schuldienst. Von 4258 Invaliden konnten nur 79 als Schulmeister vorgeschlagen werden. Davon wiederum waren laut Kriegsministerium nur 15 Bewerber tauglich (Hubatsch, 1982).

Welche Maßnahmen wurden nun zur Lehrerqualifizierung von Beamten in Bayern ab 2005 durchgeführt und mit welchem Erfolg? Darüber berichtet der vorliegende Beitrag. Zunächst werden die Grundlagen der Qualifizierung von Beamten für das Lehramt an Realschulen vorgestellt. Die von der Reform betroffenen Beamten, die umschulen sollten, werden nachfolgend vereinfachend als **Reformbeamte** bezeichnet. Im Rahmen der Grundlagen werden das Konfliktpotenzial der Maßnahme, Standards zur Lehrerausbildung und das Qualifizierungskonzept vorgestellt. Die Autorin ist Seminarlehrerin, die innerhalb der Referendarsausbildung an der Seminarschule für das Fach

Psychologie verantwortlich ist. Sie leitete innerhalb der Qualifizierung für die angehenden Lehrer das Qualifizierungsseminar im Fach Psychologie. Dieses soll exemplarisch näher vorgestellt werden. Zunächst wird im Grundlagenteil das Curriculum im Qualifizierungsseminar Psychologie erörtert. Im Teil zur praktischen Durchführung wird dann ausführlicher über einzelne Seminarbausteine berichtet. Im Zentrum stehen hierbei die Konflikte der angehenden Lehrer und Möglichkeiten zur Konfliktbewältigung.

5.2 Grundlagen der Qualifizierung von Reformbeamten für das Lehramt an Realschulen

5.2.1 Konfliktpotenziale

Die Idee der bayerischen Staatsregierung, bisherige Beamte zu Lehrern umzuschulen, wurde vom Realschullehrerverband sehr kontrovers aufgenommen. Der Artikel des Verbandsvorsitzenden in der Verbandszeitung war äußerst kritisch. Schlagzeilen, wie „Heute Futtermittelkontrolleur – morgen Lehrkraft an Realschulen" oder „Von der Baumschule in den Unterricht", zeigen, welches Konfliktpotenzial die Maßnahme hatte (Brunner, 2005; Huber, 2005). Die Vertreter des Lehrerverbands äußerten die Befürchtung, dass damit eine Deprofessionalisierung des Lehrerberufs betrieben werde. Möglicherweise könne die Lehrerausbildung schon bald überflüssig werden. Es wurde bemängelt, dass das Lehrerbild der Politik realitätsfern ist, „wenn man allen Ernstes glaube, der Wechsel vom Vermessungsfeld an die Schultafel bedarf nur eines Ortswechsels" (Huber, 2005, S. 8). Beamtenrechtliche und standespolitische Bedenken wurden geäußert. Die Reformbeamten würden so geradezu über ein Sprungbrett befördert, was den Lehrern an Realschulen verwehrt bliebe. Damit sei der soziale Friede an den Schulen gefährdet.

Bereits im Vorfeld der Maßnahme war damit eine gewisse Eskalationsstufe eines Konflikts erreicht (vgl. Glasl, 2004). Die Lehrer waren durch die

Artikel in der Verbandszeitschrift sensibilisiert. Die Reformbeamten wurden als Gegner typisiert und als unprofessionell abgewertet. Das verstärkte die Koalitionsbildung bei den Lehrern, und Vorurteile kamen auf. In den Reihen der Kollegenschaft wurde hinter vorgehaltener Hand die Meinung geäußert: „Die Reformbeamten brauchen wir nicht!" Aus Sicht des Realschullehrerverbands ging es darum, eine Systemveränderung hinsichtlich der Zugangsvoraussetzungen für den Lehrerberuf abzuwehren.

Ungeachtet der Proteste wurde die Umschulungsmaßnahme umgesetzt. Mehrere Seminarschulen wurden als Ausbildungsschulen für die Nachqualifizierung der Verwaltungsbeamten bestimmt. Reformbeamte wurden diesen Schulen als Ausbildungskandidaten zugewiesen. An der Seminarschule, an der ich tätig bin, gibt es seit drei Jahren Erfahrungen mit dem Quereinstieg von Bewerbern ohne Lehramtsstudium. Meine eigene Position zum Thema Quereinstieg in den Lehrberuf kann ich als neutral bezeichnen. Als Psychologin bin ich neugierig auf Menschen, die vor dem Hintergrund eines völlig anderen Erstberufes Lehrer werden wollen. Die Ausbildungskandidaten sind für mich eigenverantwortlich Lernende. Meine Aufgabe ist es, sie bei ihrem Lernen anzuleiten, zu begleiten und zu unterstützen. Doch welche formalen Standards zur Lehrerqualifizierung gibt es?

5.2.2 Standards der Lehrerqualifizierung

Seit Ende des 19. Jahrhunderts gibt es **Standards für die Ausbildung von Lehrern** an höheren Schulen. Diese sehen eine vollakademische Ausbildung an einer Universität und eine anschließende Praxiserprobung mit zweiter Staatsprüfung vor (Terhart, 2001). Im internationalen Vergleich ist das formale Niveau der Lehrerausbildung in Deutschland sehr hoch, die Ausbildung sehr aufwendig und teuer (Tillmann, 1999). Dennoch ist umstritten, ob die Lehrerausbildung professionelle Lehrer hervorbringt. Der Zusammenhang zwischen wissenschaftlich-theoretischem und berufspraktischem Wissen ist bei Ärzten, Juristen und Architekten klarer als bei Lehrern. Laut Terhart (2001) gibt es bis heute keine wissenschaftlich abgesicherte Basis über den Zusammenhang zwischen den Inhalten der Lehrerausbildung und der Qualität schulischer Arbeit. Studien zeigen zudem, dass eine nicht pädagogische Ausbildung und ein Zweitberuf für den Berufseinstieg als Lehrer durchaus von Vorteil sein können (Reif & Böhrmann, 2001). Im Zweitberuf kann z. B. differenziertes Wissen zur Komplexität von Sozialbeziehungen, zum Ablauf von Lernprozessen und im Umgang mit Organisationsaufgaben erworben werden. Reif und Böhrmann (2001, S. 26) kommen zu dem Schluss: „Es hilft alles, was den eigenen Horizont erweitert."

Professionalität im Lehrerberuf und vor allem pädagogische Professionalität ist durch eine wissenschaftliche Ausbildung alleine nicht zu erwerben. Terhart (2001, S. 32 f.) führt dazu aus: „Professionalität, insbesondere pädagogische Professionalität, hat neben der Kognition eine ebenso wichtige soziale und personale, eine intuitive und kreative Dimension. Eine solche volle professionelle Kompetenz erreicht der/die einzelne erst in einem längeren beruflich-persönlichen Lernprozess. Professionalität ist ein berufsbiographisches Entwicklungsproblem." Besonders das Handlungswissen muss in der Lehrerausbildung verstärkt vermittelt werden. Angehende Lehrer, die professionell arbeiten wollen, sollten vor allem folgende **Eigenschaften des professionellen Selbst** nach Bauer (1997) aufweisen:

- Sie orientieren sich an berufstypischen Werten.
- Sie verfügen über ein Handlungsrepertoire zur Bewältigung von Arbeitsaufgaben.
- Sie können sich mit anderen in einer nicht alltäglichen Berufssprache verständigen.
- Sie können Handlungen unter Bezug auf eine Berufswissenschaft begründen.
- Sie übernehmen die Verantwortung für die Handlungsfolgen.

5.2.3 Das Qualifizierungskonzept

Das Konzept für die Qualifizierung von Reformbeamten zu Lehrern an Realschulen basiert auf den „Richtlinien für die Nachqualifizierung der Verwaltungsbeamten aus reformbetroffenen Verwaltungsbereichen für das Lehramt an Realschulen" (Richtlinien, 2005). Die Nachqualifizierung umfasst zwei Jahre und lehnt sich damit an die einschlägigen Bestimmungen für die Ausbildung der Studienreferendare für das Lehramt an Realschulen an. Die Richtlinien für die Nachqualifizierung der Verwaltungsbeamten sehen für die zweijährige Umschulung eine „allgemeine Ausbildung in den Bereichen Pädagogik, Psychologie und Schulrecht sowie die Ausbildung in der Didaktik und Methodik der Fächer vor" (Richtlinien, 2005, S. 1). Dabei wird die tägliche Unterrichtspraxis der Ausbildungskandidaten besonders berücksichtigt.

Im Rahmen der Reform wurden unserer Seminarschule fünf Reformbeamte zugewiesen. Sie sollten zu Realschullehrern mit der Fächerkombination Mathematik und Informatik ausgebildet werden. Der Ausbildungsplan sah vor, dass sie vier Tage pro Woche an einer sogenannten Einsatzschule arbeiteten. Dabei wurden sie fachlich und pädagogisch von einem Betreuungslehrer unterstützt. Einen Tag in der Woche waren die angehenden Lehrer an der Seminarschule. Vormittags erhielten sie dabei eine fachlich-didaktische Ausbildung in den Fächern Mathematik und Informatik mit Hospitationen, eigenen Lehrversuchen und Fachsitzungen. Nachmittags wurden sie in Schulrecht, Pädagogik und Psychologie unterrichtet. Der Nachmittagsunterricht war meist zweistündig und gelegentlich dreistündig.

5.2.4 Das Qualifizierungsseminar in Psychologie

Das Qualifizierungsseminar in Psychologie ist ein Teil der Nachqualifizierung von Reformbeamten. Die Kompetenzen, die die Ausbildungskandidaten in Psychologie erwerben sollen, sind von staatlicher Seite festgeschrieben. Neben den Kompetenzen wird hier auf das Curriculum im ersten Ausbildungsjahr und auf die besondere Rolle der Supervision innerhalb des Curriculums eingegangen.

5.2.4.1 Kompetenzen

Das Curriculum in Psychologie sieht den Erwerb von Sachkompetenz, Sozialkompetenz, Selbstkompetenz sowie Beratungs- und Handlungskompetenz vor (Auberger, 2004; Zulassungs- und Ausbildungsordnung für das Lehramt an Realschulen [ZALR] § 15 [2] 2). Im Rahmen der **Sachkompetenz** soll vor dem Hintergrund des systemischen Denkmodells der Psychologie ein Wissen um vielfältig miteinander vernetzte Zusammenhänge erworben werden. **Sozialkompetenz** verlangt, dass die Problemlöse- und Konfliktfähigkeit erweitert und die Fähigkeit zur Teamarbeit gestärkt wird, sowie Kommunikation, Interaktion und gruppendynamische Prozesse in Klassen gefördert werden.

Entsprechend der **Selbstkompetenz** soll im Psychologieseminar ein Prozess der Reflexion des beruflichen Selbstverständnisses, der Lehrerrolle und der schulischen Bedingungen in Gang gesetzt werden. Es gilt, berufliche Belastungssituationen richtig einzuschätzen und einen angemessenen Umgang mit ihnen anzustreben. Ziel ist auch, im Seminar Methoden kennenzulernen, um problematische Situationen im Team zu bearbeiten und Möglichkeiten der Stressbewältigung auszuprobieren. Hinsichtlich der **Beratungs- und Handlungskompetenz** wird die Fähigkeit geschult, Sachverhalte unter psychologischen Gesichtspunkten zu betrachten. Hierbei sollen eine genaue Problemanalyse vorgenommen und ausgehend davon Handlungsmöglichkeiten entwickelt werden. Methodenvielfalt wird bei der Vermittlung von Handlungskompetenz betont. So sollen etwa Fallbesprechungen mit Supervision stattfinden, um die Reflexionskultur zu fördern.

5.2.4.2 Das Curriculum im ersten Jahr

Tabelle 2 auf Seite 94 zeigt die Seminarsitzungen mit den Inhalten für das Curriculum im ersten Jahr der Nachqualifizierung. Einen Schwerpunkt des Curriculums stellen die unterschiedlichen Kommunikationsformen dar, die ein Lehrer beherrschen sollte. Hierbei werden die verbale und die nonverbale Kommunikation, das Reden mit den Schülern oder das Feedback-Gespräch erprobt. Ein weiterer Schwerpunkt sind Ansätze, die Erfahrungen in der Schule zu verarbeiten und konstruktive Schlüsse für das weitere Handeln abzuleiten. Hierbei wird z. B. auf die Bedeutung der Psychohygiene für Lehrer eingegangen. Die kollegiale Fallbesprechung, in der unter Supervision einzelne Fälle zusammen mit den Teilnehmern reflektiert werden, nimmt innerhalb des Curriculums breiten Raum ein. Schwerpunktmäßig werden auch die verschiedenen Arten schulischer Konflikte behandelt. Ursachen, Verläufe, Lösungen sowie Lern- und Wachstumspotenziale werden aufgezeigt. Außerdem werden Aggression, Mobbing und Streitschlichterprogramme thematisiert. Die Organisationskulturanalyse stellt für die Teilnehmer eine Möglichkeit dar, sich mit den Bedingungen der neuen Organisation Schule ausführlich auseinanderzusetzen.

Tabelle 2: Das Curriculum des Qualifizierungsseminars in Psychologie im ersten Jahr der Nachqualifizierung

Seminarsitzungen und Inhalte
1. Termin • Einführung, Orientierung, Kennenlernen • Fantasiereise: innere Bilder vom „guten Lehrer" und Rollenerwartungen • Themenplan für die nächsten Seminarsitzungen
2. Termin • Körpersprache im Unterricht • Feedback-Gespräch
3. Termin • Lehrergesundheit und Psychohygiene für Lehrer • Kollegiale Fallbesprechung: Kennenlernen des Modells und erste Durchführung
4. Termin • Kollegiale Fallbesprechung: weitere Durchführung • Entwicklungspsychologie der Kindheit
5. Termin • Kollegiale Fallbesprechung: Nachbesprechung • Gruppendynamik in Klassen: Rollen in Klassen, Gruppenentwicklung, Rollenspiele dazu
6. Termin • Entwicklungspsychologie der Pubertät • Mit Schülern reden
7. Termin • Kommunikation im Unterricht • Das Hamburger Verständlichkeitsmodell

Seminarsitzungen und Inhalte
8. Termin • Verbale und nonverbale Kommunikation • Axiome der Kommunikation nach Watzlawick • Die vier Seiten einer Nachricht nach Schulz von Thun
9. Termin • Die vier Seiten einer Nachricht nach Schulz von Thun: Anwendung im schulischen Kontext
10. Termin • Konflikte: Ursachen, Verläufe, Lösungen, Lern- und Wachstumspotenziale • Streitschlichterprojekte in Schulen
11. Termin • Konfliktprävention • Stimmungsanalysen • Organisationskulturanalyse: Einführung
12. Termin • Organisationskulturanalyse: Grundlagen und Organigramme
13. Termin • Organisationskulturanalyse: Durchführung
14. Termin • Organisationskulturanalyse: Nachbesprechung und Reflexion • Typen von Organisationskulturen und Organisationsphänomene
15. Termin • Problemsituationen im Unterricht
16. Termin • Aggression und Mobbing in Schulen

5.2.4.3 Kollegiale Fallbesprechung und Supervision

Bei den **kollegialen Fallbesprechungen** werden einzelne Fälle im Teilnehmerkreis unter der Supervision der Seminarlehrerin besprochen. Die Durchführung dieser kollegialen Fallbesprechungen und die Supervision bedeuten für mich als Seminarlehrerin einen Rollenwechsel von der Lehrerin hin zur Beraterin. Supervision hat hier weniger die Aufgabe, psychotherapeutisch beratend zu wirken. Sie ist vielmehr eine konkrete Fachberatung, um die Ausbildungskandidaten darin zu unterstützen, ihre tagtäglichen Aufgaben in der neuen Organisation besser als bisher wahrzunehmen. Supervision im Sinne einer Fachberatung ist vor allem geeignet, wenn „der Supervisand die planmäßigen Vorgaben eines organisatorischen Systems noch nicht umfassend genug erkennt, missdeutet oder allgemeiner noch nicht ausreichend erfüllt" (Schreyögg, 2000, 30 f.). Als Seminarlehrerin bin ich zwar einerseits Teil der schulischen Hierarchie. Andererseits eröffnen sich mir in meiner Doppelrolle als Seminarlehrerin und Schulpsychologin, durch die ich institutionell an die Ausbildungsschule nur wenig angebunden bin, Interaktionsmöglichkeiten, die weniger hierarchisch und institutionell geprägt sind. Damit wird eine gewisse Distanz zu meiner Lehrerinnenrolle möglich. Die Supervision innerhalb der kollegialen Fallbesprechung kann so weitgehend unvoreingenommen erfolgen. Die Ausbildungskandidaten erhalten damit einen fundierten Einblick in die Methode der Fallbesprechung und können diese später als Lehrkraft eigenständig weiterverfolgen.

5.3 Die praktische Durchführung des Qualifizierungsseminars in Psychologie

Die Durchführung des Qualifizierungsseminars in Psychologie soll exemplarisch an drei Themen verdeutlicht werden. Zunächst wird das Einführungsseminar zum ersten Termin vorgestellt. Die Psychohygiene für Lehrer zum dritten Termin des Seminars stellt ein Korrektiv zu den psychisch anstrengenden ersten Wochen im Schuldienst dar. Schließlich wird die Organisationskulturanalyse behandelt, die Thema der elften bis vierzehnten Seminarsitzung ist.

5.3.1 Die erste Seminarsitzung

Fünf erfahrene Reformbeamte, vier Männer und eine Frau, saßen in der ersten Seminarsitzung vor mir. Sie waren Vermessungsingenieure und hatten zwischen 5 und 24 Jahren Berufserfahrung als Beamte und Vorgesetzte von Außendienstmitarbeitern. Die Vorstellungsrunde gab einen ersten Eindruck von der Vielfalt ihrer Lebenserfahrungen. In einem Korb lagen dazu verschiedene Gegenstände, anhand deren sie ihre augenblickliche Befindlichkeit mitteilen konnten. Mit dem Meterstab als Symbol für den alten Beruf wurde über die Sehnsucht nach dem Vertrauten berichtet. Eine Schultüte erinnerte an das Abschiedsgeschenk von den Kollegen oder an den Schulanfang der Tochter. Die Schwimmflügel verdeutlichten für einen Teilnehmer das Bedürfnis nach Unterstützung beim Versuch, sich in der neuen Arbeitsumgebung zurechtzufinden. Ein kleines Schiff stand für die Lust, zu neuen Ufern aufzubrechen. Ein Teilnehmer wählte die Walnüsse und sagte, dass das die Nervennahrung sei, die man bei der anstrengenden Arbeit mit den Kindern brauche, und dass der neue Job eine harte Nuss ist, die noch zu knacken sei. In dieser ersten Runde mit den Symbolen kam ein reges Gespräch zustande. Die lockere, heitere und manchmal nachdenkliche Atmosphäre stand damit im Gegensatz zu den Erfahrungen anderer Seminarlehrer, die berichteten, dass die Beamten nur schwer aus der Reserve zu locken seien.

Es wurde eine erste Orientierung zum Seminar in Psychologie gegeben. Danach standen die inneren Bilder vom sogenannten „guten Lehrer" auf dem Programm. In einer Fantasiereise nach Greving (1994) sollten die Ausbildungskandidaten in Gedanken an den Ort ihrer eigenen schulischen Erfahrungen zurückkehren. Sie konnten ihren früheren Lehrern wiederbegegnen und sollten dabei denjenigen auswählen, der einem guten Lehrer am besten entsprach. Den eigenen Bildern wurden dann fremde Bilder vom guten Lehrer entgegengestellt. Die Teilnehmer sollten sagen, was heutzutage ein guter Lehrer aus Sicht der Schüler und aus der einer Person ist, die Lehrer ausbildet. Von den Teilnehmern wurden darüber hinaus Themenwünsche für die nächsten Sitzungen eingebracht. Die Kandidaten wünschten sich vor allem vertiefende Informationen zur Körpersprache im Unterricht und zur Entwicklungspsychologie von Schülern.

5.3.2 Psychohygiene für Lehrer

Nach drei Wochen Schulpraxis kamen die Reformbeamten zur zweiten Seminarsitzung. Sie wirkten dabei auf mich entmutigt, waren in gedrückter Stimmung, geradezu „down". Am Ende der Sitzung schilderte ich ihnen meine Eindrücke. Die Teilnehmer sagten, dass sie in der Tat das Gefühl hätten, nichts zu können und alles falsch zu machen. Sie wollten endlich auch einmal für einen Einsatz gelobt werden. Ihr hoher Arbeitseinsatz würde in keiner Weise anerkannt. Sie äußerten Zweifel, die Anstrengungen ohne Lehrerstudium bewältigen zu können. Sie fühlten sich richtiggehend zugestopft mit neuen Eindrücken. Die vielfältigen Erfahrungen könnten sie nur nach und nach verarbeiten. Bei diesem Feedback fiel mir vor allem die selektive Wahrnehmung negativer Umgebungsbedingungen auf (vgl. Reimers & Iwers-Stelljes, 2005). Die Möglichkeiten zur Psychohygiene für Lehrer sollte in der dritten Sitzung unbedingt thematisiert werden. Zudem würden die Teilnehmer in der nächsten Sitzung den entlastenden Effekt einer kollegialen Fallbesprechung kennenlernen. Die Ziele waren hierbei, das Wir-Gefühl innerhalb der Gruppe als unterstützend zu erleben und die eigenen Wahrnehmungs- und Handlungsmöglichkeiten zu erweitern. In einer späteren Sitzung könnte eine Organisationskulturanalyse eingesetzt werden, um den neuen Arbeitsplatz eingehend zu untersuchen und die ungewohnten Erfahrungen einordnen zu können (Schaarschmidt, Kieschke & Fischer, 1999).

In der **Sitzung zur Psychohygiene für Lehrer** ging ich noch einmal auf das Feedback der Teilnehmer aus der letzten Sitzung ein und auf ihr Bedürfnis, die neuen Erfahrungen zu verarbeiten. Zunächst stellte ich die Forschungsergebnisse zur Lehrergesundheit vor (vgl. Schaarschmidt et al., 1999). Dabei wurden Beanspruchungsmuster, Bewältigungsstile und die Bedeutung von Ressourcen anhand der typischen Belastungen von Lehrern erörtert. Als Möglichkeiten der Psychohygiene fanden die Entspannung, der Aufbau eines positiven sozialen Klimas und die Aussprache unter Kollegen und Schülern Erwähnung. Im Mittelpunkt der zweiten Sitzung stand die Bedeutung der Kommunikation für die Psychohygiene. Hierbei wurde das Modell der kollegialen Fallbesprechung veranschaulicht. Mit seinen alternierenden Zuhörer- und Sprecherrollen und der Verschwiegenheitserklärung schafft es die Voraussetzung zu einem kollegialen Problemgespräch. Alle Teilnehmer waren bereit, dieses Modell praktisch zu erproben.

In einer Imaginationsübung sollten sich die Teilnehmer zunächst gedanklich in die typischen Situationen ihres schulischen Alltags zurückversetzen. Hierbei konnten sie eine Situation auswählen, die sie verändern wollten. Diese Situationen wurden anschließend in einer kurzen Diskussionsrunde dem Teilnehmerkreis vorgestellt. Jeder Teilnehmer gab für die persönliche Bedeutsamkeit der vorgestellten Situation eine Zahl von eins (*geringe Bedeutsamkeit*) bis zehn (*hohe Bedeutsamkeit*) an. Diese Werte sollten es erleichtern, eine Situation für die **ausführliche Fallbesprechung** auszuwählen. Es wurde ein Fall einer schwierigen Interaktion zwischen einem Reformbeamten und seiner Betreuungslehrerin ausgewählt. Wie sich später herausstellte, konnten sich die Teilnehmer aufgrund ihrer eigenen Erfahrungen mit ihren Betreuungslehrern in diesen Fall besonders gut hineinversetzen.

Der Supervisand schilderte ausführlich die schwierige Situation. Er könne dieser Frau absolut nichts recht machen. Ständig sehe er sich mit Vorwürfen konfrontiert, nicht genügend zu arbeiten. Das finde er sehr ungerecht. Zum Teil werde er von ihr ignoriert. Sie behandele ihn wie Luft. Als Bearbeitungsmethode für Personen mit wenig Erfahrung in der kollegialen Fallbesprechung kam hierbei in Betracht, alle Gruppenmitglieder mit einem Arbeitsauftrag einzubinden (vgl. Brandau & Schüers, 1995). Nach der Fallschilderung konnten die Teilnehmer weitere Fragen stellen. Anschließend schilderten sie, welche Gefühle und Gedanken der Fall bei ihnen ausgelöst hatte. Danach sollten sie in zwei Arbeitsgruppen die folgenden Fragen beantworten: (1) Auf welche Ressourcen kann der Kollege zurückgreifen? (2) Was könnte mit der Lehrerin los sein? (3) Was könnte der Kollege tun?

Die Teilnehmer sagten, dass dieses Auflaufen bei der Betreuungslehrerin wahrscheinlich große Ängste und auch Ohnmacht auslöse, von einer Person mit gewissem institutionellen Einfluss abgewiesen zu werden. Die Strategie des Supervisanden war, „unbedingt durchzuhalten und sich nicht unterkriegen zu lassen". Die Kollegen zweifelten die Durchhalteparolen des Fallgebers vorsichtig an. Sie schlugen vor, mit einem Gespräch den Konflikt zu klären. Dafür wurden die Rahmenbindungen und die Gesprächsinhalte skizziert. Der Supervisand sah sich daraufhin ermutigt, bis zur nächsten Seminarsitzung das Gespräch mit seiner Betreuungslehrerin zu führen. In einer Blitzlichtrunde zum Abschluss sollten die Teilnehmer kurz folgende Frage beantworten: „Wie geht es Ihnen mit dieser Form, berufliche Probleme zu bearbeiten?" Sie gaben an, es sehr hilfreich zu finden, so strukturiert, klar, offen und zielbezogen gemeinsam an beruflichen Problemen zu arbeiten. Ein Teilnehmer wollte eine Einzelsupervision in Anspruch nehmen, zumal er bereits zu Hause erlebt hatte, wie sich das familiäre Leben durch die berufliche Supervision seiner Frau wieder entspannte. Anschließend wurde vereinbart, in der nächsten Seminarsitzung eine kollegiale Fallbesprechung zu einer schwierigen fünften Klasse eines Teilnehmers durchzuführen.

In der folgenden Seminarsitzung berichtete der Teilnehmer, dass das Gespräch mit der Betreuungslehrerin gescheitert sei. Sie ignoriere ihn weiterhin. Überdies verbreite sie Gerüchte über die mangelnde Arbeitsleistung des Reformbeamten. Unterstützung durch den Schulleiter blieb aus. Der Supervisand hatte den Eindruck, dass man ihn hinausekeln wolle. Der Konflikt war damit weiter eskaliert und nahm die Formen eines Mobbings an. Es wurde nur noch die Möglichkeit gesehen, sich an übergeordnete Instanzen zu wenden, um den Konflikt einzudämmen. Hierbei sollte erreicht werden, frühzeitig aus der Mobbingspirale auszusteigen (vgl. Schwickerath & Kneip, 2002), sich persönlich zu stabilisieren und eine objektive Veränderung der Situation zu erwirken. Es sollte eine neue Einsatzschule gefunden werden, was auch gelang.

Folgendes Resümee zur kollegialen Fallbesprechung mit Supervision ergibt sich aus den Erfahrungen mit den Reformbeamten. Bei einer organisationsgebundenen Supervision ist mit verschiedenartigen Ängsten zu rechnen: mit der Angst vor der Kontrollmacht vorgesetzter Instanzen, der Angst, vor Kollegen bloßgestellt zu werden, oder der Angst, die eigenen Konflikte offenzulegen. Als Methode eignen sich vor allem Gesprächstechniken, die konkrete Lösungen des Konflikts betonen. Die kollegiale Fallbesprechung kann als unterstützendes System von Helfern verstanden werden. Die Kollegen helfen und unterstützen einander. Die verschiedenen Kommunikationsformen, wie das Gespräch in der Gruppe, das Zuhören, das Feedback-Geben, die gemeinsame Lösungsfindung, stärken die kommunikative Kompetenz der einzelnen Teilnehmer (vgl. Kubesch, 2002).

5.3.3 Organisationskulturanalyse als Methode zur Konfliktbewältigung

Immer wieder thematisierten die Reformbeamten ihren ungesicherten, undefinierten Status an den Schulen. Sie fühlten sich nach wie vor in den Kollegien fremd. Manche Reformbeamte hatten immer noch keinen Platz im Lehrerzimmer. Die Vorurteile der Lehrerkollegen nahmen sie nun bewusster wahr. Allgemein wurde ihre Ausbildung von den Realschullehrern als kritisch angesehen. Um sich mit der neuen Organisation Schule ausführlich auseinanderzusetzen und Anregungen zu bekommen, wie man in diese neue Umgebung stärker hineinwachsen kann, sollte eine Organisationskulturanalyse durchgeführt werden. Diese stand von der elften bis zur vierzehnten Sitzung im Fokus der Bearbeitung. Zunächst wurde hierbei Wissen zu den Ursachen und Verläufen von Konflikten vermittelt (vgl. Glasl, 2004). Im Mittelpunkt standen dabei die eigenen Vorannahmen und die der Interaktionspartner sowie der schulische Kontext als Einflussfaktor bei der Konfliktentstehung.

Um in einer Organisation problemlos kommunizieren und die Aufgaben erledigen zu können, ist es wichtig, die ungeschriebenen Normen, Regeln und Werte einer Organisation zu kennen (vgl. Weinert, 2004). Nach Ansoff (1979) versteht man unter dem Begriff **Organisationskultur** ein Set von unbewussten und bewussten Annahmen und Prinzipien, nach denen in einer Organisation entschieden und gehandelt wird. Jede Organisation kreiert dabei eine spezifische Miniaturgesellschaft. Die **Organisationskulturanalyse** dient dazu, die Annahmen und Prinzipien der Organisation systematisch zu erheben und Konsequenzen daraus zu ziehen. Sie kann dazu beitragen, die neue Organisation Schule besser zu verstehen, der Organisation gegenüber handlungsfähig zu werden und die Grenzen des eigenen Einflusses zu sehen. Da durch die Analyse der Organisationskultur die Erwartungen und Ansprüche der Interaktionspartner geklärt werden, kann sie zur Prävention und Bewältigung von Konflikten beitragen.

Die Reformbeamten sollten ihre neue Organisation Schule analysieren und mit ihrer bisherigen Arbeitsstelle vergleichen, um so Unterschiede und Gemeinsamkeiten deutlicher wahrzunehmen. Hierfür wurden Explorationsfragen eingesetzt. Diese sollten in Gruppen beantwortet werden, da sich Gruppen besonders dazu eignen, sich über die Grundannahmen innerhalb einer Organisation auszutauschen (Schein, 2003). Die Fragen bezogen sich auf folgende Ebenen (Schreyögg, 2000; Schein, 2003): (1) die Ebene der beobachtbaren Artefakte, d. h. auf das Verhalten in Organisationen, auf sichtbare Organisationsstrukturen und -prozesse, (2) die Ebene der öffentlich propagierten Werte und (3) die Ebene der unausgesprochenen Basisannahmen, d. h. der anthropologischen Prämissen und Weltbilder, Überzeugungen, Wahrnehmungen, Gedanken und Gefühle.

In Gruppen sollten die Reformbeamten pro Frage die Gemeinsamkeiten und Unterschiede zwischen ihrer neuen und ihrer bisherigen Organisation feststellen. Sie sollten sagen, ob Veränderungen im Verhalten oder in der Organisation nötig sind, um Neues und Altes zu integrieren. Die ehemaligen Mitarbeiter zweier Vermessungsämter bildeten eine Gruppe. Die ehemaligen Mitarbeiter zweier Ämter für ländliche Entwicklung stellten die andere Arbeitsgruppe dar. Beide Gruppen notierten ihre Analyseergebnisse stichwortartig. Die Explorationsfragen sind in Tabelle 3 zu sehen.

Tabelle 3: Fragebogen zur Organisationskulturanalyse

Organisationskulturanalyse
Ein Vergleich zwischen Ihrem neuen Arbeitsplatz in der Schule und Ihrem bisherigen Arbeitsplatz
Bitte untersuchen Sie in Ihrer Arbeitsgruppe Ihren neuen Arbeitsplatz in der Schule nach folgenden Kriterien. Vergleichen Sie dabei, wenn möglich, Ihren neuen mit ihrem bisherigen Arbeitsplatz.
Das Arbeiten in der Organisation • Wie sind die Kleidungsvorschriften? • Werden Titel und Hierarchien betont? • Welche Arbeitszeiten gibt es?

- Welche Aufgaben haben Sie?
- Wie ist die Bereitschaft, Überstunden zu machen?
- Mit wem arbeiten Sie zusammen?
- Wird eher die Teamarbeit oder das Einzelkämpfertum betont?
- Wie ist das Verhalten von Führungskräften?
- Wie werden Entscheidungen getroffen?
- Wann und wie oft finden Besprechungen statt, und von wem werden sie geleitet?
- Wie sehen die Kommunikationsstrukturen aus, wie erfährt man etwas?
- Welche Ausbildung haben die Mitarbeiter dieser Organisation?
- Wer wird aufgrund welcher Leistung befördert?
- Welche Rolle haben Sie in dieser Organisation, und wo stehen Sie innerhalb der Hierarchie?
- Welche gesellschaftlichen Anlässe gibt es, zu denen gefeiert wird?
- Welche Riten und Rituale können Sie nennen?
- Welche Identitätssymbole, wie Logos, Kennzeichen der Zugehörigkeit oder Symbole für Privilegien, können Sie nennen?
- Wie ist das Verhältnis von Arbeit und Familie?
- Wie ist das Verhältnis von Arbeit und Freizeit?

Werte, Normen und Subkulturen

- Welche Sätze sind typisch für Ihre Organisation, wie zum Beispiel: „Wir sind alle eine Familie", „Bei uns sind nur Höchstleistungen gefragt", „ Bei uns ist das Menschliche der wichtigste Faktor"?
- Was ist ihre Daseinsberechtigung?
- Welche grundlegenden Werte werden innerhalb der Organisation vertreten?
- Welche Werte vertreten Sie selbst?
- Lassen sich abteilungs-, berufs- oder aufgabenspezifische Subkulturen erkennen? In welcher Beziehung stehen sie zueinander und zur Kernkultur?

Basisannahmen

- Vorstellungen über die Beziehung zwischen Organisation und Umwelt: Hält man die Umwelt für bedrohlich, für herausfordernd, für bezwingbar oder für wohlwollend?
- Vorstellungen über die Wahrheit: Auf welcher Grundlage wird entschieden, ob etwas wahr oder falsch ist? Auf der Basis von Tradition, Autorität, Versuch und Irrtum oder Kompromissen?
- Vorstellungen über Zeit: Mit welchem Zeithorizont arbeitet man? Was wird im Allgemeinen als spät bezeichnet?

- Vorstellungen über die Natur des Menschen: Sind die Mitarbeiter engagiert oder eher nicht? Sind die Mitarbeiter von Natur aus eher lernbegierig oder festgefahren?
- Muss Kontrolle von anderen Mitarbeitern kommen, oder ist Selbstkontrolle gut?
- Vorstellungen über menschliches Handeln: Ist es wichtig, aktiv zu sein oder abzuwarten, sich selbst zu fordern oder sich eher anzupassen?
- Über welche Themen darf nicht geredet werden?
- Sind Konflikte eher von Wettbewerb oder von Kooperation geprägt?
- Sind Konflikte unerwünscht, oder werden sie als Chance zur Veränderung gesehen?
- Hat man Autorität aufgrund der hierarchischen Position oder der Sachkompetenz?
- Erfolgt der Aufstieg nach Alter, Erfolg oder Sympathie?
- Sind die Vorgesetzten eher Bewahrer oder Innovateure?

Anmerkungen. Dieser Fragebogen basiert auf einem Strukturpapier zur Organisationskulturanalyse von Astrid Schreyögg.

Die Teilnehmer arbeiteten konzentriert an ihrer Analyse. Sie fanden es anstrengend, so ausführlich das Selbstverständliche in den Organisationen zu benennen. Die Gruppenarbeit füllte die gesamte Sitzung aus. Die Reflexion ihrer Ergebnisse fand daher in der folgenden Sitzung statt. Folgende Fragen sollten die Teilnehmer dabei beantworten: (1) Gab es etwas, das Sie an Ihrer neuen Organisation „befremdet" hat? (2) Wo sehen Sie Unterschiede zwischen ihrer jetzigen und ihrer bisherigen Organisation? (3) Welche Gemeinsamkeiten gibt es? (4) Was können Sie aus Ihrer bisherigen Organisation in Ihre neue einbringen? (5) Was müssen Sie in Ihrer neuen Organisation verändern?

Die Teilnehmer gaben an, dass sie in ihrer neuen Organisation das regelrechte Einzelkämpfertum der Lehrer befremdet. Es bestehe außerdem keine Kultur, neue Lehrkräfte zu integrieren. Auch sei es schwierig, die Lehrerarbeitszeit von der Freizeit abzugrenzen. Viele befremdete auch das Phänomen, nach Dienstschluss nicht abschalten zu können: „Die Schüler begleiten einen bis in die Träume."

Wesentliche Unterschiede fanden sie unter anderem in den Organigrammen der Ämter im Vergleich zur Schule. Die flache Hierarchie in der Schule mit den weiten Führungsspannen war ihnen vor der Analyse nicht bewusst. Die Schule stelle den Organisationstyp der „Professional Bureaucracy" dar

(Kraintz-Dürr, 1999, S. 426 f.). Dieser fordere von den einzelnen Mitarbeitern in besonderer Weise den Sachverstand und die Motivation des Einzelnen, die Eigendisziplin und die Selbstkontrolle. In der flachen schulischen Hierarchie sei der einzelne Lehrer in hohem Maße autonom. Besonders klar wurde der Unterschied der Organisationskulturen in der Arbeitszeit. Während in den Ämtern nach der Stempeluhr gearbeitet wurde und Überstunden selbstverständlich entgolten wurden, sei die Lehrerarbeitszeit schlecht abgrenzbar. Die Unterrichtspflichtzeit sei in keiner Weise identisch mit der Lehrerarbeitszeit, die weit in den Feierabend und in das Wochenende hineingeht. Im Gegensatz zur Arbeit in den Ämtern finde das Unterrichten am Vormittag unter extrem hohem Zeitdruck statt. Auch hinsichtlich der Konflikte wurden große Unterschiede zwischen Ämtern und Realschulen deutlich. In den Ämtern war alles klar geregelt, und Konflikte kamen eher selten vor. An den Schulen erlebten die Reformbeamten hingegen häufig Auseinandersetzungen zwischen Kollegen, Lehrern, Eltern und Schülern. Vor allem Lehrer, die sich unkonventionell verhielten, ständen in der Schusslinie. Über sie werde in ihrer An- und Abwesenheit diskutiert.

Gemeinsamkeiten sahen die Teilnehmer vor allem in der behördlichen Struktur von Ämtern und Schulen. Aus ihrer bisherigen Organisation wollten sie ihre Einstellung zur Corporate Identity, dass jeder seinen Beitrag zum Gesamtergebnis leistet, und ihr Fachwissen in Mathematik und Informatik mit Anwendungsbezug einbringen. Verändern wollten sie ihr Zeitmanagement hinsichtlich ihrer schulischen Arbeit.

Ich beendete die der Organisationskulturanalyse mit einem Überblick über die verschiedenen Typen der Organisationskulturen nach Ansoff (1979). In der Reflexion wurde deutlich, dass die Analyse der Organisationskulturen ein zeitraubendes und anstrengendes, aber auch lohnendes Vorhaben ist. Es ist dazu geeignet, sich von der alten Organisation abzulösen und sich mit der neuen vertraut zu machen. Nach der Durchführung der Analyse sagten die Reformbeamten, dass sie jetzt vor allem nach vorne schauen wollten.

5.4   Resümee

Die Integration supervisorischer Elemente in die Ausbildung von angehenden Lehrern war aus meiner Sicht erfolgreich. Die Teilnehmer waren stolz darauf, die einzige Gruppe von Ausbildungskandidaten zu sein, die nach dem ersten Ausbildungsabschnitt noch geschlossen zusammen war, von denen „keiner das Handtuch warf". An anderen Seminarschulen gaben zum Teil mehr als 50 % der Teilnehmer auf und brachen die Qualifizierungsmaßname ab. Die Teilnehmer führten das im Wesentlichen auf die erlebte Akzeptanz an ihrer Ausbildungsschule zurück. Alle Teilnehmer hatten nach dem ersten Jahr ihre erste Lehrprobe erfolgreich bestanden. Und was sagt die historische Parallele? „Trotz Anordnungen des Königs, geeignete Invaliden bevorzugt auf Schulmeisterstellen zu setzen, ist deren Zahl doch verschwindend gering geblieben. Die mit Erfolg Geprüften waren zudem nicht die schlechtesten, da in des Königs Armee Leute verschiedener Berufe gedient hatten." (Hubatsch 1982, S. 206 f.)

5.5   Literatur

Ansoff, H. I. (1979). *Strategic management*. London: Macmillan.

Auberger, R. (2004). *Ausbildungsplan zum Vorbereitungsdienst für das Lehramt an Realschulen in Bayern*. Unveröffentlichte Seminarunterlagen, Akademie für Lehrerfortbildung und Personalführung in Bayern, Dillingen/Donau.

Bauer, K.-O. (1997). Pädagogische Professionalität und Lehrerarbeit. *Pädagogik, 47* (4), 22-26.

Brandau, H. & Schüers, W. (1995). *Spiel- und Übungsbuch zur Supervision* (2. Auflage). Salzburg: Müller.

Brunner, J. (2005). Von der Baumschule in den Unterricht [Leserbrief]. *Die Bayerische Realschule, 3/2005*, 15. Verfügbar unter: http://www.brlv.de/Verbandszeitschrift/Jahr2005/PDF-Dateien/Mai2005/Qualitaetsstandards.pdf [20.03.2008].

Huber, A. (2005). Heute Futtermittelkontrolleur – morgen Lehrkraft an Realschulen. Lehrerbildung bald überflüssig!? Die „Försterdiskussion" und die Wirrungen um den EvU – Anmerkungen zur problematischen Umsetzung politischer Entscheidungen im Realschulbereich. *Die Bayerische Realschule, 3/2005*, 6-9. Verfügbar unter: http://www.brlv.de/ Verbandszeitschrift/Jahr2005/PDF-Dateien/Mai2005/Futtermittel.pdf [20.03.2008].

Glasl, F. (2004). *Konfliktmanagement: ein Handbuch für Führungskräfte, Beraterinnen und Berater* (8. Auflage). Bern: Haupt.

Greving, J. (1994). Mit Schüleraugen gesehen. Was Schülerinnen und Schüler von Lehrern erwarten. *Pädagogik, 44* (11), 25-28.

Hubatsch, W. (1982). *Friedrich der Große und die preußische Verwaltung* (2. Auflage). Köln: Grote.

Jeismann, K.-E. (1987). Friedrich der Große und das Bildungswesen im Staat des aufgeklärten Absolutismus. In J. Kunisch (Hrsg.), *Analecta Fridericiana, Beiheft 4 der Zeitschrift für historische Forschung* (S. 91-113). Berlin: Duncker und Humblot.

Kraintz-Dürr, M. (1999). Wie kommt Lernen in die Schule? In M. Beucke-Galm, G. Fatzer & R. Rutrecht (Hrsg.), *Schulentwicklung als Organisationsentwicklung* (S. 423-444). Köln: Edition Humanistische Psychologie.

Kubesch, B. (2002). „Why don't we do it at schools?" Dialoge über Dialoge über den schulischen Alltag. In J. Hargens & A. von Schlippe (Hrsg.), *Das Spiel der Ideen: reflektierendes Team und systemische Praxis* (2. Auflage, S. 91-107). Dortmund: Borgmann.

Reif, F. & Böhrmann, M. (2001). Vorteile von Umwegen zum Lehrerberuf. *Pädagogik, 51* (2), 23-27.

Reimers, H. & Iwers-Stelljes, T. A. (2005). Und wer berät die Lehrerinnen und Lehrer? Supervision zur Professionalisierung des Lehrerhandelns. *Pädagogik, 55* (6), 28-31.

Richtlinien für die Nachqualifizierung der Verwaltungsbeamten aus reformbetroffenen Verwaltungsbereichen für das Lehramt an Realschulen (2005). Schreiben des Bayerischen Staatsministeriums für Unterricht und Kultus, München.

Schaarschmidt, U., Kieschke, U. & Fischer, A. W. (1999). Beanspruchungs-muster im Lehrerberuf. *Psychologie in Erziehung und Unterricht, 46*, 244-269.

Schein, E. (2003). *Organisationskultur: the Ed Schein corporate culture survival guide*. Bergisch Gladbach: EHP.

Schreyögg, A. (2000). *Supervision: ein integratives Modell. Lehrbuch zu Theorie und Praxis* (3. Auflage). Paderborn: Junfermann.

Schwickerath, J. & Kneip, V. (2002). Mobbing am Arbeitsplatz: Interaktionelle Problembereiche, psychosomatische Reaktionsbildungen und Behandlungsansätze. *Wirtschaftspsychologie, 4* (2), 45-60.

Terhart, E. (2001). *Lehrerberuf und Lehrerbildung: Forschungsbefunde, Problemanalysen, Reformkonzepte*. Weinheim: Beltz.

Tillmann, K.-J. (1999). Von der preußischen Dorfschule zum Gesamtschul-Abitur. *Pädagogik, 49* (12), 27-30.

Weinert, A. B. (2004). *Organisations- und Personalpsychologie* (5. Auflage). Weinheim: Beltz, PVU.

Zulassungs- und Ausbildungsordnung für das Lehramt an Realschulen (ZALR). Verfügbar unter: http://by.juris.de/by/gesamt/RLehrZAO_BY_1995.htm [20.03.2008].

6 Workshop „Konfliktbewältigung": Ein duales Fortbildungskonzept für Personalräte

Doris Graf und Michaela Huber

6.1 Einleitung

Im Alltag jeder Organisation und insbesondere an Schulen kommt es zu Konflikten (Hitzler-Leikauf & Noppeney, 2000). Oft werden sie als belastend erlebt, aber auch häufig verdrängt. Viel zu selten können Betroffene einem Konflikt auch positive Seiten abgewinnen. Sie sind jedoch Motor beinahe jeder persönlichen und institutionellen Weiterentwicklung. Konstruktive Konfliktbearbeitung ist daher für jede Organisation eine wichtige Ressource. Lehrkräfte fühlen sich für die in ihrem Arbeitsfeld auftretenden Konflikte häufig nicht ausreichend vorbereitet. Die Folge ist, dass in Schulen eine weitverbreitete unterschwellige Angst vor Konflikten aller Art besteht. Die betroffenen Lehrer sind dabei meist überlastet, notwendige Veränderungen werden blockiert.

Beliebte Ansprechpartner für Konflikte in Schulen sind die **Personalräte**. Sie sind zwar oft bereit und auch daran interessiert, als Vermittler zur Verfügung zu stehen, aber für diese Aufgabe nicht ausgebildet. Aus diesem Grund haben wir für Personalräte in Schulen einen dualen Workshop zur Konfliktbewältigung erarbeitet. „Dual" bezieht sich darauf, dass im Workshop zwei Methoden zur Konfliktbewältigung eingesetzt werden: (1) die **Supervision**, um den Teilnehmern die persönliche Konfliktbewältigung zu ermöglichen, und (2) die gezielte **Fortbildung**, um den Teilnehmern die fachlichen Voraussetzungen für eine erfolgreiche Konfliktmediation zu vermitteln. Die Konzeption des Workshops resultiert aus den Erfahrungen mit Personalräten aus Oberbayern-West, die wir auf ihren Wunsch hin ein Schuljahr lang bei ihrer Arbeit professionell unterstützten. Ziel des vorliegenden Beitrags ist es, die theoretischen Grundlagen und die praktische Durchführung des

Workshops vorzustellen. Er kann als Maßnahme zur Personalentwicklung in Schulen eingesetzt werden, um neue Potenziale zur Konfliktlösung getreu dem Motto zu erschließen: „Konflikte als Motor zur Veränderung".

6.2 Konflikte im Arbeitsfeld des Personalrats

Im Folgenden sollen Konfliktpotenziale, aber auch Konfliktlösungspotenziale betrachtet werden, die bei der Arbeit von Personalräten von zentraler Bedeutung sind.

6.2.1 Konfliktpotenziale

Das bayerische Personalvertretungsgesetz (BayPVG) definiert die Aufgaben der Personalräte: „Dienststelle und Personalvertretung arbeiten im Rahmen der Gesetze und Tarifverträge vertrauensvoll und im Zusammenwirken mit den in der Dienststelle vertretenen Gewerkschaften und Arbeitgebervereinigungen zum Wohl der Beschäftigten und zur Erfüllung der dienstlichen Aufgaben zusammen." (BayPVG, Artikel 2 [1]). Diese allgemeine Beschreibung, insbesondere das Wohl der Beschäftigten und die dienstlichen Aufgaben zugleich zu berücksichtigen, kann mehrere Konfliktpotenziale bedingen.

6.2.1.1 Unterschiedliche Rollenerwartungen

Verschiedene Gruppen innerhalb des Lehrerkollegiums orientieren sich meist mehr am Wohl der Beschäftigten. Sie sehen im Personalrat ein Gremium, welches in erster Linie ihre Interessen zu vertreten hat. Diese Interessen können sich etwa auf die Gleichbehandlung der Angestellten bei der Verteilung von Arbeit und Belastungen oder bei Beurteilungen beziehen (vgl. BayPVG, Artikel 68). Die **Erwartungen der Dienststellenleitung** orientieren sich hingegen eher an der Erfüllung der dienstlichen Aufgaben. Sie erwarten vom Personalrat, dass er die Ziele der Schulleitung unterstützt, um Ausgleich im Kollegium bemüht ist oder bei der Lösung von Konflikten hilfreich zur Seite steht.

Die Personalräte selbst sehen sich oft der Tradition entsprechend als gewerkschaftlich agierendes Organ. Sie gehen davon aus, dass sie eine Oppositionshaltung gegenüber der Dienststelle einnehmen müssen, wenn sie Interessen des Kollegiums vertreten. Glasl (1994, S. 175) bezeichnet diese Rolle als „Volkstribun", der sich vor seine Gruppe stellt und unbedingt deren Interessen vertritt. Er verweist auch darauf, dass es bei einem Konflikt selbst auf niedriger Eskalationsstufe schwierig ist, mit einer Person zusammenzuarbeiten, die uneingeschränkt die Interessen einer Konfliktpartei vertritt. Neben ihrem Eintreten für die Interessen des Kollegiums sehen sich die Personalräte auch in der Pflicht, ihre dienstlichen Aufgaben zu erfüllen und die Ziele der Schulleitung mitzutragen. Diese widersprüchlichen Erwartungen und Anforderungen zwingen die Personalräte immer wieder zu gegensätzlichen Positionen. Personalräte sitzen damit häufig zwischen allen Stühlen.

6.2.1.2 Selektive Meinungsbildung

Oft werden Personalräte aufgrund von einzelnen Anfragen oder Beschwerden aus dem Kollegium aktiv. Dadurch bekommen die Personalräte mitunter Informationen, die nicht immer die Meinung des gesamten Kollegiums widerspiegeln. Sie laufen so Gefahr, sich selektiv, auf Basis der Aussage einzelner Personen, eine Meinung zu bilden. Damit werden andere Stimmen aus dem Kollegium ausgeblendet. Falls der Personalrat bei einem berechtigten Anliegen (BayPVG, Artikel 69, [1] c) umgehend tätig wird, können sich damit andere Personen aus dem Kollegium nicht ausreichend vertreten fühlen. Überdies besteht die Gefahr, dass die Personalräte aktiv werden, ohne diese Berechtigung hinlänglich überprüft zu haben. Bei konservativer Handhabung der Bestimmungen geraten sie mitunter in den Ruf, gegen alles zu sein, was über den gewöhnlichen Unterrichtsalltag hinausgeht. Gerade engagierte Kollegen fühlen sich dann durch die Aktivitäten des Personalrats nicht unterstützt. Sie werden oft angehalten, Ihr Engagement einzuschränken, um sich nicht weiter den Anfeindungen des Kollegiums auszusetzen. Das Konfliktpotenzial der selektiven Meinungsbildung wird von Personalräten häufig nicht gesehen.

6.2.1.3 Mangelnde Wertschätzung

Aufgrund der relativ geringen Einflussmöglichkeiten, die der Gesetzgeber dem Personalrat zubilligt, fehlen den Personalräten bisweilen die Erfolgserlebnisse. Diese sind aber für eine grundlegende Zufriedenheit elementar. Die Personalräte sind dadurch häufig frustriert oder gestresst. Hinzu kommt, dass der Personalrat dem Kollegium Ergebnisse vorweisen muss, um nicht in den Verdacht zu geraten, sich mit der Schulleitung abgesprochen zu haben. Damit würde er seine Wiederwahl oder die Aufstiegsmöglichkeiten gefährden, die mit dieser Tätigkeit verbunden sind. In der Gruppe der Personalräte, die wir betreuten, haben die zusätzlichen Maßnahmen zur Einführung des achtjährigen Gymnasiums zu einer verstärkten Arbeitsbelastung geführt. Erfolglosigkeit oder geringe Nachhaltigkeit dieser Maßnahmen haben die Personalräte dabei sehr demotiviert. **Fehlende Wertschätzung** dafür seitens der Kollegen verstärkte ihre persönliche Unzufriedenheit. Darüber hinaus erhalten Personalräte für ihren erhöhten Einsatz keine angemessene Leistungsvergütung. Mangelnde Anreize und Wertschätzung erschweren somit die Arbeit der Personalräte.

6.2.2 Konfliktlösungspotenziale

Bertl (2006, S. 3) weißt darauf hin, dass Angestellte des öffentlichen Dienstes auch Gestaltungspotenzial haben: „In einem demokratischen Rechtsstaat sind die Beschäftigten des öffentlichen Dienstes nicht nur Untergebene oder Bedienstete, sondern werden als Beschäftigte ernst genommen." Über das kompetente Gremium des Personalrats können sie sich Gehör verschaffen. Darin liegen die Konfliktlösungspotenziale für den Personalrat.

6.2.2.1 Legitimation

Beabsichtigte Veränderungen können vom Personalrat begleitet und korrigiert werden. Damit kann die Personalvertretung in entscheidender Weise dazu beitragen, dass Veränderungen akzeptiert werden. Personalräte können die derzeit gravierenden Veränderungen an den bayerischen Schulen maßgeblich unterstützen. Da die Mitglieder des Personalrats gewählte Vertreter des gesamten Kollegiums sind, werden Entscheidungen der Schulleitung, die der Personalrat mitträgt, vom Kollegium besser akzeptiert. Je mehr sich die Personalräte ihrer **Legitimation** bewusst sind, desto souveräner können sie anstehenden Konflikten begegnen und Verantwortung übernehmen. Dies sollte auch immer wieder beim Workshop „Konfliktbewältigung" verdeutlicht werden. Die Personalvertretung ist dazu legitimiert, institutionelle Entscheidungen mitzutragen und zu beeinflussen und dadurch informelle Führungsstärke zu zeigen.

6.2.2.2 Persönlichkeit

Vor allem mit ihrer **sozialen Kompetenz** haben Personalräte gute Chancen, konflikthafte Gespräche einvernehmlich zu führen. Sie werden daher auch meistens aufgrund ihrer sozialen Einstellung und ihrer Fähigkeit gewählt, sich mit Empathie für das Wohl des gesamten Kollegiums einzusetzen. Mit diesen Fähigkeiten wirkt ein Personalrat oft ausgleichend und bringt die unterschiedlichen Konfliktpartner an einen Tisch. Diese Persönlichkeitseigenschaften können aber auch dazu führen, dass man es jedem recht machen will, was jedoch meistens nicht möglich ist. Ein um Ausgleich bemühter Personalrat sollte auch berücksichtigen, dass Konflikte selbst – durch die Form der Auseinandersetzung und die neuartigen Lösungsmöglichkeiten – kreatives Potenzial in sich bergen (Philipp & Rademacher, 2002; Schreyögg, 2002). Es kann dann abgewogen werden, ob ein Konflikt behutsam zugelassen wird, anstatt ihn schon vor Entstehung auszuräumen. Ziel des Workshops ist es daher, die positiven Persönlichkeitseigenschaften der Teilnehmer zu betonen und auch auf die förderlichen Möglichkeiten einzugehen, die ein Konflikt mit sich bringt. Personalräte können so als Social-emotional Leaders ihr Potenzial zur Konfliktlösung voll ausschöpfen.

6.2.2.3 Führung von unten

Ein Personalrat ist einerseits in die formale Hierarchie der Schule eingebunden. Andererseits verfügt er über die vom Gesetzgeber legitimierten Einflussmöglichkeiten. Die Vorgabe, dass Dienststellenleiter und Personalrat zusammenarbeiten sollen (BayPVG, Artikel 2 [1] und [2]), führt Personalräte oftmals dazu, Gespräche konfrontativ auf Augenhöhe mit ihrem Dienststellenleiter zu führen. Dieses Vorgehen wird nach Auskunft unserer Workshop-Teilnehmer auch in einschlägigen Personalratsfortbildungen vertreten. Hier ist jedoch einzuwenden, dass Personalratsarbeit hinsichtlich der bestehenden Hierarchien vor allem **Führung von unten** und nicht Führung auf Augenhöhe ist. Das Amt des Personalrats ist zudem ein unentgeltliches Ehrenamt (BayPVG, Artikel 46 [1]).

Auch nach Schreyögg (2002) ist es ehrenamtlich Tätigen nur möglich, von unten zu führen. Führung von unten bedeutet dabei, Empathie mit der Schulleitung herzustellen. Der ehrenamtlich Tätige sollte sich dazu Unterstützung vom gesamten Kollegium holen. Außerdem ist es notwendig, dass er die Perspektive des Schulleiters bereits vor den entscheidenden Gesprächen einnimmt und überprüft. Führung von unten bedeutet demnach, hierarchisch höhergestellte Personen über informelle Wege gezielt zu beeinflussen (Schreyögg, 2002). Dies kann mitunter sogar dazu führen, dass Personalräte im Sinne einer „brauchbaren Illegalität" ihre Kompetenzen zugunsten eines höheren Ziels und einer gerechten Sache überschreiten (Luhmann, 1964, zitiert nach Schreyögg, 2002, S. 247). Es ist daher ein weiteres Ziel des Workshops, die Personalräte bei ihrer Führung von unten zu stärken.

6.2.2.4 Positive Bewertung von Konflikten

Personalräte erwerben aufgrund ihrer Stabsfunktion oft auch in der informellen Hierarchie einen hohen Status. Sie verfügen über Informationen, die anderen Mitgliedern des Kollegiums kaum zugänglich sind. Auf diese Weise können sie nicht selten auf indirekte Weise entscheidende Prozesse in Gang setzen und beratend zur Seite stehen. In dieser Funktion haben Personalräte durchaus auch die Möglichkeit, Konflikte bewusst zu stimulieren. Das Initiativrecht (BayPVG, Artikel 70) gesteht ihnen diese Handlungen zu.

Nach Amason und Schweiger (1997) wirken sich Konflikte leistungssteigernd aus. Turner und Pratkanis (1997) zeigen umgekehrt, dass ein Mangel an Kontroversen in Organisationen dazu führt, dass das System erstarrt und sich nicht weiterentwickeln kann. Die Aufgabe von Führungspersonen kann demnach sein, ein gewisses Konfliktpotenzial aufrechtzuerhalten. Konkret bietet sich für Personalräte in dieser Hinsicht an, dass sie sich dafür einsetzen, Funktionsstellen mit Personen unterschiedlichen Alters und Erfahrungshintergrundes zu besetzen. Ein langfristiges Ziel des Workshops ist demnach auch, dass Personalräte offen für Konflikte werden und diese gegebenenfalls stimulieren.

6.2.2.5 Fachwissen

Durch unseren Austausch mit Personalräten und Hauptpersonalräten wurde deutlich, wie wenig sie zum Zeitpunkt ihrer ersten Wahl für ihre facettenreichen Aufgaben informiert und ausgebildet waren. **Fundiertes Fachwissen** und Kenntnisse im Umgang mit Konflikten sind jedoch notwendige Voraussetzungen, um sich beim Dienststellenleiter Respekt zu verschaffen. Die Gruppe von Personalräten, die uns um Unterstützung bat, wünschte sich neben der fallbezogenen Supervision daher explizit die Vermittlung von Fachwissen im Umgang mit Konflikten. Daher ist die Wissensvermittlung neben der Supervision eines der beiden Hauptelemente des Workshops. Hierbei sollen Kenntnisse über die Aufgaben und Interventionsmöglichkeiten bei Problemen und Konflikten vermittelt werden. Zugleich werden die persönlichen Ressourcen des Einzelnen gestärkt.

6.3 Konzeption des Workshops „Konfliktbewältigung"

6.3.1 Inhaltlicher und organisatorischer Rahmen

Der Workshops „Konfliktbewältigung" richtet sich an Personalräte, insbesondere an solche, die erstmals gewählt wurden. Er sieht einzelne Module vor, die über ein Schuljahr verteilt sind. Die rechtliche Grundlage für Fortbildungen und deren inhaltliche Gestaltung finden sich im bayerischen Personalvertretungsgesetz in Artikel 46 (5) und in Artikel 76. Der Workshop hat entsprechend den Konfliktlösungspotenzialen von Personalräten folgende **Ziele**:

- Die Teilnehmer sollen ihre Rolle als Personalrat angemessen ausfüllen und Gelassenheit bei ihrer Tätigkeit entwickeln.
- Sie erarbeiten sich dabei, selbstbewusster aufzutreten, den eigenen Standpunkt zu vertreten und damit Entscheidungen gezielt herbeizuführen.
- Die Teilnehmer lernen, ihre Kompetenzen als Social-emotional Leader zu nutzen und ihre Fähigkeiten in der überzeugenden Gesprächsführung auszubauen.
- Sie erhalten Einblick in die Führung von unten und wenden deren Prinzipien an.
- Die Teilnehmer üben, die Position des Vorgesetzten anzuerkennen und sich in dessen Rolle hineinzuversetzen.
- Sie sollen erreichen, Konflikte positiv zu bewerten und konstruktiv zu bearbeiten.
- Ihre Fachkenntnisse zur Konfliktbewältigung werden grundlegend erweitert.

Als Module sind zur Vermittlung der theoretischen und praktischen Kenntnisse drei ganztägige Fortbildungsveranstaltungen vorgesehen. Neben dieser Fortbildung finden an fünf Nachmittagen je zwei Stunden lang begleitende Supervisionssitzungen mit Fallbesprechung statt. Eine Koppelung von Supervision und Fortbildung hat sich aus unserer Sicht innerhalb der gleichen Veranstaltung nicht bewährt. Daher haben wir uns beim vorliegenden Workshop-Konzept für eine klare Trennung der beiden Methoden entschieden. Grundvoraussetzung für die Leiter des Workshops ist eine wertschätzende Haltung nach dem humanistischen Menschenbild. Diese soll für die Teilnehmer Modellcharakter haben. Aus didaktischer Sicht ist dabei selbstverständlich, dass sich die Leiter an den Bedürfnissen und Ressourcen der Teilnehmer orientieren sowie eine Methodenvielfalt betonen.

6.3.2 Inhalte der Fortbildungen

Die drei Fortbildungstage umfassen zahlreiche Übungen für die berufliche Praxis. Nach unseren Erfahrungen ist die Gruppe hinsichtlich Alter, Funktion und Vorkenntnissen meist heterogen zusammengesetzt. Das verlangt vom Workshop-Leiter, dass er flexibel auf die unterschiedlichen Bedürfnisse der Teilnehmer eingeht. Folgende Bausteine sind für die Fortbildungen vorgesehen.

6.3.2.1 Gesprächsführung

Gegenstand der ersten Fortbildung sind die Grundlagen der Gesprächsführung. Hierbei sollen sich die Teilnehmer eine **klientenzentrierte Gesprächshaltung** aneignen, die nach Carl Rogers auf Empathie, Wertschätzung und Echtheit basiert. Die Personalräte lernen außerdem, ihren eigenen Standpunkt zu vertreten und anderen Grenzen aufzuzeigen. Ein klientenzentrierter Ansatz allein reicht für die tägliche Personalratsarbeit nicht aus. Er muss durch wirksame Methoden ergänzt werden, die dazu dienen, die eigenen Interessen durchzusetzen. Als Erleichterung für Gespräche mit Vorgesetzten wird das Konzept der Führung von unten vorgestellt. Hier kommt es darauf an, das Gespräch mit dem Vorgesetzten sorgfältig vorzubereiten und für das Anliegen die Unterstützung im Kollegium zu suchen.

6.3.2.2 Organisationstheorie

Bei der Arbeit des Personalrats geht es um Konflikte im organisationalen Kontext Schule (Schreyögg, 2002). Den Teilnehmern werden Organisationsphänomene im Bereich des bayerischen Schulwesens vorgestellt. Hierbei können Führungsaufgaben verdeutlicht und die Möglichkeit von Machteingriffen aufgezeigt werden. In Übungen werden das Organigramm der eigenen Organisation erarbeitet und die Rolle des Teilnehmers darin bestimmt. Schließlich wird ein Überblick über die informellen Strukturen einer Organisation gegeben.

6.3.2.3 Konfliktbewältigung

Am zweiten Fortbildungstag beschäftigen sich die Teilnehmer ausschließlich mit dem Thema Konflikt und Konfliktbewältigung. Zentral sind dabei **Konfliktmediation** und **Konfliktmoderation**. In der Literatur werden diese beiden Begriffe häufig synonym gebraucht. Die gemeinsame Basis von Mediation und Moderation ist nach Redlich (1996) das sachbezogene Verhandeln bei Interessenkonflikten. Ein Beispiel für Verhandlungstechniken ist das bekannte Harvard-Konzept von Fisher, Ury und Patton (2006). Redlich (1996) und andere Experten der Konfliktmoderation betonen dabei eher Handlungsleitlinien, die auf der humanistisch-psychologischen und der systemischen Psychologie beruhen. Im Zusammenhang mit der Arbeit von Personalräten erscheint uns eine Synthese von Harvard-Konzept und systemischem Ansatz sinnvoll.

In den Übungsbeispielen kommt dies zum Tragen. Hierbei werden eigene Positionen zum Umgang mit Konflikten ermittelt. Die Einschätzung der Konfliktsituation nach Glasl (1994) wird besprochen, und es werden Handlungs- und Deeskalationsstrategien eingeübt. Dabei geht es vor allem darum, Konflikten angstfrei zu begegnen, sie zu analysieren und im Umgang mit ihnen souveräner zu werden. Ziel ist es, die positiven Potenziale von Konflikten und neue Handlungsmöglichkeiten zu sehen. Da Personalräte immer wieder mit Mobbing zu tun haben, werden dazu grundlegende Erkenntnisse vorgestellt. Die Ursachen und Auswirkungen von Mobbing werden genannt und entsprechende Interventionen beschrieben. Es wird darauf eingegangen, bei Verdacht auf Mobbing aktiv zuzuhören, eine Auftragsklärung vorzunehmen und Ansprechpartner zu vermitteln. Auch die Mobbingkonvention der Stadt München wird besprochen. Entsprechend dieser Konvention sollen alle städtischen Führungskräfte und Personalräte in München durch eine sechstägige Fortbildung befähigt werden, mit Mobbing am Arbeitsplatz professioneller umzugehen.

6.3.2.4 Großgruppen-Moderation

Personalräte werden immer wieder mit der Organisation und Durchführung von Veranstaltungen beauftragt. So müssen sie z. B. zwei Personalversammlungen im Jahr abhalten. In den Übungen zur Großgruppen-Moderation soll ihnen gezeigt werden, wie sie diese Veranstaltungen planen und durchführen können. Hierbei wird insbesondere auf einzelne Moderationstechniken eingegangen.

6.3.3 Begleitende Supervision

In den zweistündigen Supervisionssitzungen sollen die Fortbildungsinhalte vertieft werden. Zudem wird der Bogen zum beruflichen Alltag geschlagen. Hier erhalten die Personalräte Gelegenheit, Supervision selbst konkret zu erfahren. Sie können sich dabei über konflikthafte Aspekte ihrer Personalratsarbeit austauschen und die eigene Rolle bewusst reflektieren. Um die wenigen Sitzungen effektiv zu nutzen, empfiehlt es sich, eine klare Verlaufsstruktur vorzugeben (Ehinger & Hennig, 1997). Es hat sich bewährt, wenn in der Supervision auf die Inhalte der letzten Fortbildungseinheit Bezug genommen wird. Hierbei kann an die Übungen angeknüpft werden, indem man sie noch einmal bespricht oder die Erkenntnisse daraus auf einen aktuellen Fall der Teilnehmer überträgt. Im Rahmen der Supervision mit Personalräten haben sich folgende Prinzipien bewährt.

6.3.3.1 Strukturierung organisatorischer Phänomene

Die in der Fortbildung erworbenen Kenntnisse zu schulischen Organisationsphänomenen werden an praktischen Beispielen erfahrbar gemacht. Im Mittelpunkt können dabei sich widersprechende Rollenerwartungen oder der Umgang mit Vorgesetzten stehen. „In vielen Fällen kann es nur Aufgabe von Supervision sein, die Organisationsmitglieder darin zu unterstützen, dass sie ihre Praxisprobleme vor dem Hintergrund der organisatorischen Struktur zuzuordnen lernen, dass sie also neue Deutungsmuster erwerben." (Schreyögg, 2004)

6.3.3.2 Strukturierung interaktiver Phänomene

Nach unserer Erfahrung nehmen Personalräte von Kollegen oder auch Vorgesetzten aus Pflichtgefühl häufiger Aufträge an, die sie selbst nicht zufriedenstellend ausführen können. Der Auftraggeber ist hierbei unklar, oder die Aufgabe ist für die Personalräte einfach nicht zu lösen. Deshalb lernen die Teilnehmer, sich klar abzugrenzen.

6.3.3.3 Der Umgang mit individuellen Phänomenen

Auch die persönliche Situation im beruflichen Umfeld wird betrachtet. Der Workshop richtet sich dabei an Teilnehmer, die ihr Privat- und Berufsleben im psychisch stabilen Toleranzbereich bewältigen, also nicht krankhaft belastet oder überfordert sind. Wenn persönliche Sachverhalte geschildert werden, sollte darauf geachtet werden, dass keine biografischen Details ohne ausdrückliches Einverständnis des Supervisanden zur Sprache kommen.

6.3.4 Der Workshop „Konfliktbewältigung"

Tabelle 4 auf Seite 121 zeigt im Überblick den zeitlichen und inhaltlichen Plan des Workshops „Konfliktbewältigung" für Personalräte an Schulen. Zwischen den ersten und zweiten sowie zwischen den zweiten und dritten Fortbildungstag sind jeweils zwei Supervisionssitzungen geschaltet. Die Fortbildung endet mit einer Supervisionssitzung, in der ein umfassendes Feedback möglich ist. Bei den Supervisionssitzungen sind die Probleme erwähnt, die von den Teilnehmern als Themen zur Fallbesprechung eingebracht wurden. Diese können natürlich von Workshop zu Workshop ganz unterschiedlich ausfallen.

Tabelle 4: Übersicht des Workshops „Konfliktbewältigung" für Personalräte

Veranstaltung	Themen und Durchführung
1. Fortbildungstag: Grundlagen der Gesprächsführung (Oktober/November)	**Axiome nach Watzlawick** • Zum Einstieg eine Anleitung zur Imagination von fünf Situationen, die die Axiome illustrieren **Auftragsklärung** • Übung in Kleingruppen **Gesprächsführung** • Übung zum aktiven Zuhören und Strukturieren von Gesprächen • Vorstellen von gesprächsfördernden und gesprächsstörenden Fragen und Äußerungen • Input und Übung zu einem Kommunikationsmodell • Input und Übung zu Ich-Botschaften **Führung von unten** • Input und Übung und zur professionellen Kommunikation • Vorbereitung eines Gesprächs mit dem Schulleiter **Organisationsphänomene** • Input zu Führungsaufgaben, zu Machteingriffen und zur Bedeutung von Legitimation • Übung zum persönlichen Organigramm und zum Rollenverständnis der Teilnehmer • Zusammenstellung von informellen Strukturen oder der Organisationskultur an der eigenen Schule
Supervision (Dezember)	**Vom Schulleiter bevorzugte Kolleginnen genießen Privilegien, der Personalrat soll nach dem Gleichheitsgrundsatz intervenieren** • Aufstellung und Organigramm • Rollensteckbrief zur Klärung der Position innerhalb der Organisation • Übung zum Perspektivenwechsel • Gespräche zur Einordnung der Probleme in die theoretischen Zusammenhänge des Workshops

Veranstaltung	Themen und Durchführung
Supervision (Januar)	**Ein Kollege möchte, dass der Personalrat einen anderen Kollegen auf seine Fehler hinweist** • Auftragsklärung des Personalrats • Übung zum Gespräch des Personalrats mit dem Kollegen • Gespräche zur Einordnung der Probleme in die theoretischen Zusammenhänge des Workshops
2. Fortbildungstag: Umgang mit Konflikten (Februar/März)	**Konflikte: Definition, Analyse, Eskalationsstufen, Konfliktlösung** • Reflexion zum eigenen Umgang mit Konflikten • Die Definition von Konflikten gemeinsam erarbeiten • Input zur Theorie von Konflikten • Übung zur Analyse einer erlebten Konfliktsituation und Austausch in Kleingruppen • Übungen zur Erweiterung der Wahrnehmung **Methoden zur Konfliktbewältigung** • Diskussion über Grundmuster der Konfliktlösung (Grundlage: Philipp & Rademacher, 2002) • Input und Übung zum lösungsorientierten Konfliktgespräch • Übung nach dem Harvard-Konzept (Fisher, Ury & Patton, 2006), alternativ zur Klärungshilfe nach Thomann (1998) oder zur Konfliktmoderation nach Redlich (1996) • Übung zum Grenzenaufzeigen **Konfliktstimulation** • Kurzer Input und Sammlung von möglichen Ansatzpunkten zur Konfliktstimulation im Rahmen der Personalratsarbeit
Supervision (April)	**Ein Lehrer bittet den Personalrat um ein Vermittlungsgespräch mit einem Kollegen** • Rollenspiel • Klärung der Rahmenbedingungen • Gespräche zur Einordnung der Probleme in die theoretischen Zusammenhänge des Workshops
Supervision (Mai)	**Eine Fachschaft bittet den Personalrat um Hilfe bei der Lösung ihrer Probleme** **Auftragsklärung** • Sammeln von Alternativen • Gespräche zur Einordnung der Probleme in die theoretischen Zusammenhänge des Workshops

Veranstaltung	Themen und Durchführung
	Der Personalrat sucht selbst Lösungsmöglichkeiten für einen Konflikt mit einem Kollegen • Arbeit mit kreativen Medien (Malen)
3. Fortbildungstag: Themen nach Teilnehmerwünschen (Juni)	**Mobbing im Kollegium: Definition, Mobbinghandlungen, Ursachen, Auswirkungen, Intervention** • Input • Austausch im Plenum • Übungen zur Klärung des Auftrags und zur Gesprächsführung • Informationen über Möglichkeiten der Unterstützung für die Betroffenen entsprechend der Mobbingkonvention der Stadt München **Großgruppen-Moderation** • Input zu den Grundlagen der Moderationsmethode • Übung zur Vorbereitung einer Veranstaltung
Supervision und Abschluss (Juli)	**Ein Lehrer fühlt sich vom Vorgesetzten gemobbt und wendet sich an den Personalrat** • Auftragsklärung • Sammlung von Handlungsmöglichkeiten • Gespräche zur Einordnung der Probleme in die theoretischen Zusammenhänge des Workshops **Abschluss** • Feedback

Anmerkungen. Die Monatsangaben in Klammern verstehen sich als Terminvorschläge. Die Supervisionsthemen ergaben sich aus den spezifischen Problemen der Teilnehmer.

6.4   Resümee

Der Workshop weckte mit seinem speziellen Angebot zur Konfliktbewältigung für Personalräte reges Interesse. Das Konzept ist erweiterbar, eine Fortführung über das erste Schuljahr hinaus bietet sich an. Der Bedarf an Fortbildungen für Personalräte ist groß. Das zeigt sich am umfassenden Angebot der Stadt München mit Mediationsausbildung und Mobbingfortbildungen für Personalräte. Für den staatlichen Bereich wäre ein ähnliches

Angebot wünschenswert. Nach Auskunft des Gesamtpersonalrates der Stadt München hat etwa die Hälfte der Mitglieder der Personalräte der Stadt eine zweijährige Fortbildung zum Moderator durchlaufen. Im staatlichen Bereich gibt es hingegen noch keine professionellen Moderatoren in den Personalräten. Durch geschulte Personalräte könnten entscheidende Ressourcen zur Konfliktbewältigung in Schulen aktiviert werden. Hierbei sollte aus Sicht der Autoren ein Perspektivenwechsel in der Arbeit von Personalräten in zweifacher Hinsicht erfolgen. Zum einen sollten Konflikte in Schulen angenommen und stimuliert werden. Zum anderen sollte statt der Kommunikation auf Augenhöhe die Führung von unten praktiziert werden. Ob es allerdings langfristig gelingt, wie eingangs erwähnt, Konflikte als Motor der Veränderung zu etablieren, hängt, um im Bild zu bleiben, auch davon ab, ob von höherer Stelle genügend Brennstoff dafür bereitgestellt wird.

6.5   Literatur

Amason, A. C. & Schweiger, D. M. (1997). The effects of conflict on strategic decision making effectiveness and organizational performance. In C. De Dreu & E. Van de Vliert (Eds.), *Using conflict in organizations* (pp. 101-115). London: Sage.

Bayerisches Personalvertretungsgesetz (BayPVG). Verfügbar unter: http://by.juris.de/by/gesamt/PersVG_BY_1986.htm [20.03.2008].

Bertl, W. (2006). Damit die Baustelle Gymnasium keine Bildungsruine wird. *Das Gymnasium in Bayern, 2/2006,* 3-5.

Ehinger, W. & Hennig, C. (1997). *Praxis der Lehrersupervision: Leitfaden für Lehrergruppen mit und ohne Supervisor* (2. Auflage). Weinheim: Beltz.

Fisher, R., Ury, W. & Patton, B. (2006). *Das Harvard-Konzept: der Klassiker der Verhandlungstechnik* (22. Auflage). Frankfurt am Main: Campus.

Glasl, F. (1994). *Konfliktmanagement: ein Handbuch zur Diagnose und Behandlung von Konflikten für Organisationen und ihre Berater* (4. Auflage). Bern: Haupt.

Hitzler-Leikauf, S. & Noppeney, G. (2000). Die Supervision von Lehrern bei Konflikten. In A. Schreyögg (Hrsg.), *Supervision und Coaching für die Schulentwicklung* (S. 172-193). Bonn: Deutscher Psychologen Verlag.

Philipp, E. & Rademacher, H. (2002). *Konfliktmanagement im Kollegium: Arbeitsbuch mit Modellen und Methoden.* Weinheim: Beltz.

Redlich, A. (1996). *Konflikt-Moderation: Handlungsstrategien für alle, die mit Gruppen arbeiten.* Hamburg: Windmühle.

Schreyögg, A. (2004). *Supervision: ein integratives Modell. Lehrbuch zu Theorie und Praxis* (4. Auflage). Wiesbaden: VS Verlag für Sozialwissenschaften.

Schreyögg, A. (2002). *Konfliktcoaching: Anleitung für den Coach.* Frankfurt am Main: Campus.

Turner, M. E. & Pratkanis, A. R. (1997). Mitigating groupthink by stimulating constructive conflict. In C. De Dreu & E. Van de Vliert (Eds.), *Using conflict in organizations* (pp. 53-71). London: Sage.

Thomann, C. (1998). *Klärungshilfe: Konflikte im Beruf. Methoden und Modelle klärender Gespräche bei gestörter Zusammenarbeit.* Reinbek bei Hamburg: Rowohlt.

Teil 3: Konfliktmanagement in schulischen Settings

7 Mobbing unter Schülern: Ein Eskalationsmodell und eine Lehrerfortbildung

Ulf Cronenberg und Hanna Gastl

7.1 Einleitung

Mobbing mit all seinen Ausdrucksformen physischer und psychischer Gewalt ist nach wie vor ein Problem, sei es am Arbeitsplatz oder in der Schule. Häufig sind Schüler, die über vermeintliche Schwächen verfügen und sich nicht wehren können, die ausgemachten Opfer. Sie werden um Wertsachen erpresst, körperlich angegriffen und schließlich systematisch diffamiert und gedemütigt. Der betroffene Schüler sieht sich dabei immer einer weitaus größeren und überlegenen Gruppe von Provokateuren ausgesetzt. Auch vielfach durchgeführte Streitschlichter-Programme konnten dem Mobbing unter Schülern bislang wenig beikommen. Schulpsychologen werden heute sogar mehr denn je von Lehrern, Eltern oder Schülern bei derartigen Konfliktsituationen hinzugezogen.

Es ist allerdings fraglich, ob es sich bei allen Konflikten, die man landläufig als Mobbing bezeichnet, auch wirklich um Mobbing handelt. Die genaue Analyse von Mobbing unter Schülern macht ein Rahmenmodell erforderlich, das die Merkmale von Mobbingsituationen bestimmt. Durch ein solches Modell sollten Aussagen zur Indikation und Wirksamkeit gezielter Gegenmaßnahmen möglich werden. Es ist ein Desiderat der gegenwärtigen Fachliteratur, dass ein solches Modell erarbeitet wird. Der vorliegende Beitrag stellt ein Eskalationsmodell zum Mobbing unter Schülern vor. Hierbei wird zunächst der Begriff Mobbing definiert. Das Eskalationsmodell wird anschließend in Analogie zu den Eskalationsstufen von Konflikten nach Glasl (2004) aufgestellt. Darauf aufbauend kann gezielt gegen Mobbing interveniert werden. Schließlich wird von einer Lehrerfortbildung berichtet, die die beiden Autoren durchführten. Diese Fortbildung vermittelt Lehrern das Eskalationsmodell und zeigt ihnen in einer Gruppensupervision Strategien zur Konfliktbewältigung auf.

7.2 Ein Eskalationsmodell zum Mobbing unter Schülern

7.2.1 Der Begriff Mobbing

Der Begriff Mobbing ist untrennbar mit dem Namen des deutsch-schwedischen Forschers Heinz Leymann verbunden. Obgleich sein Konzept des Mobbings vielfach kritisiert wurde (Neuberger, 1999), gilt seine Definition bis heute als maßgeblich: „Unter **Mobbing** wird eine konfliktbelastete Kommunikation am Arbeitsplatz unter Kollegen oder zwischen Vorgesetzten und Untergebenen verstanden, bei der die angegriffene Person unterlegen ist (1) und von einer oder einigen Personen systematisch, oft (2) und während längerer Zeit (3) mit dem Ziel und/oder dem Effekt des Ausstoßes aus dem Arbeitsverhältnis (4) direkt oder indirekt angegriffen wird und dies als Diskriminierung empfindet." (Leymann, 1995, S. 15)

Auch bei Mobbing unter Schülern sind die Unterlegenheit des Betroffenen, die systematische Verunglimpfung durch mehrere Schüler und die längere Dauer der Auseinandersetzung gegeben. Das Ziel muss jedoch auf den schulischen Kontext bezogen werden. Zudem sollten der direkte oder indirekte Angriff und das Empfinden der Diskriminierung als eigenständige Definitionspunkte herausgestellt werden. Die Definition lautet daher wie folgt: **Mobbing unter Schülern** ist eine konflikthafte Kommunikation zwischen Schülern in der Schule oder außerhalb der Schule, bei der (1) der angegriffene Schüler unterlegen ist und (2) von einem oder mehreren anderen Schülern systematisch und oft (3) während längerer Zeit mit (4) dem Ziel der Isolation, dem Ausstoß aus der Klassengemeinschaft oder dem Verlassen der Schule (5) direkt oder indirekt angegriffen wird und (6) der angegriffene Schüler dies als Diskriminierung empfindet. Vereinfachend werden im Folgenden der Angegriffene als Opfer und die Angreifer als Täter bezeichnet. Diese Begriffe sollen lediglich die situationsspezifische Rolle und die generelle Handlungsrichtung der Beteiligten verdeutlichen. Sie sind jedoch weder wertend gemeint, noch sollen damit zeitüberdauernde Persönlichkeitsmerkmale ausgedrückt werden.

Eine begriffliche Abgrenzung ist vor allem hinsichtlich Punkt (1) der Definition notwendig, welchem zufolge das Opfer vorwiegend angegriffen wird und unterlegen ist. In vielen Fällen agieren die vermeintlichen Opfer selbst als Täter und greifen ihrerseits Klassenkameraden gezielt an. Hier liegt kein Mobbing, sondern ein **wechselseitiger Konflikt** vor, bei dem die Machtverhältnisse beider Konfliktparteien gleich verteilt und beide, sowohl Angreifer als auch Angegriffener, Überlegene und Unterlegene sind. Charakteristisch für wechselseitige Konflikte ist auch, dass sie im Vergleich zu den Punkten (2) und (3) der Mobbingdefinition weniger systematisch und dauerhaft ausgetragen werden. Die Aspekte des Angriffs, der Unterlegenheit, der Systematik und der Dauer verlangen daher von Beratern, die beim Konflikt intervenieren, besondere Aufmerksamkeit.

7.2.2   Eskalationsstufen von Konflikten nach Glasl

Friedrich Glasl (2004), der sich seit mehr als zwei Jahrzehnten intensiv mit Konflikten beschäftigt, geht davon aus, dass sich Konflikte nach und nach hinsichtlich ihres Schweregrades steigern können. Das ist keine zwangsläufige Entwicklung, denn Konflikte können durchaus auch entschärft oder gelöst werden. Verschärft sich ein Konflikt jedoch, so geschieht dies aufgrund einer gewissen Logik, die Glasl (2004) in neun Eskalationsstufen nachzeichnet (siehe Abbildung 1 auf Seite 130). Die Übergänge zwischen diesen Stufen bilden Schwellen oder Wendepunkte, die für ein verschärftes Vorgehen der Konfliktparteien stehen. Einmal überschritten, wird es zunehmend unwahrscheinlicher, dass der Konflikt von selbst wieder eine weniger gravierende Eskalationsstufe einnimmt. Jeweils drei der neun Eskalationsstufen werden von Schreyögg (2002) und Neuberger (1999) zu einer Eskalationshauptstufe zusammengefasst.

Die **erste Eskalationshauptstufe** ist als **Win-win-Situation** davon geprägt, dass die Konfliktparteien noch darum bemüht sind, eine Lösung des Konflikts herbeizuführen. Sie sind zuversichtlich, dass dies gelingen wird. Diese erste Hauptstufe beginnt mit kleinen Meinungsverschiedenheiten, die sich auf der ersten Eskalationsstufe verhärten und auf der zweiten Eskalationsstufe schon in eine ausführliche Debatte münden. Auf der dritten Eskalationsstufe werden erstmals Taten gegen die gegnerische Partei eingesetzt.

Auf der **zweiten Eskalationshauptstufe** geht es im Sinne einer **Win-lose-Situation** nur noch zum Teil um eine Konfliktlösung. Vielmehr verfestigen sich die Feindbilder, und externe Personen werden in den Konflikt hineingezogen. Die zweite Hauptstufe beginnt mit der vierten Eskalationsstufe, bei der das eigene Image ausgebaut wird. Die fünfte Eskalationsstufe ist davon geprägt, einen Gesichtsverlust des Gegners herbeizuführen. Auf der sechsten Eskalationsstufe werden schwerwiegende Drohstrategien angewendet.

Die **dritte Eskalationshauptstufe** stellt sich als **Lose-lose-Situation** dar und lässt die Konfliktparteien nicht mehr an eine Lösung denken. Hier geht es nur noch darum, die Gegenpartei, egal, mit welchen Mitteln, zu schädigen. Es wird in Kauf genommen, dass die eigene Partei empfindliche Verluste erleidet. Auf der siebten Eskalationsstufe werden erstmals Vernichtungsschläge eingesetzt. Diese weiten sich auf der achten Eskalationsstufe aus, indem geradezu auf eine Zersplitterung des Gegners hingearbeitet wird. Auf der neunten und höchsten Eskalationsstufe sind beide Parteien bereit, den Konflikt um den Preis der eigenen Vernichtung durchzufechten.

Abbildung 1: Eskalationsstufen von Konflikten nach Glasl (2004) und ihre Übertragung auf Mobbing unter Schülern

7.2.3 Übertragung der Eskalationshauptstufen auf Mobbing

Nach Glasl (2004) handelt es sich bei Mobbing um einen Konflikt. Die Besonderheit ist, dass der Konflikt beim Mobbing nicht auf eine heiße, emotionalisierte Art, sondern eher in kalter und verdeckter Weise eskaliert. Daher wird er von Außenstehenden oft erst auf der dritten Eskalationsstufe und damit sehr spät wahrgenommen. Außerdem zeichnet sich Mobbing dadurch aus, dass sich die angefeindete Person selbst meist ausschließlich als Opfer und ihre Widersacher als Täter sieht. Ein solch klares Täter-Opfer-Verhältnis, das vom Opfer suggeriert wird, ist jedoch nach Glasl nur in den seltensten Fällen anzutreffen. Vielmehr gehen auch zu Beginn des Konflikts vom Opfer Provokationen aus. Sich mit fortschreitendem Konflikt zunehmend als Opfer zu entwerfen, stellt nach Glasl eine Wahrnehmungsverzerrung dar, die typisch für höhere Eskalationsstufen ist.

Eine Übertragung der Eskalationsstufen auf das Mobbing ist aus weiteren Gründen sinnvoll. So zeigt das Stufenschema, dass es sich beim Mobbing um einen dynamischen Prozess handelt. Er kann mit harmlosen Neckereien beginnen und unter Umständen zur gravierendsten Eskalationsstufe fortschreiten, bei der es ausschließlich um die Schädigung des Opfers geht. Das Stufenkonzept gibt dem Berater überdies ein Modell an die Hand, mit dem sich Mobbinghandlungen analysieren lassen und der Eskalationsgrad des Konflikts festgestellt werden kann. Schließlich lässt ein Stufenmodell Aussagen darüber zu, welche Interventionsstrategie auf einer bestimmten Eskalationsstufe besonders wirksam ist und daher angewendet werden sollte.

Wir erachteten es für diese praktischen Zwecke als ausreichend, nicht jede einzelne Eskalationsstufe, sondern lediglich die drei Eskalationshauptstufen auf das Mobbing unter Schülern zu beziehen. Auf dieser mittleren Abstraktionsebene lassen sich die Mobbingphänomene am besten beschreiben. Die Eskalationshauptstufen werden nachfolgend als erste, zweite und dritte Eskalationsphase des Mobbings bezeichnet.

7.2.4 Die Eskalationsphasen des Mobbings

Zur **Analyse von Mobbing** sollten vom Berater sowohl die Konfliktparteien als auch außen stehende Mitschüler, Lehrer und auch Eltern einbezogen werden. Zwei Fragen sind hierbei zentral: (1) Handelt es sich beim vorliegenden Konflikt wirklich um Mobbing? (2) Wie weit ist das Mobbing bereits eskaliert? Zur Beantwortung der ersten Frage ist zu klären, ob beide Konfliktparteien zugleich Angreifer und Angegriffene sind oder ob eine klare Rollenverteilung hinsichtlich Opfer und Täter vorliegt. Im ersten Fall liegt ein wechselseitiger Konflikt vor. Lediglich im zweiten Fall kann von Mobbing gesprochen werden. Um hinsichtlich der zweiten Frage einzuschätzen, wie weit das Mobbing bereits eskaliert ist, sollen die drei Eskalationsphasen des Mobbings erläutert werden. Jede Eskalationsphase wird hierbei nach den Kriterien des Konfliktrahmens, der Mobbinghandlungen und ihrer Häufigkeit beschrieben (siehe Abbildung 1 auf Seite 130). Der Konfliktrahmen gibt an, welche Tätergruppen und wie viele Personen in den Konflikt involviert sind.

Die Mobbinghandlungen sind die verbalen und körperlichen Handlungen, die gegen das Opfer eingesetzt werden. Die Häufigkeit der Mobbinghandlungen ist die geschätzte Anzahl innerhalb eines Zeitintervalls.

7.2.4.1 Die erste Eskalationsphase

Die **erste Eskalationsphase des Mobbings** wird vom Mobbingopfer, aber auch von Außenstehenden meist nicht wahrgenommen. Das liegt daran, dass Auseinandersetzungen zwischen Jungen oft als alterskonforme Konflikte angesehen werden. Jungen gestehen sich nicht gerne ein, dass sie einen ernst zu nehmenden Konflikt mit einem Mitschüler haben. Vor allem in den unteren Jahrgangsstufen gehören das Wegnehmen von Stiften, das Raufen in der Pause etc. geradezu zum Schulalltag. Olweus (2006) hat in seiner breit angelegten Studie empirisch bestätigen können, dass physische Gewalt in unteren Klassen öfter auftritt als in höheren. Dafür können körperliche Übergriffe älterer Schüler schwerwiegendere Folgen haben als diejenigen jüngerer Schüler. Für die erste Eskalationsphase des Mobbings können folgende Kennzeichen festgestellt werden:

- **Konfliktrahmen**: Dem Mobbingopfer steht anfangs häufig nur ein Täter gegenüber. Zunehmend wird dieser von anderen Schülern unterstützt. Die Gruppe der Täter bleibt jedoch überschaubar klein, und alle beteiligten Personen lassen sich eindeutig benennen.
- **Mobbinghandlungen**: Übergriffe körperlicher Art sind in dieser Phase gelegentliches Raufen, Schubsen, harmloses Beinstellen, Wegziehen des Stuhles, Zwicken oder das Wegnehmen von Gegenständen. Das Opfer kann schon gelegentlich im direkten Kontakt oder auch vor Mitschülern und Lehrern beschimpft werden. Zudem sind abwertende Blicke und Gesten seitens des Täters zu erkennen. Das Opfer kann lächerlich gemacht werden, oder es wird versucht, es nicht zu Wort kommen zu lassen. Gerüchte werde hingegen noch nicht gezielt gestreut (Gebauer, 2005; Kasper, 2006).
- **Häufigkeit**: Diese Mobbinghandlungen treten eher selten, aber schon in regelmäßigen Abständen auf.

7.2.4.2 Die zweite Eskalationsphase

In der **zweiten Eskalationsphase des Mobbings** spitzt sich der Konflikt zu und wird damit für Außenstehende leichter erkennbar, obwohl die Täter oft versuchen, in unbeobachteten Situationen, wie Pausen oder auf dem Schulweg, ihr Opfer anzugreifen. Das Mobbingopfer kann die Angriffe auf die eigene Person nicht länger leugnen und nimmt bewusst den Konflikt wahr. Der Leidensdruck des Opfers wird zunehmend größer. Die Kennzeichen der zweiten Eskalationsphase sind:

- **Konfliktrahmen**: Die Zahl der am Konflikt beteiligten Personen steigt. Zu den Einzelpersonen kommen im Sinne einer sozialen Ansteckung weitere Täter hinzu, die zumeist aus der Klasse des ursprünglichen Täters stammen (Olweus, 2006). Hierbei kann zwischen den Initiatoren oder Drahtziehern und den Mitläufern unterschieden werden. Die Drahtzieher haben nicht selten einen hohen Status in der Klasse, genießen hohes Ansehen unter den Mitschülern und sind für sie Verhaltensmodelle. Die Mitläufer schließen sich diesen an und nehmen dem Opfer gegenüber eine eindeutig feindselige Haltung ein.

- **Mobbinghandlungen**: Die körperlichen Übergriffe zeichnen sich gegenüber der ersten Eskalationsphase vor allem durch einen höheren Schweregrad aus und können zu deutlichen Verletzungen, wie blaue Flecken, Prellungen etc., führen. Das Opfer wird in dieser Phase oft von mehreren Schülern gleichzeitig attackiert. Die psychische Gewalt weitet sich aus und wird systematisch ausgeübt. Es werden gezielt niederträchtige Gerüchte gestreut, oder das Opfer wird vor anderen Mitschülern oder Lehrern bloßgestellt. Häufig bekommen die betroffenen Schüler auf anonymen Zetteln mitgeteilt, dass sie in der Klasse nicht erwünscht sind. Die Opfer berichten davon, dass niemand in der Klasse mehr mit ihnen sprechen oder zusammenarbeiten will.

- **Häufigkeit**: Die Vorfälle mehren sich und treten im Abstand von mehreren Tagen regelmäßig auf.

7.2.4.3 Die dritte Eskalationsphase

In der **dritten Eskalationsphase des Mobbings** wird der Konflikt für das Opfer unerträglich. Der betroffene Schüler vermeidet alle Situationen, die zu Mobbinghandlungen führen könnten. So werden auf dem Weg zur Schule Umwege gemacht, oder in den Pausen wird ein Versteck aufgesucht. Die Situation erscheint dem Opfer fast ausweglos. Als einziger Ausweg wird nur ein Wechsel der Klasse oder der Schule gesehen. Das Leiden in der Schule wirkt sich auf andere Lebensbereiche aus. Die betroffenen Schüler isolieren sich auch häufig in ihrer Freizeit. Immer wieder berichten sie außerdem von Selbstmordgedanken. Folgende Kennzeichen sind in der dritten Eskalationsphase auszumachen:

- **Konfliktrahmen**: Das Mobbing überschreitet meistens die Klassengrenze. Schüler aus anderen Klassen werden zu Mitläufern und greifen das Opfer an. Die Übergriffe finden vermehrt auch außerhalb der Schule statt.
- **Mobbinghandlungen**: Im physischen Bereich kann der Schweregrad im Vergleich zur zweiten Eskalationsphase noch zunehmen. Schlägereien haben oft schwerwiegende Folgen. Körperliche Attacken liegen aber nicht zwangsläufig vor. Die Mobbinghandlungen können auch vorwiegend von psychischer Gewalt bestimmt werden. Das Opfer wird hierbei verbal angegriffen und in deutlicher Weise verunglimpft, erniedrigt und schikaniert. Im privaten Bereich kann das Opfer regelrechtem Telefonterror ausgesetzt sein. Die Ausgrenzung wird dem Opfer bei jedem Kontakt mit den Tätern unmissverständlich klargemacht. Es werden gezielt Gerüchte über das Opfer gestreut, mit denen es diffamiert und bloßgestellt wird. Das Ziel der Täter ist es, das Opfer systematisch mit allen Mitteln zu schädigen und fertigzumachen.
- **Häufigkeit**: Die Mobbinghandlungen erfolgen täglich.

Über die drei Eskalationsstufen hinweg ist eine Verschlimmerung in allen Bereichen zu erkennen. Der Konfliktrahmen weitet sich aus, die Mobbinghandlungen nehmen hinsichtlich Häufigkeit und Schweregrad zu. Der Leidensdruck des Opfers wird größer. Hinzu kommt, dass sich die Opfer oft aus

Scham vor den Erniedrigungen niemandem anvertrauen. Sie denken häufig, dass es berechtigte Gründe für die Übergriffe gibt. Nicht zuletzt dadurch wird das Mobbing erst sehr spät in der dritten Eskalationsphase erkannt, und Interventionen erfolgen erst, wenn die Gesamtsituation kaum mehr entschärft werden kann.

7.2.5 Interventionen bei Mobbing

In Mobbingratgebern, wie z. B. bei Gebauer (2005) oder Kaspar (2006), werden häufig viele Maßnahmen gegen Mobbing aufgezählt, ohne dass genau angegeben wird, in welcher Situation eine Maßnahme angezeigt ist. Glasl (2004) hat jedoch gezeigt, dass es hilfreich ist, die Indikation einer Maßnahme zur Konfliktbewältigung nach der Eskalationsstufe des Konflikts zu bestimmen. Es gelten zwei **Leitlinien zur Indikationsstellung**: (1) Es sollte möglichst die Methode ausgewählt werden, die bei jeweils geringstem Aufwand und mit wenig direktivem Vorgehen Erfolg versprechend ist (Neuberger, 1999). (2) Grundsätzlich ist es sinnvoll, dass auf mehreren Ebenen gleichzeitig interveniert wird.

Die vier Ebenen, auf denen beim Mobbing interveniert werden kann, sind (1) die Ebene des Opfers, (2) die Ebene der Täter, (3) die Ebene des Umfelds und (4) die Ebene der Schule und Schulleitung. Das Eskalationsmodell zum Mobbing unter Schülern macht, wie in Abbildung 2 auf Seite 136 ersichtlich, folgende **Aussagen zur Wirksamkeit und Indikation der Interventionsstrategien** in Abhängigkeit von der Eskalationsphase: (1) Interventionen auf der Ebene des Opfers sind in der ersten Eskalationsphase am wirksamsten. (2) Interventionen auf der Ebene des Umfelds sind ebenfalls in der ersten Eskalationsphase am wirksamsten. (3) Interventionen auf der Ebene der Täter sind in der zweiten Eskalationsphase am erfolgreichsten, und (4) Interventionen auf der Ebene der Schule oder Schulleitung sind in der dritten Eskalationsphase hilfreich. Die Interventionen auf den einzelnen Ebenen sollen im Folgenden vorgestellt werden.

Es sei noch darauf hingewiesen, dass wir **Streitschlichter-Programme**, die in Schulen häufig eingesetzt werden und auch in Mobbingratgebern beschrieben werden, für keine geeignete Interventionsmethode bei Mobbing halten. Streitschlichtung durch Schüler, die als Mediatoren ausgebildet sind, kommt nur bei wechselseitigen Konflikten in Frage, bei denen beide Konfliktparteien sowohl Provokateure als auch Leidtragende sind. Da der Aggressor beim Mobbing vorwiegend auf Täterseite auszumachen ist, wäre eine Streitschlichtung mit gegenseitigen Vereinbarungen zum Aggressionsverzicht wirkungslos. Auf Seiten des Opfers sind nämlich oft keine feindseligen Handlungen auszumachen.

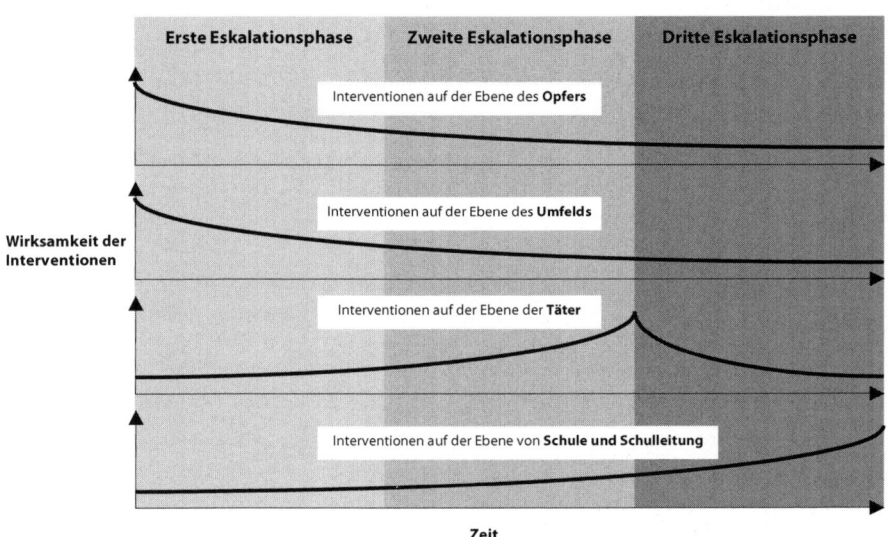

Abbildung 2: Die Wirksamkeit von Interventionsmöglichkeiten bei Mobbing unter Schülern auf den vier Ebenen Opfer, Umfeld, Täter sowie Schule und Schulleitung

7.2.5.1 Ebene des Opfers

Interventionen auf der Ebene des Opfers sind in der ersten Eskalationsphase am wirksamsten. Das heißt vor allem, dass Interventionen, die sich allein auf das Opfer beziehen, auf der zweiten und dritten Eskalationsebene oft nicht mehr zu einer Konfliktlösung beitragen. Hier müssen andere Interventionsebenen einbezogen und akzentuiert werden. Das Opfer ist der Klient, der mit dem Lösungsauftrag an den Berater herantritt. Es versteht sich daher von selbst, dass Interventionen mit dem Klienten in jeder Eskalationsphase durchgeführt werden, auch wenn sie in der zweiten oder dritten Eskalationsphase weniger Erfolg versprechend sind als in der ersten.

Eine erste klientenzentrierte Maßnahme wird sein, den Schüler zu stärken und ihm wieder Selbstvertrauen zu geben. Dem Betroffenen sollte die Kommunikation zwischen Täter und Opfer bewusst gemacht werden. Zur Situationsanalyse eignen sich Soziogramme, bei der die Beteiligten als Figuren aufgezeichnet werden und das Verhältnis der Schüler untereinander sowie die konkreten Handlungen durch Verbindungslinien zwischen den Figuren gekennzeichnet werden. Dem Klienten muss weiterhin aufgezeigt werden, wie er sich konkret wehren kann, um den Tätern nicht weiter Hilflosigkeit zu suggerieren. Schließlich sollte das Opfer dazu befähigt werden, zu neutralen Mitschülern Kontakt aufzubauen, um so im Klassenverband mehr Unterstützung zu erfahren.

7.2.5.2 Ebene des Umfelds

Interventionen auf der Ebene des Umfelds sind in der ersten Eskalationsphase am wirksamsten. Das Umfeld bezieht sich dabei auf die Mitschüler des Betroffenen und auf seine Freunde, Eltern und Geschwister. Auf der zweiten und dritten Eskalationsstufe sind Maßnahmen, die die Mitschüler und Freunde einbeziehen, häufig wirkungslos, da sie den Angriffen der Täter kaum etwas entgegensetzen können.

Auf der Ebene des Umfelds geht es darum, dass das Opfer von nahestehenden Bezugspersonen geschützt und gestärkt wird. Das können z. B. sozial eingestellte Schüler in der Klasse sein, die sich auch in anderen Bereichen für Schwächere einsetzen. Oft engagieren sie sich schon dann für den Betroffenen, wen ihnen bewusst wird, dass er in der Klasse schikaniert und gehänselt wird. Darüber hinaus können die Schüler, die das Mobbingopfer unterstützen sollen, in Beratungssitzungen einbezogen werden. Mit ihnen werden dann die Kommunikationsmuster in der Klasse analysiert und wirksame Handlungsalternativen erarbeitet. Die Eltern einzubeziehen, kann sich in manchen Fällen als kontraproduktiv erweisen. Zum einen können sie, indem sie auf der Opferrolle ihres Kindes beharren, den Austausch mit der Gegenseite blockieren. Zum andern weisen die Eltern der Täter oftmals jegliche Schuld ihres Kindes zurück. Wenn eine hinreichende Kooperationsbereitschaft der Eltern nicht gegeben ist, sollten sie lediglich über die Maßnahmen informiert werden, ohne sie jedoch konkret daran zu beteiligen.

7.2.5.3 Ebene der Täter

Interventionen auf der Ebene der Täter sind in der zweiten Eskalationsphase am wirksamsten. In der ersten Eskalationsphase liegt bei den Tätern meist noch kein ausreichendes Bewusstsein darüber vor, dass sie einen unerwünschten Konflikt schüren. Demgegenüber ist der Konflikt in der dritten Eskalationsphase meist schon zu weit eskaliert, um allein über die Maßregelung der Täter eine Konfliktslösung herbeizuführen.

Im Rahmen der Täterintervention ist zunächst der Täterkreis genau zu bestimmen. Dabei sollten die anfänglichen Drahtzieher und späteren Mitläufer ermittelt werden. Es muss festgestellt werden, ob die Täter ein Unrechtsbewusstsein für ihr Verhalten haben. Die Interventionen sollten bei den Drahtziehern beginnen und die Mitläufer nach und nach einbeziehen. Zeigen die Initiatoren des Mobbings kein Unrechtsbewusstsein, so sind mit ihnen klare Verhaltensregeln zu vereinbaren. Im Falle weiterer Mobbinghandlungen haben sie diesbezüglich mit massiven negativen Konsequenzen zu rechnen, wie z. B. mit dem Ausschluss vom Unterricht. Bei den Mitläufern ist es oft ausreichend, ihnen klarzumachen, wie schwerwiegend ihr Verhalten ist. Dadurch werden sie davon abgehalten, die Drahtzieher weiterhin in ihrem destruktiven Handeln zu unterstützen.

7.2.5.4 Ebene von Schule und Schulleitung

Interventionen auf der Ebene der Schule und Schulleitung sind in der dritten Eskalationsphase am wirksamsten. Dies entspricht der Forderung von Glasl

(2004), nach der bei weit eskalierten Konflikten nur noch Machteingriffe von außen wirksam sind. In der ersten Eskalationsphase wäre es übertrieben, Maßnahmen von Seiten der Schule und Schulleitung einzusetzen. Machteingriffe von außen können in der zweiten Eskalationsphase vom Klassenlehrer ausgehen. In der dritten Eskalationsphase ist es vor allem die Schulleitung, die wirksam intervenieren kann.

Die Schulleitung kann zunächst auf eine Trennung der Konfliktparteien hinwirken. Verhaltensregeln für die Täter und entsprechende Sanktionen bei Regelverstoß sind schriftlich zu fixieren. Das Täterverhalten kann von neutralen, sozial kompetenten Schülern in der Klasse festgestellt werden, die dazu von der Schulleitung regelmäßig befragt werden. In besonders gravierenden Fällen sollten die schulrechtlichen Maßnahmen zur Sanktionierung voll ausgeschöpft werden. Hierbei kommen der Ausschluss vom Unterricht oder die Einberufung des Disziplinarausschlusses der Schule mit einem möglichen Schulverweis der Täter in Frage. Die Schulleitung sollte hierbei jederzeit deutlich machen, dass Mobbing in keiner Weise geduldet wird und bei Missachtung dieser Regel die Täter konsequent bestraft werden.

7.2.6 Ein Fallbeispiel aus der Schule

Martin – der Name wurde von den Autoren geändert – ging in die zehnte Klasse eines Gymnasiums, als er sich an den Schulpsychologen wendete. Er berichtete von unerträglichen Beschimpfungen, denen er durch seine Mitschüler regelmäßig ausgesetzt sei. Schimpfworte, die Martin immer wieder zu hören bekam, waren „Schwuchtel" oder „schwule Sau". Zudem werde er wegen der Akne in seinem Gesicht grob beschimpft. Fast alle Mitschüler in seiner Klasse behandelten ihn wie Luft. Einige würden ihn ständig beleidigen und vor anderen schlechtmachen. Der Druck durch die Klassenkameraden sei inzwischen so groß geworden, dass er es nicht mehr aushalte. Nur zwei oder drei Mädchen aus der Klasse redeten überhaupt noch mit ihm. Die meisten Lehrer hatten bereits gemerkt, dass Martin nicht in die Klasse integriert war. Allerdings war ihnen nicht bekannt, welchen Beleidigungen er ausgesetzt war. Aufhänger für die angebliche Homosexualität von Martin war, dass sein einziger Freund aus einer Parallelklasse, mit dem er (notgedrungen) viel Zeit verbrachte, eine hohe, mädchenhafte Stimme hatte.

Gefragt, ob er einige Schüler nennen könnte, die ihn besonders schlecht behandelten, gab er drei Jungen aus seiner Klasse an. Diese Schüler waren für ihr teilweise aggressives Verhalten allgemein bekannt. Martin berichtete, dass die Hänseleien schon vor zwei bis drei Jahren begonnen hätten. Vor allem ein Schüler habe ihn damals das erste Mal als „Schwulen" beschimpft. Nach und nach hätten weitere Schüler mitgemacht, darunter auch zwei Mitschüler, mit denen sich Martin bislang gut verstanden habe. Damals hätten ihm einige Schüler auch ständig Gegenstände, wie Bücher oder Schreibmaterialien, im Unterricht weggenommen. Das habe sich inzwischen aber wieder gelegt. Unerträglich war für Martin vor allem, dass ihn auch Schüler aus anderen Klassen, zum Teil sogar aus der Unterstufe, auf dem Pausenhof oder in den Schulfluren als „Schwuli" beschimpften. Er könne sich in der Schule überhaupt nicht mehr bewegen, ohne auf Feindseligkeit zu stoßen. Selbst außerhalb der Schule werde er mitten in der Fußgängerzone schon von Jugendlichen gehänselt. Er fühle sich regelrecht verachtet und ausgestoßen.

Für Martin war die ganze Situation äußerst belastend. Er gab an, dass er nicht wisse, wie er auf die Beschimpfungen reagieren solle. Er würde meistens so tun, als hörte er sie nicht, obwohl sie ihn sehr ärgerten und verletzten. Seine Eltern wüssten nichts von dem Mobbing. Er glaube auch nicht, dass sie ihm in irgendeiner Weise helfen könnten. Der einzige Ausweg, den er derzeit sehe, sei, dass er nach der zehnten Klasse die Schule verlasse, um auf die Fachoberschule zu gehen.

Der Fall, den ein Kollege bearbeitete, soll hinsichtlich folgender Punkte besprochen werden: (1) Analyse des Mobbings mit der Bestimmung der Eskalationsphase, (2) die Soll-Interventionen entsprechend dem Eskalationsmodell zum Mobbing unter Schülern und (3) die Ist-Interventionen, die wirklich umgesetzt wurden. Im Rahmen der **Analyse des Mobbings** wird deutlich, dass die verbalen Übergriffe schrittweise eskalierten. Die Beschimpfungen gingen zunächst von einzelnen Schülern aus, wurden dann von weiteren Mitschülern aus der Klasse und schließlich von Schülern der gesamten Schule übernommen. Vom Konfliktrahmen her war ein großer Täterkreis mit mehreren Drahtziehern und einer großen Anzahl von Mitläufern gegeben. Die Mobbinghandlungen waren Verbalattacken, die heftig und grob waren und täglich erfolgten. Der Konflikt hatte damit die dritte Eskalationsphase des Mobbings erreicht.

Die Intervention wird durch den großen Täterkreis und die bereits weit fortgeschrittene Konflikteskalation erschwert. Als **Soll-Interventionen** sind in der dritten Eskalationsphase Maßnahmen gefordert, die auf der Ebene der Schule und Schulleitung ansetzen und die Täter in den Fokus nehmen. Diese werden durch Handlungen flankiert, die das Opfer und sein Umfeld betreffen. Nachdem die Drahtzieher und Mitläufer identifiziert wurden, ist die Schulleitung angehalten, den Drahtziehern klare Regeln zur Unterlassung ihres diffamierenden Verhaltens vorzugeben. Die negativen Sanktionen, die bei Regelverstoß drohen, sollten schriftlich fixiert und den Tätern sowie deren Eltern mitgeteilt werden. Dieses Vorgehen kann innerhalb eines Disziplinarausschusses erfolgen. Die Veröffentlichung der Ergebnisse des Disziplinarausschusses sollte auf die Mitläufer demotivierend wirken. Diese Maßnahmen werden aufgrund des großen Täterkreises nur schwierig umzusetzen sein. Möglicherweise könnten die Täter mit Widerstand reagieren und ihre Angriffe in anderer Form fortsetzen. Daher ist von vornherein ein Schulwechsel in Betracht zu ziehen, und seine Vor- und Nachteile sind abzuwägen. Martin selbst hatte diesen ja schon von sich aus vorgeschlagen.

Auf Ebene des Opfers ist das Selbstvertrauen Martins zu stärken. Mit ihm muss erarbeitet werden, wie er alternativ reagieren kann, wenn er sich hilflos den Beschimpfungen ausgesetzt sieht. Die Unterstützung, die Martin durch seine Freunde erhoffen kann, ist von Anfang an begrenzt. Er hat nur einen einzigen Freund, der ebenfalls unter Beschimpfungen zu leiden hat. Die Mädchen aus seiner Klasse, die noch mit ihm reden, können den Drahtziehern vermutlich wenig entgegensetzen. Dennoch sind die konkreten Handlungsmöglichkeiten auch hier zu prüfen. Der Betroffene sollte zu ihnen weiterhin Kontakt halten und versuchen, sie schrittweise zur Verteidigung seiner Person zu gewinnen.

Die **Ist-Interventionen** wurden von einem Schulpsychologen in seinem ersten Berufsjahr durchgeführt. Seine Maßnahmen setzten ausschließlich auf der Ebene des Opfers an. Die Ebene des Umfelds, der Täter und der Schulleitung wurden nicht berücksichtigt. Die Beratungsgespräche waren erfolglos, die Belastung durch die Angriffe hielt unvermindert an. Schließlich wechselte Martin am Ende des Schuljahres auf eine andere Schule. Dem Schulpsychologen ist letztlich kein Vorwurf zu machen, dass er maßgebliche Interventionsbereiche ausblendete. Er hatte keine Erfahrung mit schwierigen Mobbingfällen, bei denen mitunter auch ein langjährig tätiger Schulpsychologe an seine Grenzen stößt. Hinzu kam, dass die Schulleitung nach Einschätzung des Kollegen nicht bereit war, in diesem Fall konsequent durchzugreifen. Mit dem Eskalationsmodell zum Mobbing unter Schülern wäre der Interventionsfokus von Anfang an klar gewesen. Damit dieser von Schulleitung und vom Lehrerkollegium unterstützt wird, bedarf es allerdings weiterhin der Fortbildung zum komplexen Thema Mobbing.

7.3 Eine Lehrerfortbildung zum Mobbing unter Schülern

7.3.1 Überblick

Das Eskalationsmodell zum Mobbing unter Schülern war die Grundlage für eine entsprechende Lehrerfortbildung. Mit der Vorstellung des Eskalationsmodells sollte konkretes Handlungswissen zum Mobbing vermittelt werden. Die Teilnehmer konnten so lernen, Mobbingfälle genau zu analysieren, diese von wechselseitigen Konflikten zu unterscheiden und angemessene Interventionen abzuleiten. Außerdem sollte darauf hingewiesen werden, dass moderierte Gespräche im Rahmen der Streitschlichtung, wie sie vielfach in Schulen praktiziert werden, zur Mobbingintervention nicht sinnvoll sind. Die Lehrerfortbildung wurde über die Stelle des Ministerialbeauftragten für die Gymnasien in Schwaben ausgeschrieben. Sie umfasste einen Fortbildungstag und wurde von den beiden Autoren durchgeführt. Es nahmen 13 Lehrer teil, die aus verschiedenen Schulen kamen und unterschiedliche Fächer unterrichteten. In zwei Fällen kamen zwei Lehrer von derselben Schule. Die Lehrerfortbildung umfasste folgende **Fortbildungseinheiten**:

- **Einstieg**: Informationsangebote wurden an mehreren Lernstationen angeboten (Dauer: 25 Minuten).
- **Vorstellungsrunde und Anliegen der Teilnehmer**: Die beiden Referenten und die Teilnehmer stellten sich vor, und die Anliegen der Teilnehmer wurden aufgenommen (Dauer: 20 Minuten).
- **Wissensvermittlung zum Eskalationsmodell**: Das Eskalationsmodell zum Mobbing unter Schülern wurde von den Referenten referiert (Dauer: 45 Minuten).
- **Die bisher eingesetzten Interventionen der Teilnehmer**: Die Teilnehmer gaben an, welche Maßnahmen bei Mobbing in ihrer Schule bislang zum Einsatz kamen (Dauer: 45 Minuten).
- **Supervision zu den Mobbingfällen der Teilnehmer**: Zwei konkrete Mobbingfälle, die die Teilnehmer einbrachten, wurden in einem supervidierten Gruppengespräch bearbeitet (Dauer: 120 Minuten).
- **Rückmelderunde**: Die Teilnehmer gaben schriftlich ihre Rückmeldung zur Fortbildung (Dauer: 15 Minuten).

7.3.2 Einstieg

Zur Einstimmung auf die Fortbildung waren im Raum sieben Stationen vorbereitet, an denen sich die Teilnehmer informieren konnten oder an denen ihnen kleine Aufgaben gestellt wurden. Damit sollte ihr Vorwissen aktiviert und ihre bisherigen Erfahrungen wachgerufen werden. Die Teilnehmer konnten einzelne Stationen auswählen und mussten nicht alle durchlaufen. Die sieben Stationen umfassten:

Station 1 – Erfahrungen mit Mobbing außerhalb der Schule: Auf einer Karte stand der Satz: „Wo bin ich in meinem Leben außerhalb der Schule schon mit Mobbing konfrontiert worden – persönlich als Opfer oder indirekt im Bekanntenkreis?" Die Teilnehmer sollten sich dazu ihre bisherigen Erfahrungen in Erinnerung rufen.

Station 2 – Gewalt unter Schülern: Die Teilnehmer sollten angeben, wie sie die Gewalt unter Schülern einschätzen. Die Instruktion lautete: „Überlegen Sie, und versuchen Sie, folgende Fragen für sich zu beantworten: (1) Wie viele Schüler fühlen sich in etwa als Opfer von Gewalt (körperlich und psychisch)? (2) Wie ist dabei das Geschlechterverhältnis zwischen Jungen und Mädchen? (3) Unterscheidet sich die von Jungen ausgeübte Gewalt im Vergleich zu der von Mädchen? (4) Gibt es typische Persönlichkeitszüge bei Gewalttätern und bei Gewaltopfern? (5) Wie beliebt sind Gewalttäter bei Gleichaltrigen?" Die Teilnehmer konnten ihre Einschätzung zu jeder Frage mit den entsprechenden empirischen Ergebnissen von Olweus (2006) vergleichen, die auf einem gesonderten Blatt aufgelistet waren.

Station 3 – Eindrücke zum Foto einer Mobbingsituation: Ein Foto zeigte eine Mobbingszene zwischen Mädchen in einer Sport-Umkleidekabine. Die Instruktion für die Teilnehmer lautete dazu: „Betrachten Sie das Bild, und überlegen Sie sich, was hier passiert sein könnte."

Station 4 – Nachstellen einer Mobbingsituation auf dem Familienbrett: Vorgegeben war ein Familienbrett mit Holzfiguren. Mit den Holzfiguren des Familienbretts, das in der systemischen Familientherapie entwickelt wurde, können Beziehungskonstellationen innerhalb von Personengruppen nachgestellt werden. Die Abstände zwischen den Holzfiguren entsprechen dabei den realen Personenbeziehungen. Die Instruktion lautete: „Stellen Sie mit den vorliegenden Holzklötzchen und Holzfiguren eine Mobbingsituation nach. Verändern Sie die Figuren, sollte schon eine Situation aufgestellt sein."

Station 5 – Nachdenken zu einem Cartoon: In einem Cartoon wurde eine Mobbingsituation angesprochen. Die Teilnehmer sollten es betrachten und sich eine Meinung dazu bilden.

Station 6 – Literatur zum Mobbing: Zum Blättern und Nachlesen lagen die Fachbücher von Gebauer (2005), Neuberger (1999) und Olweus (2006) aus. Auf der Instruktionskarte stand: „Informieren Sie sich über die drei vorliegenden Bücher, die das Thema Mobbing aufgreifen, indem Sie den Klappentext auf dem Buchumschlag lesen. Lesen Sie außerdem im

Buch ‚Nicht Chicago. Nicht hier' von Kirsten Boie die erste Seite." Darin wird eine Gewaltszene mit den Worten beschrieben: „Ich mach ihn tot. Ich bring ihn um, ich schwör, ich mach ihn tot, ich tret ihm die Fresse ein, dass er niemals mehr ... Ich mach ihn tot. Ich bring ihn um, ich schwör." (Boie, 1999, S. 5).

Station 7 – Der „Fragebogen zum Schülermobbing – Smob": Hier lag der „Fragebogen zum Schülermobbing – Smob" von Kasper (2006, S. 4 ff.) aus. Die Teilnehmer sollten entscheiden, ob der Fragebogen entsprechend ihren eigenen Erfahrungen zielführend beim Mobbing unter Schülern eingesetzt werden kann. Die Frage an die Teilnehmer lautete: „Erscheint es Ihnen sinnvoll, diesen Fragebogen in einer Klasse einzusetzen?"

7.3.3 Vorstellungsrunde und Anliegen der Teilnehmer

In der Vorstellungsrunde teilten die Lehrer auch ihr Anliegen mit, welches sie mit dieser Fortbildung verbanden. Sie äußerten ihre Erwartungen hinsichtlich Wissensvermittlung und der gemeinsamen Gespräche. Bereits hier wurde deutlich, dass einige Teilnehmer emotional stark in das Thema involviert waren. Sie berichteten von schwerwiegenden Mobbingfällen an ihrer Schule, mit denen sie täglich konfrontiert waren. Die Kinder einiger Teilnehmer waren selbst das Opfer von Mobbing. Als zentrales Anliegen wurde formuliert, wirksame Konfliktlösungen zu finden. Zudem äußerten alle den Wunsch, mehr und vor allem verlässliche Informationen rund um das Phänomen Mobbing zu erhalten.

7.3.4 Wissensvermittlung zum Eskalationsmodell

Zur Wissensvermittlung hielten die Referenten einen 45-minütigen Vortrag. Entsprechend dem oben skizzierten Eskalationsmodell zum Mobbing umfasste der Vortrag folgende **Wissenseinheiten:**

- **Begriffsbestimmung**: Mobbing und wechselseitiger Konflikt
- **Eskalationsstufen von Konflikten** nach Glasl (2004) und die Übertragung auf Mobbing unter Schülern

- **Eskalationsphasen von Mobbing unter Schülern**: Analyse von Mobbing der drei Eskalationsphasen
- **Interventionen**: Indikation der Interventionen auf den Ebenen Opfer, Umfeld, Täter, Schule und Schulleitung entsprechend den Eskalationsphasen

Der Vortrag wurde durch eine Präsentation mit Leinwandprojektion und durch eine Tischvorlage für die Teilnehmer unterstützt. Die Teilnehmer stellten während des Vortrags viele Fragen und versuchten aktiv, das Eskalationsmodell auf die Mobbingfälle zu übertragen, die sie selbst in ihrem Schulalltag erlebt hatten. Um diesen Erfahrungsaustausch nicht zu unterbinden, ließen wir möglichst viele Fragen schon während des Vortrags zu. Dies half auch, die Informationen praxisbezogener und verständlicher zu vermitteln.

7.3.5 Die bisher eingesetzten Interventionen der Teilnehmer

Im Anschluss an die Wissensvermittlung sollten die Teilnehmer in Kleingruppen Interventionsmethoden gegen Mobbing zusammentragen, die sie selbst bereits angewandt hatten oder kannten. Sie sollten diese dann den vier Ebenen der Intervention, bezogen auf das Opfer, die Täter, das soziale Umfeld des Opfers und der Schule sowie Schulleitung, zuordnen. Jede der gesammelten Interventionsmethoden wurde auf eine Karte geschrieben. Die Interventionen wurden im Anschluss von einer Person aus der Kleingruppe im Plenum vorgestellt. Sie hefteten dabei die Karten an eine Pinwand. Für jede Interventionsebene war eine eigene Pinwand vorgesehen.

Die beachtliche Zahl möglicher Interventionen, die die Teilnehmer so zusammentrugen, machte ihnen deutlich, dass sie selbst schon über ein breites Anwendungswissen verfügten und viele wirksame Methoden kannten. Hierbei wurde auch klar, dass zahlreiche Maßnahmen von den Lehrern selbst initiiert und durchgeführt werden konnten. Als wirksam erwiesen sich von Lehrern ausgehende Interventionen bis zum Beginn der zweiten Eskalationsphase, bei der die Gewalt zunehmend systematisch und regelmäßig ausgeübt wird. Ab der zweiten Eskalationsphase, wenn sich der Konflikt verschärft, sollten in jedem Fall ein Schulpsychologe und weitere Fachkräfte hinzugezogen werden. Für die Lehrer wirkte diese Notwendigkeit, bei schweren Mobbingfällen Experten zu Rate zu ziehen, deutlich entlastend. Manche Teilnehmer wünschten sich, dass aus diesem Fortbildungsteil eine Checkliste mit klaren Anweisungen dazu resultierte, in welcher Mobbingsituation welche Intervention am wirksamsten sei. Das Ziel der Referenten war allerdings, darauf hinzuweisen, dass es keine Patentrezepte gibt. Für jeden Mobbingfall sollte eine eigenständige Analyse und Indikationsstellung möglicher Maßnahmen erfolgen.

7.3.6 Supervision zu den Mobbingfällen der Teilnehmer

Am Nachmittag wurden einige Mobbingfälle in der Gruppe unter der Supervision der Referenten ausführlich besprochen. Zunächst schilderten die Teilnehmer Fälle, die aus ihrer Sicht einer Beratung bedurften. Fünf schwerwiegende Fälle kamen in die engere Wahl. Zwei Fälle, die ein breites Spektrum an Problemen erkennen ließen, wurden schließlich zur Bearbeitung ausgewählt. Hierbei wurde die **Fishbowl-Methode** angewendet. Der Betroffene und wenige andere Teilnehmer, die aktiv an der Problemdiskussion teilnehmen wollten, saßen in einem Innenkreis. Alle übrigen Teilnehmer saßen im Außenkreis und hörten dem Gruppengespräch zu. Sie hatten die Möglichkeit, auf einem freien Stuhl, der im Innenkreis zu diesem Zeck frei gehalten wurde, Platz zu nehmen und sich aktiv am Gespräch mit einer Frage oder einem Statement zu beteiligen. Die Supervisoren saßen ebenfalls im Innenkreis und lenkten das Gespräch.

Zunächst wurden die Fälle ausführlich analysiert. Hierbei ermittelten Supervisor und Supervisand die Mobbinghandlungen und den Konfliktrahmen mit den beteiligten Akteuren. Es galt außerdem, das soziale Umfeld und die Situation innerhalb der Schule genau darzustellen. Daraufhin konnte die Eskalationsphase benannt werden. Die Supervisanden berichteten anschließend über schon erfolgte Interventionen und formulierten ihren Auftrag an die Gruppe, wirksamere Maßnahmen zur Konfliktlösung zu finden. Alle Teilnehmer im Innenkreis wurden zur Lösungsfindung aktiv einbezogen. Sie teilten ihre Ideen zu einem Lösungsansatz mit, die dann vom Supervisor oder vom Betroffenen hinsichtlich ihrer Wirksamkeit eingeschätzt werden konnten. Die Supervisoren waren darum bemüht, die Betroffenen selbst zu ermutigen, verschiedene Konfliktlösungen zu entwerfen. Am Ende lag eine Interventionsstrategie vor, die die Lehrer aktiv in ihrer Schule einbringen konnten. Aufgrund der Schweigepflicht wird an dieser Stelle darauf verzichtet, die beiden Mobbingfälle detaillierter vorzustellen. Eine ausführliche Mobbinganalyse sowie die Festlegung der Intervention sind im oben geschilderten Fallbeispiel beschrieben.

7.3.7 Rückmelderunde

Zum Abschluss wurden die Teilnehmer gebeten, auf einem Rückmeldebogen eine schriftliche, offen formulierte Rückmeldung zur Fortbildung zu geben. Viele Teilnehmer lobten, dass ihnen das Eskalationsmodell zum Mobbing unter Schülern zukünftig eine gute Hilfestellung geben werde, einen Mobbingfall aufzudecken und seinen Schweregrad einzuschätzen. Für viele Lehrer war es hilfreich zu wissen, wann sie bei einem Fall selbst intervenieren und wann sie einen Experten einschalten sollten. Die begriffliche Abgrenzung zwischen Mobbing und wechselseitigem Konflikt stieß auf geteiltes Echo. Für die einen war die Unterscheidung ein guter Anhaltspunkt. Die anderen fanden sie eher spitzfindig, da in beiden Fällen engagiertes Handeln erforderlich sei. Die Fallsupervision gab den Teilnehmern einen Einblick in die Methoden der Konfliktbewältigung. Jedoch wünschten sich alle Lehrer übereinstimmend eine Weiterführung der Fortbildung. Mobbing sei nur – und damit entsprachen die Wünsche der Teilnehmer den Grundsätzen der Referenten – in eingehender Fallbesprechung und über eine längere Zeit hin wirksam zu bearbeiten.

7.4 Literatur

Boie, K. (1999). *Nicht Chicago. Nicht hier.* Hamburg: Friedrich Oetinger.

Gebauer, K. (2005). *Mobbing in der Schule.* Düsseldorf: Walter.

Glasl, F. (2004). *Konfliktmanagement: ein Handbuch für Führungskräfte, Beraterinnen und Berater* (8. Auflage). Bern: Haupt.

Kasper, H. (2006). *Schülermobbing – tun wir was dagegen! Klasse 4-13. Smob-Fragebogen mit Anleitung und Auswertungshilfe* (4. Auflage). Lichtenau: AOL-Verlag.

Leymann, H. (Hrsg.). (1995). *Der neue Mobbing-Bericht: Erfahrungen und Initiativen, Auswege und Hilfsangebote.* Reinbek bei Hamburg : Rowohlt.

Neuberger, O. (1999). *Mobbing: übel mitspielen in Organisationen* (3. Auflage). München: Hampp.

Olweus, D. (2006). *Gewalt in der Schule: was Lehrer und Eltern wissen sollten – und tun können* (4. Auflage). Bern: Huber.

Schreyögg, A. (2002). *Konfliktcoaching: Anleitung für den Coach.* Frankfurt am Main: Campus.

8 Das Aggressions-Bewältigungs-Programm von Dutschmann als Methode zur Konfliktbewältigung

Klaudia Roth

8.1 Einleitung

Im Rahmen meiner Tätigkeit als Schulpsychologin an Hauptschulen begegnen mir immer wieder Lehrer und Schulleiter, die darüber klagen, dass das aggressive Verhalten von Schülern zunimmt. Das Thema Aggression bei Schülern ist in den Medien gegenwärtig so präsent, dass man richtiggehend von einem Boom sprechen kann. Die Formen aggressiven Verhaltens reichen dabei von Aggressionen infolge übermäßiger Erregung bis hin zu absichtlich schädigendem Verhalten (Franke, 1999). Für Lehrer ist dieses Verhalten eine besondere Herausforderung, da sie täglich damit konfrontiert werden und es den pädagogischen Zielen in Schule und Freizeit entgegensteht. Die bisherigen Ansätze, gewalttätigem Verhalten bei Schülern zu begegnen, zielen auf die Änderung der Einstellungen, die die Schüler haben (Molnar & Lindquist, 2006), auf die Änderung der gesamten pädagogischen Situation (Nolting, 2007; Redlich, 1990; Rüedi, 2004) oder auf die Veränderung des Handlungsrepertoires der Lehrer (Humpert & Dann, 2001).

Das Aggressions-Bewältigungs-Programm (ABPro) von Dutschmann (2000a, 2000b, 2001) ist ein Verfahren, das auf bestimmte Aggressionstypen zugeschnitten ist. Es gibt den Lehrern einen systematischen Einblick in die einzelnen Aggressionsformen und vermittelt ihnen dafür spezifische Handlungskompetenzen. Dieses Programm diente als Grundlage für eine dreitägige Lehrerfortbildung, die die Autorin mit Hauptschullehrern durchführte. Im ersten Teil der vorliegenden Arbeit wird das ABPro vorgestellt. Oftmals wird ausgeblendet, dass es sich bei der Wahrnehmung aggressiven Verhaltens um eine negative Handlungsbewertung handelt, die kontextabhängig ist. Aggressives Verhalten soll daher ausführlich definiert und hinsichtlich der relevanten Aggressionsformen klassifiziert werden. Anschließend werden die Manuale des ABPro und die theoretischen Grundlagen des Programms vorgestellt. Im zweiten Teil wird von der Lehrerfortbildung mit ihren Zielen, der Durchführung und den einzelnen Fortbildungseinheiten berichtet. Schließlich reflektiert die Autorin ihre Erfahrungen mit der Lehrerfortbildung.

8.2 Das Aggressions-Bewältigungs-Programm von Dutschmann

8.2.1 Definition und Klassifikation aggressiven Verhaltens

Aggressives Verhalten kann als Interaktionsstörung aufgefasst werden, die dadurch gekennzeichnet ist, das von einem oder von mehreren der Interaktionspartner physisch oder psychisch gewalttätiges und verletzendes Verhalten, wie Streiten, die Androhung von Verletzungen, verbale oder körperliche Übergriffe auf Personen, Grausamkeiten gegen Tiere, zerstörerisches Verhalten gegenüber Gegenständen und Eigentum, Wutausbrüche, Ungehorsam oder Selbstverletzungen, ausgehen (z. B. Cierpka, 1999). Die Schädigung des Gegenübers kann dabei mit klarer Absicht erfolgen, bewusst in Kauf genommen werden oder eher eine unbeabsichtigte Folge aggressiver Erregung sein. Dieses Verhalten ist deutlich stärker ausgeprägt als altersübliche Verhaltensweisen, wie etwa kindlicher Unfug oder jugendliche Aufsässigkeit.

Cierpka (1999) betont, dass Verhalten immer in einem Kontext und die Verhaltenswahrnehmung immer durch eine Person erfolgt. Bei der Wahrnehmung von aggressivem Verhalten handelt es sich demnach um eine negative Verhaltensbewertung, die vom Kontext und von der Sichtweise der bewertenden Person abhängt. Daher sollte darauf geachtet werden, dass das aggressive Verhalten immer in seinem Kontext betrachtet wird und dass die

Akteure durch die negative Bewertung ihres Verhaltens nicht von vornherein stigmatisiert werden. Guggenbühl (1997) weist auf die positiven Aspekte aggressiven Verhaltens hin. So kann eine aggressive Sichtweise für bestimmte Lebensaufgaben, wie etwa die Ablösung vom Elternhaus, hilfreich sein. Zudem kann aggressives Verhalten, das auf die Durchsetzung der eigenen Ziele und nicht auf die Schädigung von Personen oder Gegenständen ausgerichtet ist, als selbstbehauptendes und selbstsicheres Verhalten angesehen werden. Aggressives Verhalten gehört damit durchaus zum normalen Verhaltensrepertoire eines Schülers. Dieser versucht damit, zugrunde liegende Konflikte zu lösen oder bestimmte Ziele gegenüber Lehrern, Eltern oder anderen Schülern durchzusetzen.

Dutschmann (2000a) klassifiziert aggressives Verhalten. Er unterscheidet hinsichtlich der Ursachen und Ziele aggressiven Verhaltens die drei folgenden Aggressionstypen. Sie sind zugleich die Grundlage für seine drei vorgelegten Manuale zur Intervention bei aggressivem Verhalten von Kindern und Jugendlichen.

1. **Aggression vom Typ A (instrumenteller Typ)**: Hierbei versucht eine Person gezielt oder geplant, anderen Menschen Schaden zuzufügen, um dadurch einen persönlichen Vorteil zu erlangen. Emotionen oder physische Erregung sind dabei nicht die Hauptursache des aggressiven Verhaltens, sondern können dieses lediglich begleiten.

2. **Aggression vom Typ B (Emotionstyp)**: Hier wird das aggressive Verhalten durch Emotionen, wie Angst, Wut oder Ärger, hervorgerufen oder von ihnen begleitet. Das Verhalten selbst dient dazu, die negativen Emotionen abzubauen oder die bedrohlichen Reize abzuwehren. Die Schädigung anderer Personen wird in Kauf genommen, ohne dass dies die bewusste Absicht des aggressiven Verhaltens ist.

3. **Aggression vom Typ C (Erregungstyp)**: Bei diesem Verhaltenstyp werden die aggressiven Handlungen durch ein hohes Maß an physischer und psychischer Erregung, wie äußerste Wut oder Verzweiflung, hervorgerufen. Das Verhalten des Aggressors läuft dabei weitgehend ungesteuert ab. Durch das unkontrollierte und zerstörerische Verhalten sind Menschen und Sachen stark gefährdet.

8.2.2 Die Manuale des Aggressions-Bewältigungs-Programms

Dutschmann hat für jeden der drei Aggressionstypen ein Manual zur Intervention bei aggressivem Verhalten von Kindern und Jugendlichen vorgelegt. Zum Umgang mit gezielten und instrumentellen Aggressionen vom Typ A liegt das Manual von Dutschmann (2000a) vor. Ein weiteres Manual von Dutschmann (2000b) dient der Deeskalation und der Problemlösung bei Aggressionen des Typs B, die durch Emotionen hervorgerufen werden. Zur Steuerung von Aggressionen vom Typ C, die durch hohe Erregung entstehen und in hohem Maße fremdgefährdend sind, hat Dutschmann (2001) ebenfalls ein eigenes Manual erarbeitet. Die Interventionen basieren dabei auf einem kognitiv-behavioralen Ansatz. Danach kann der intervenierende Lehrer seine faktische Handlungskompetenz steigern, indem er seine Kompetenzerwartungen verbessert. So wird er eher in einer handgreiflichen Auseinandersetzung zwischen zwei Schülern dazwischengehen (Handlungskompetenz), wenn er weiß, was er tun muss, und er erwartet, dass er dies auch kann (Kompetenzerwartung).

Zu jedem Wissensbaustein werden im Manual Fragen zu möglichen Problemsituationen gestellt. Der Übende soll die zutreffende Antwort aus vorgegebenen Antwortalternativen finden. Durch diese Übungen wird das Wissen zu konkreten Situationen vermittelt, in denen aggressives Verhalten auftritt. Mit den vorgestellten Handlungsalternativen werden auch Erwartungen gefördert, in diesen Situationen kompetent handeln zu können. Aggressives Verhalten tritt in der Praxis häufig als Mischform aus den drei Aggressionstypen auf. Die drei Manuale stellen dennoch eine gute Möglichkeit dar, die Aggressionsformen differenziert zu bestimmen und die dazu passenden Interventionsstrategien auszuwählen.

8.2.3 Theoretische Grundlagen

Die theoretischen Grundlagen der Manuale des Aggressions-Bewältigungs-Programms sind nach Dutschmann (2000a) vor allem die sozial-kognitive

Lerntheorie von Bandura (1979), das Modell sozial-kognitiver Informationsverarbeitung von Crick und Dogde (1994) und der BEVA-Kreis von Dutschmann (2000a).

8.2.3.1 Die sozial-kognitive Lerntheorie von Bandura

Aus der Perspektive der Lerntheorien sind Aggressionen die Folge von Lernprozessen. Lernen kann durch klassische Konditionierung, operante Konditionierung oder durch Beobachtungslernen erfolgen. Bei der **klassischen Konditionierung** wird aus einem neutralen Reiz ein konditionierter, der nun eine Reaktion auslöst, die vormals nicht mit dem Reiz assoziiert war. Bei der **operanten Konditionierung** wird ein Verhalten durch die Konsequenzen verstärkt, die es haben kann. Ein Verhalten, das belohnt wird, wird positiv verstärkt und damit häufiger gezeigt. Ein Verhalten, das bestraft wird, wird negativ verstärkt und damit seltener gezeigt. Beim **Beobachtungslernen** wird neues Verhalten durch die Beobachtung eines Verhaltensmodells erlernt.

Bandura (1979) erklärt mit seiner sozial-kognitiven Lerntheorie, wie aggressives Verhalten entsteht, beibehalten oder verändert werden kann. Bei der Entstehung aggressiven Verhaltens spielen die klassische und die operante Konditionierung, kognitive Prozesse, die beim Beobachtungslernen notwendig sind, und die soziale Umgebung der lernenden Person eine Rolle. Konditionierte Hinweisreize, wie z. B. Beleidigungen oder Rempeleien, können Auslöser für aggressives Verhalten sein. Die Erwartungen hinsichtlich positiver oder negativer Konsequenzen des Verhaltens bedingen ebenfalls, ob das Verhalten ausgeführt oder unterlassen wird. Die Wahrscheinlichkeit aggressiven Verhaltens wird erhöht, wenn eine aggressive Handlung beobachtet wird, die für den Beobachtenden legitim und Erfolg versprechend scheint. So kann ein Lehrer beispielsweise die Wirkung beeinflussen, die ein aggressiver Schüler als Modell für andere Schüler hat, indem er das Modell durch Eingreifen bestraft oder durch Wegschauen verstärkt.

8.2.3.2 Das Modell der sozial-kognitiven Informationsverarbeitung von Crick und Dodge

Crick und Dodge (1994) erklären das Zustandekommen aggressiven Verhaltens durch die spezifische **sozial-kognitive Informationsverarbeitung** von Jugendlichen. Diese Informationsverarbeitung verläuft in sechs Phasen: (1) die Situation wird wahrgenommen, (2) die Situation wird interpretiert, (3) die Ziele werden festgelegt, (4) es wird nach einer Möglichkeit gesucht, dementsprechend zu handeln, (5) die Bewertung möglicher Handlungen erfolgt, und eine Handlung wird ausgewählt, (6) die Handlung wird ausgeführt. Diese sechs Phasen laufen mehr oder weniger unbewusst ab.

Die **Informationsverarbeitung aggressiv handelnder Kinder und Jugendlicher** ist durch folgende Besonderheiten gekennzeichnet: Sie nehmen in Phase eins der Informationsverarbeitung mehr provozierende und feindselige Reize wahr als nicht aggressiv handelnde Gleichaltrige. Hinsichtlich Phase zwei der Informationsverarbeitung unterstellen sie in mehrdeutigen Situationen häufiger feindselige Absichten als nicht aggressive Peers. Schließlich wählen sie im Gegensatz zu nicht aggressiv Handelnden in Phase drei der Informationsverarbeitung häufiger feindselige Ziele aus.

Crick und Dodge (1994) unterscheiden zwischen aktiver und reaktiver Aggression. **Aktive Aggression** liegt vor, wenn aggressives Verhalten aufgrund seiner positiven Konsequenzen zur Erreichung egoistischer Ziele eingesetzt wird. **Reaktive Aggression** wird gezeigt, wenn die Situation bedrohlich eingeschätzt wird und der Jugendliche aus Ärger, Wut oder Angst aggressiv reagiert, ohne die Situation weitergehend analysiert oder die Konsequenzen seines Handelns abgeschätzt zu haben. Nach Petermann und Petermann (2005) kann durch den Erfolg, mit dem die egoistischen Ziele durch aktive Aggressionen erreicht oder die negativen Emotionen durch reaktive Aggressionen abgebaut werden, ein Teufelskreis erzeugt werden. Aggressives Verhalten wird somit durch die positiven Konsequenzen, die es für den Aggressor mit sich bringt, immer wieder verstärkt und erneut eingesetzt. Die aktive Aggression korrespondiert mit der Typ-A-Aggression und die reaktive Aggression mit der Typ-B-Aggression nach Dutschmann (2000a). Hinsichtlich der Intervention folgert er, dass zur Unterbindung von Typ-A-Aggressionen dem Jugendlichen das Erfolgserlebnis entzogen werden muss und bei Typ-B-Aggressionen die emotionale Erregung zu verringern ist.

8.2.3.3 Der BEVA-Kreis von Dutschmann

Mit dem **BEVA-Kreis** weist Dutschmann (2000a) darauf hin, dass die Bewertung von Situationen für die Auswahl des Verhaltens und somit für dessen Konsequenzen zentral ist. Albert Ellis machte als Erster mit seinem A-B-C-Schema deutlich, dass zwischen den Situationen (Activating Events) und den sich daraus ergebenden Konsequenzen (Consequences) die subjektiven Bewertungen einer Person (Beliefs) stehen (z. B. Ellis & Dryden, 2007). Aus der Bewertung der Situation folgen die erlebten Gefühle und die Handlungen, die eine Person daraufhin auswählt. Das Bewertungssystem einer Person ist damit die Schnittstelle zwischen Aktion und Reaktion, zwischen äußerer und innerer Wirklichkeit.

Im BEVA-Kreis steht die Abkürzung BEVA für die Abfolge von Bewertung, Emotion, Verhalten und Auswirkung. Aus der Bewertung eines Ereignisses folgt die entsprechende Emotion. Die Emotion bestimmt, welches Verhalten ausgewählt wird und dieses wiederum, welche Auswirkungen resultieren. In Abbildung 3 auf Seite 157 wird deutlich, dass sechs Bewertungsformen möglich sind: (1) empörend, (2) schrecklich, (3) unangenehm, aber nicht zu vermeiden, (4) interessant, (5) lustig und (6) unbedeutsam. Vor allem empörende und schreckliche Bewertungen können durch die Emotionen der Wut und der Angst aggressives Verhalten auslösen. Die Bewertungen werden aufgrund ihrer vermittelnden Funktion zwischen dem Ereignis und dem Verhalten einer Person zum zentralen Ansatzpunkt für Interventionen. Wenn es dem Jugendlichen gelingt, die Situation nicht mehr bedrohlich, sondern stattdessen etwa interessant oder gleichgültig zu bewerten, wird er in der Lage sein, alternative Verhaltensformen statt aggressiven Verhaltens zu entwickeln.

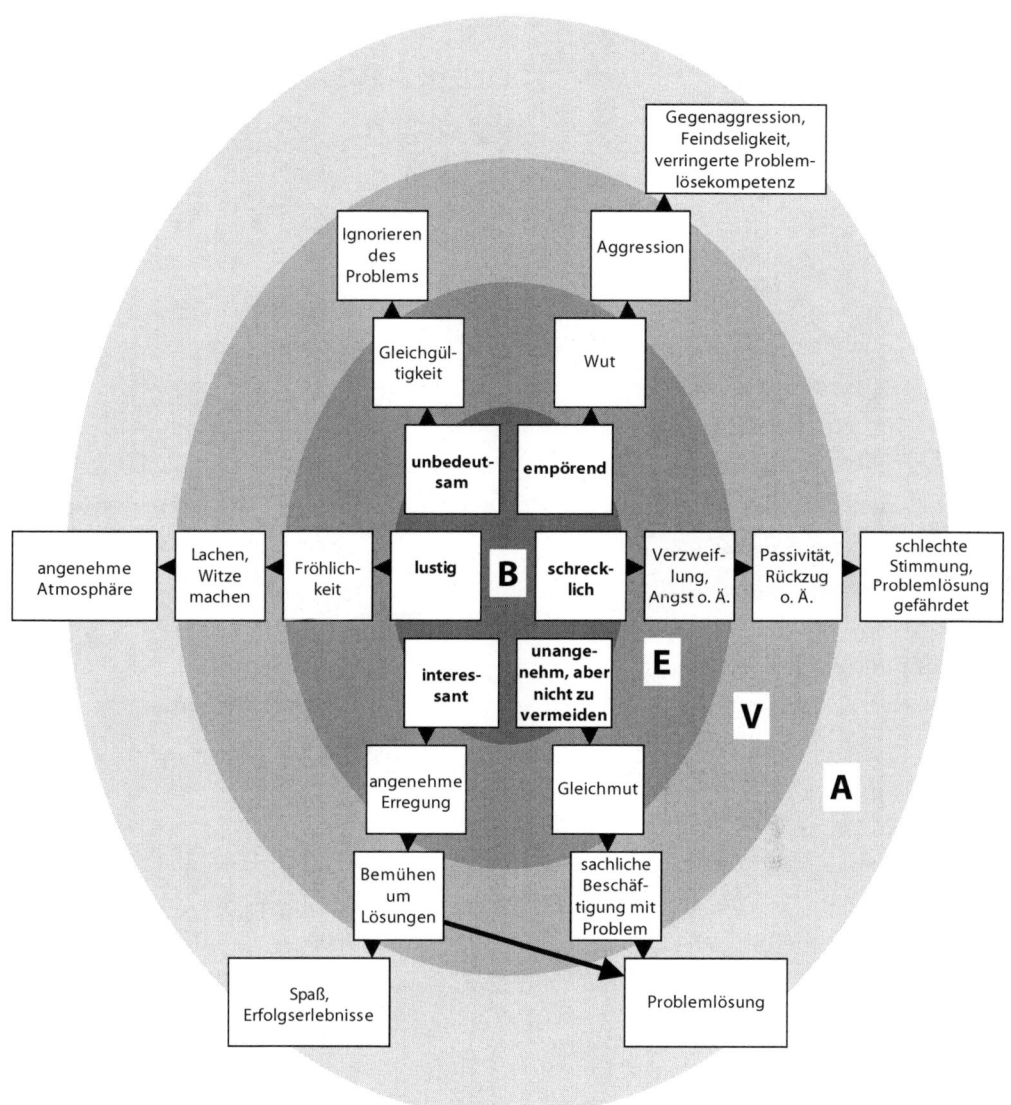

Abbildung 3: BEVA-Kreis

Anmerkungen. **B** = Bewertung eines Ereignisses, **E** = Emotionen, **V** = Verhalten,
A = Auswirkungen. Aus Dutschmann (2000a, S. 100), grafisch modifiziert.
Mit freundlicher Genehmigung des DGVT-Verlags.

8.3 Die dreitägige Lehrerfortbildung auf der Grundlage des Aggressions-Bewältigungs-Programms

8.3.1 Ziele

Im Schulamt Main-Spessart wurde nach Absprache mit der zuständigen Schulrätin eine Fortbildung zum Umgang mit aggressiven Schülern angeboten. Es sollte eine **bedarfsorientierte Lehrerfortbildung** sein, die neben der Wissensvermittlung den teilnehmenden Lehrern die Möglichkeit gab, nach Bedarf Fälle aus ihrem schulischen Alltag in supervidierten Gruppengesprächen zu bearbeiten. Für die Vorträge und Übungen im Rahmen der Wissensvermittlung zu aggressivem Verhalten bei Schülern wurden die drei Manuale des Aggressions-Bewältigungs-Programms von Dutschmann (2000a, 2000b, 2001) ausgewählt. Bei der Durchführung der Gruppensupervision konnte ich auf die Kenntnisse aus meiner umfangreichen Beratungstätigkeit zurückgreifen. Die Lehrerfortbildung sollte insgesamt drei Fortbildungstage umfassen.

8.3.2 Durchführung

Der ursprünglich von mir formulierte Titel der Fortbildung „Möglichkeiten des Umgangs mit als aggressiv bewertetem Schülerverhalten" erschien in der Ausschreibung des Schulamts als „Umgang mit aggressiven Schülern". Nach Möglichkeit sollte aber ein Titel gewählt werden, der von vornherein auf den bewertenden Aspekt aggressiven Verhaltens hinweist.

Insgesamt meldeten sich zur Fortbildung zehn Lehrer an: sechs Hauptschullehrer, eine Grundschullehrerin, je eine Fach- und Förderlehrerin sowie eine Grundschulrektorin. Von den Hauptschullehrern kamen vier aus einer Schule, sodass damit innerhalb der Gruppe ein Schulteam vertreten war. Die Gruppe bestand insgesamt aus drei Männern und sieben Frauen.

Die Lehrerfortbildung fand an drei Nachmittagen jeweils zwischen 14 und 17 Uhr statt. Die drei Nachmittage lagen mit einem Abstand von drei

Wochen auseinander. Die erste Veranstaltung fand in einer Grundschule statt und war hinsichtlich Räumlichkeiten, Ausstattung und Verpflegung besonders gut ausgestattet. Die Treffpunkte der zwei weiteren Veranstaltungen waren die Schulen zweier Teilnehmer, die auf deren Wunsch individuell abgesprochen wurden.

8.3.3 Fortbildungseinheiten

Eine Fortbildungseinheit stellte einen Veranstaltungstag mit insgesamt drei Zeitstunden dar. Die Wissensvermittlung jeder Fortbildungseinheit basierte auf einem der drei Manuale des Aggressions-Bewältigungs-Programms. Eine Fortbildungseinheit konnte folgende **Bausteine** in wechselnder Reihenfolge umfassen:

- **Nachbesprechung des supervidierten Falls aus der letzten Fortbildungseinheit**: Hierbei stellte der Supervisand, der seinen Fall in der letzten Fortbildungseinheit einbrachte, zwischenzeitliche Handlungen, Erfahrungen und Einsichten dar. Die anderen Teilnehmer konnten dies kommentieren und ebenfalls ihre Schlussfolgerungen daraus ziehen.
- **Wissensvermittlung**: In einem Kurzvortrag wurde das Wissen auf der Grundlage des ABPro in der ersten Fortbildungseinheit zur Typ-A-Aggression, in der zweiten Fortbildungseinheit zur Typ-B-Aggression und in der dritten Fortbildungseinheit zur Typ-C-Aggression vermittelt.
- **Übungen**: In Übungen, die die Wissensvermittlung ergänzten, wurden die Trainingsbeispiele und Fragen aus den drei Manualen Dutschmanns entsprechend dem jeweiligen Aggressionstyp bearbeitet. Zudem erprobten sich die Teilnehmer in Visualisierungsübungen und Übungen mit kreativen Materialien, wie Zeichnungen und Wandtafel.
- **Hausaufgaben**: Teilweise wurden Trainingsbeispiele aus den Manualen von Dutschmann den Teilnehmern als Hausaufgabe aufgegeben und in der nächsten Sitzung besprochen.
- **Fallgespräch mit Supervision**: Schließlich wurde ein Fall ausgewählt, der in der Gruppe unter Supervision der Referentin ausführlich besprochen werden sollte.

8.3.3.1 Erster Tag mit dem Manual zur Typ-A-Aggression

Die Fortbildung wurde mit dem Zitat von Hermann Hesse: „Und jedem Anfang wohnt ein Zauber inne", eröffnet, das in der Mitte des Stuhlkreises auf
einem Blatt zu lesen war. Dieser Satz sollte die Teilnehmer neugierig machen
und sie auf der Gefühlsebene abholen. Innerhalb einer **Begrüßungsrunde**
stellten sich die Teilnehmer vor, und ich gab Hinweise zu den Themen und
zum Ablauf der Sitzung.

Anschließend wurde eine **Übung zu bisher erlebten Aggressionen**
durchgeführt. Die Teilnehmer sollten sich dazu besonders lebendig eine Situation aus der Schule vorstellen, in der sie sich mit aggressivem Verhalten von
Schülern konfrontiert sahen. Sie sollten diese Situation dann auf Plakaten
festhalten, wobei sie die Form der schriftlichen oder bildlichen Visualisierung
frei wählen konnten. Ihnen wurde somit der Zugang dazu erleichtert, was sie
als aggressives Verhalten ansahen und welche Gefühle sie dabei empfanden.
Jeder Teilnehmer stellte dann seine Situation vor, und die berichteten Erlebnisse wurden an einer Plakatwand entsprechend dem A-B-C-Schema von
Ellis den Kategorien „Aggressives Verhalten der Schüler", „Gefühle und der
Lehrer" und „Reaktionen der Lehrer" zugeordnet. Die Ergebnisse der Übung
sind in Tabelle 5 ersichtlich. Es wird deutlich, dass die beherrschenden Emotionen der Lehrer Wut, Ohnmacht, Ärger und Hilflosigkeit waren.

Tabelle 5: Ergebnis der Übung zu bisher erlebten Aggressionen

Teilnehmer	Aggressives Verhal-ten der Schüler	Gefühle des Lehrers	Reaktion des Lehrers
1	Würgen, treten	Schreck, Hilflosigkeit	Wegschicken
2	Schlagen, boxen, treten	Sorge, Angst, Hilflosigkeit	Dazwischengehen, Verursacher anspre-chen
3	Zerstören von Sachen, kratzen, beißen	Ohnmacht, Sorge, Wut	Verursacher anspre-chen, für „richtiges" Verhalten loben

Teilnehmer	Aggressives Verhalten der Schüler	Gefühle des Lehrers	Reaktion des Lehrers
4	Bis zur Verletzung schlagen	Hilflosigkeit	Weggehen, Verursacher nach einer gewissen Distanz ansprechen
5	Regeln nicht einhalten, lügen	Ohnmacht, Wut	Verursacher ansprechen, um Begründung ersuchen
6	Ausrasten, handgreiflich werden	Mitleid, Wut, Ärger	Auszeit, Gespräch suchen
7	Schreien, quietschen, toben	Wut	Auszeit, Gespräch suchen
8	Bein stellen, anrempeln	Enttäuschung	Gespräch suchen
9	Prügeln, drohen	Angst, Wut	Gespräch suchen
10	Passivität der Klasse	Verletzung, Enttäuschung	Frontalunterricht

Bezug nehmend auf diese Übung erfolgte anschließend eine **Wissensvermittlung zu Aggressionen vom Typ A** nach dem Manual von Dutschmann (2000a). Hierbei wurde in einem Kurzvortrag ein Überblick über die verschiedenen Aggressionstypen gegeben. Aggressionen des instrumentellen Typs und mögliche Interventionsstrategien wurden vertiefend behandelt. Nach einer Pause bearbeiteten die Teilnehmer in einer **Übung zu Typ-A-Aggressionen** die im Manual vorgegebenen Beispielsituationen und beantworteten die Fragen nach möglichen Interventionsstrategien. Die Teilnehmer sollten dabei auch die unterschiedlichen Bewertungsmöglichkeiten berücksichtigen, die sich aus dem BEVA-Kreis ergaben. Die Ergebnisse der Übung wurden im Plenum vorgestellt und besprochen. Hierbei wurde noch einmal hervorgehoben, dass der Schüler, der aggressives Verhalten zeigt, mit seinem Problem Ernst genommen und nicht vorschnell als Problemfall abgestempelt werden sollte. Rosenberg (1995, bei Kullmann, 2000, S. 158) bringt dies auf den Punkt: „In dem Moment, wo man Menschen dazu bringen kann, darüber zu reden, was sie möchten, anstatt was mit der anderen Person nicht stimmt, sieht man sofort eine Möglichkeit für den Beginn einer Lösung."

Schließlich erfolgte das **Fallgespräch mit Supervision**. Eine Fachlehrerin stellte dazu ihren Fall ausführlich vor. Die Lehrerin, die nur unregelmäßig an der betreffenden Schule war, beobachtete häufiger einen Schüler in der Pause, der offensichtlich unmotiviert und unvermittelt auf Mitschüler einschlug. Zuletzt beschädigte er mit seinen Tritten, Schlägen und Boxhieben die Jacke eines Mitschülers. Die Lehrerin beendete die Situation, indem sie dazwischenging. Sie informierte auch die Klassenlehrerin über den Vorgang. Die Klassenlehrerin informierte daraufhin schriftlich die Eltern des Schülers und forderte von ihnen Schadensregulierung. Diese wurde aber von den Eltern abgelehnt. Die Supervisandin bat nun die Gruppe um Rat zur Entscheidungshilfe für das weitere Vorgehen. Im Gruppengespräch stellte sich heraus, dass die Teilnehmerin wenig über den Schüler, sein Leistungsniveau und sein soziales Umfeld wusste. Sie wollte daher in den nächsten Wochen den Schüler genauer beobachten und weitere Informationen über ihn einholen.

Die anderen Teilnehmer wurden aufgefordert, die unterschiedlichen Perspektiven des aggressiven Schülers, seiner Opfer, der Lehrer und der Schulleitung einzunehmen. Sie sollten in ihrer Rolle die Ziele und Motive ihres Verhaltens darlegen und mögliche Konflikte ansprechen. Die Supervisandin gewann vor allem neue Einsichten bei den Äußerungen der Teilnehmer, die die Rolle des aggressiven Schülers eingenommen hatten. Dadurch bestärkt wollte sie vor allem das offene Gespräch mit dem Verursacher suchen, um von ihm selbst seine Sichtweise zu erfahren. Sie wollte sich auch mit der Frage beschäftigen, ob sie richtig gehandelt hatte. Schließlich nahm sie sich vor, das Problem und das weitere Vorgehen noch einmal mit der Klassenlehrerin zu besprechen.

8.3.3.2 Zweiter Tag mit dem Manual zur Typ-B-Aggression

Zu Beginn des zweiten Treffens erfolgte die **Nachbesprechung des supervidierten Falls aus der letzten Fortbildungseinheit**. Die Supervisandin berichtete, dass sie jeweils mit den beteiligten Schülern, mit der Klassenlehrerin und mit anderen Kollegen über diesen Fall gesprochen habe. Die Schüler hatten dabei ihren Konflikt mehr oder weniger selber geregelt. Sie forderte das geschädigte Kind dazu auf, die zerrissene Jacke gemeinsam mit ihr im Unterricht zusammenzunähen. Die Teilnehmerin betonte, dass es wichtig sei, Kindern Raum und Zeit sowie das Vertrauen der Erwachsenen zu geben, damit sie ihre Konflikte selbst lösen können. Kinder seien offensichtlich eher bereit, sich ihrem Konflikt zu stellen und darüber zu sprechen, wenn auf sie kein Druck ausgeübt wird und sie nicht mit Vorwürfen konfrontiert werden. Sie hob hervor, dass sich besonders voreingenommene Sichtweisen von Lehrern negativ auf die Problemlösung auswirken könnten, und sagte: „Genau dann entsteht ein Problem, wenn wir annehmen, dass eines besteht." Dieser Erfolg der Konfliktlösung und die Einsichten der Teilnehmerin hatten auf die ganze Gruppe eine motivierende Wirkung.

Danach wurde eine **Übung zu alternativen Situationsbewertungen mit Hilfe des BEVA-Kreises** bearbeitet. Grundlage für diese Übung waren die Situationen, die die Teilnehmer in der Übung zu bisher erlebten Aggressionen am ersten Fortbildungstag erarbeitet hatten. Sie sollten anhand des BEVA-Kreises alternative Bewertungen zu den Situationen finden. Außerdem sollten sie die neuen Emotionen benennen, die sich aus den geänderten Situationsbewertungen ergaben. Schließlich suchten sie nach alternativen Handlungsmöglichkeiten entsprechend der neuen Emotionen. Die Teilnehmer sammelten eine Vielzahl neuer Deutungs- und Handlungsmuster. Letztlich stellte sich nur eine der Situationen eindeutig als instrumentelle Aggression vom Typ A heraus.

Anschließend erfolgte die **Wissensvermittlung zu Aggressionen vom Typ B**. In einem Kurzvortrag wurde aggressives Verhalten infolge von Emotionen, wie Angst, Wut oder Ärger, vorgestellt. Zentral war dabei, wie diese Emotionen zustande kommen und welche Möglichkeiten grundsätzlich bestehen, sie anders als mit aggressivem Verhalten zu regulieren. Hierbei wurde insbesondere auf die angstmotivierte Aggression nach Petermann und Petermann (2005) eingegangen. Kinder versuchen sich häufig durch aggressives Verhalten zu schützen, wenn sie in einer bedrohlichen Situation sind, die große Ängste auslöst. Zudem wurden Strategien zur Konfliktlösung, wie moderierte

Gespräche oder Übungen zum Erregungsabbau, nach Dutschmann (2000b) und Gordon (2006) vorgestellt. Den Teilnehmern wurden als **Hausaufgabe die Trainingsbeispiele aus dem Manual B** von Dutschmann mitgegeben.

Nach einer Pause nahmen die Lehrer an einer **Übung zu aktivem Zuhören** teil. Die Teilnehmer fanden sich hierzu in Zweiergruppen zusammen und nahmen abwechselnd die Rolle des aktiven Zuhörers und des Redenden ein. Als aktive Zuhörer wurden die Teilnehmer angewiesen, genau auf die wiedergegebenen Inhalte zu achten und gesprächsfördernde Fragen zu stellen. Die Zuhörer sollten nach dem Gespräch einen Beobachtungsbogen ausfüllen, auf dem sie vermerkten, was ihnen leicht- und was ihnen schwergefallen war. Der redende Partner A der Zweiergruppe sollte zunächst zu folgender Frage Stellung nehmen: „Was wissen Sie über wirksames Differenzieren im Unterricht, und was sollte Ihrer Meinung nach jeder Lehrer darüber wissen?" Der redende Partner B äußerte sich anschließend zu der Frage: „Was stellt Ihr größtes Problem im Umgang mit ungeliebten Eltern dar?" Anschließend wurden die Ergebnisse im Plenum diskutiert. Es wurde deutlich, dass den Teilnehmern besonders schwerfiel, sich mit bewertenden Äußerungen zurückzuhalten und stattdessen neutrale, gesprächsfördernde Fragen zu stellen, die den Redenden zu weiterer Exploration anregten.

Schließlich folgte das **Fallgespräch mit Supervision**, bei dem ein Hauptschullehrer von einem verhaltensauffälligen Schüler berichtete. Dieser verprügelte und erpresste seine Mitschüler, was bei dem Lehrer Wut und Angst, aber auch Hilflosigkeit auslöste. Ein offenes Gespräch zwischen Lehrer und Schüler war bisher nicht zustande gekommen. Der Lehrer erteilte dem Schüler kürzlich einen Verweis. Nachdem der Schüler sich daraufhin beim Rektor der Schule als Opfer darstellen konnte, wurde der Verweis vom Rektor zurückgenommen, ohne dass er darüber Rücksprache mit dem Lehrer hielt. Nach Ansicht des Lehrers war ihm der Rektor damit in den Rücken gefallen, was zusätzlich Wut und Enttäuschung bei ihm auslöste. Der Konflikt mit dem Rektor belastete ihn derzeit am meisten, und er wünschte sich dafür Unterstützung von der Gruppe. Zunächst forderte ich die Teilnehmer in einem Rollenspiel dazu auf, sich in den Supervisanden hineinzuversetzen. Sie sollten dabei über mögliche Gefühle und Gedanken ihres Kollegen sprechen. Die

Teilnehmer konnten hierbei nachvollziehen, dass die Rücknahme des Verweises durch den Rektor als Eingriff in den eigenen Kompetenzbereich wahrgenommen wurde, was Wut und Ärger auslöste. Sie wiesen darauf hin, dass die eigentliche Absicht des Rektors auch gewesen sein könnte, dem Lehrer zu helfen, oder dass er unbedacht handelte und die Kränkung des Lehrers eher eine unbeabsichtigte Folge davon sei. Anschließend sammelten die Teilnehmer in einem Brainstorming Vorschläge dazu, wie der Lehrer mit dieser Situation umgehen könnte. Der Supervisand saß dabei außerhalb des Gesprächskreises und sollte zunächst nur zuhören. Als Handlungsalternativen wurden z. B. zusammengetragen: ein klärendes Gespräch mit dem Rektor suchen, die Schule wechseln oder einfach so weitermachen wie bisher. Im nachfolgenden Gruppengespräch äußerte der Lehrer seinen Wunsch, das klärende Gespräch mit dem Rektor zu suchen. In diesem Gespräch könnte man gemeinsam nach Lösungen zum Umgang mit dem aggressiven Schüler suchen. Für ihn war hilfreich, die Situation eher mit „unangenehm, aber nicht zu vermeiden" als mit „schrecklich" zu bewerten. Damit konnte er sich emotional distanzieren und einen klaren Blick auf seine eigene Position gewinnen.

8.3.3.3 Dritter Tag mit dem Manual zur Typ-C-Aggression

In der **Nachbesprechung des supervidierten Falls aus der letzten Fortbildungseinheit** berichtete der Hauptschullehrer von seinen zwischenzeitlichen Erfahrungen. Es war ihm gelungen, mit dem Rektor seiner Schule ein klärendes Gespräch zu führen. Hierbei berichtete er über seinen Ärger und seine Wut und sprach gleichzeitig die Beweggründe des Rektors an, den Verweis zurückzunehmen. Beide einigten sich darauf, zukünftig bei ähnlichen Vorfällen erst nach gegenseitiger Absprache zu reagieren. Es fand auch ein Gespräch statt, bei dem der Lehrer, die Eltern des aggressiven Schülers, die Sozialpädagogin und der Rektor der Schule anwesend waren. Für den Supervisanden war es wichtig, dass alle Beteiligten ihren Standpunkt deutlich machten und darauf aufbauend zur Problemlösung beitrugen.

In einer **Übung zu den Hausaufgaben der letzten Sitzung** wurden die Trainingsbeispiele zu Aggression vom Typ B besprochen. Kritisch wurde hierbei angemerkt, dass Lehrer oft unter selbst erzeugtem Handlungsdruck auf aggressives Verhalten reagieren. Dadurch könnte die Situation nicht ausreichend analysiert und geeignete Maßnahmen nicht überlegt ausgewählt werden. Anschließend erfolgte eine **Wissensvermittlung zu Aggressionen unter großer Erregung nach Typ C** entsprechend dem Manual von Dutschmann (2000b). Hierbei verhält sich der Aggressor weitgehend ungesteuert und gefährdet mit seinem Verhalten Personen und Gegenstände. Die Teilnehmer kamen zu dem Schluss, dass dieses Verhalten eher in Heimen und Sondereinrichtungen und weniger in Schulen anzutreffen sei. Dennoch müssten hierfür auch an Schulen präventive Sicherheitsmaßnahmen getroffen werden, und es sollte dafür ein Notfallplan vorliegen.

Darauf folgte eine **Übung zu zukünftigen Situationen mit Aggressionen im Berufsalltag.** Die Teilnehmer sollten sich vorstellen, welche Situationen im Zusammenhang mit aggressivem Verhalten zukünftig bei ihnen an der Schule auftreten könnten. Sie waren angehalten, sich die Situationen so lebendig wie möglich zu imaginieren und mit Hilfe von kreativen Materialien, wie Farben, Buntpapier und Stiften, auf Zeichenblättern festzuhalten. Als Situationen wurden etwa Disziplinschwierigkeiten in der Klasse, Konflikte im Kollegium oder die eigene Belastung durch den Berufsalltag zusammengetragen.

Im **Fallgespräch mit Supervision** brachte ein Hauptschullehrer einen Fall ein, bei dem eine Schülerin das Opfer von häuslicher Gewalt war. Er berichtete, dass sie vom Vater immer wieder geschlagen werde und der Polizei aufgrund von Drogendelikten und Diebstahl hinlänglich bekannt sei. In der vorangehenden Übung hatte er die Situation so visualisiert, dass er hinter der Schülerin stand, während um die Schülerin und den Lehrer herum Polizei, Eltern und Ämter angeordnet waren. Der Supervisand erläuterte dass er sich entsprechend der Darstellung einem großen Druck ausgesetzt sehe, weil er von allen Seiten immer wieder als Problemlöser in Anspruch genommen werde. Er fühle sich hilflos und damit überfordert, der Schülerin zu einem normalen Leben zu verhelfen. In einem moderierten Gruppengespräch wurden die Aufgaben und Rollen aller Beteiligten geklärt. Der Supervisand beantwortete für sich die beiden Fragen: „Wo stehst du jetzt, und wie geht es dir dabei?" Und: „Wo möchtest du in Zukunft stehen?" Er sah sich zukünftig in der Rolle, die Schülerin emotional zu unterstützen, nicht aber für die Aufgaben der verschiedenen Instanzen, wie Jugendamt oder Elternhaus, zuständig zu sein. Dass die Schülerin ihm vertraute und ihn von sich aus immer wieder aufsuchte, bestärkte ihn bei seiner Positionsbestimmung.

8.3.4 Reflexion zur Lehrerfortbildung

Es hat sich bewährt, dass die Fortbildung bedarfsorientiert angelegt war. Innerhalb einer Angebotssupervision (siehe Schreyögg, 2004) konnten so aktuelle Probleme einzelner Teilnehmer bearbeitet und allen Anwesenden erfolgreiche Konfliktlösungen deutlich gemacht werden.

Aufgrund der vielfältigen Probleme, die die Lehrer täglich erleben, kam es häufig zu langen Problemschilderungen und Diskussionen, wofür die Zeit meist nicht ausreichte. Für zukünftige Veranstaltungen wäre es daher sinnvoll, ganztägige Fortbildungseinheiten anzubieten oder die Fortbildung auf sechs oder sieben halbtägige Fortbildungseinheiten auszuweiten.

Die Heterogenität der Gruppe hinsichtlich Geschlecht, Alter und Funktion der Teilnehmenden erwies sich als nützlich. So konnten männliche und weibliche Perspektiven einfließen und unterschiedliche Erfahrungswerte ausgetauscht werden. Gerade die Wut als häufig männliche Reaktion hatte für die weiblichen Teilnehmer, die eher weniger wütend auf Aggressionen unter Schülern reagierten, Modellcharakter.

Die Zusammenarbeit in der Gruppe war äußerst konstruktiv. Die professionelle Arbeitshaltung der Lehrer wurde deutlich, kritisch-rationale Beiträge und Berichte über Gefühle und Stimmungen wechselten sich ab. Die Teilnehmer fanden das Arbeits-Du angenehm, da es vorhandene Funktionsunterschiede abmilderte. Selbst über die kurze Dauer von nur drei Sitzungen war ein zunehmender Zusammenhalt der Gruppe erkennbar.

Trotz der vereinbarten Schweigepflicht war doch eine gewisse Zurückhaltung spürbar, über schwerwiegende Probleme zu berichten, die insbesondere die eigene Person betrafen. Vor allem jene Lehrer, die mit ihren Schulkollegen teilnahmen, sprachen eher weniger offen über eigene Probleme. Daher sollte in Zukunft angestrebt werden, eine Lehrerfortbildung mit Supervisionselementen überregional anzubieten und Teilnehmer aus möglichst unterschiedlichen Regionen zum Erfahrungsaustausch zu gewinnen.

8.4 Literatur

Bandura, A. (1979). *Sozial-kognitive Lerntheorie.* Stuttgart: Klett-Cotta.

Cierpka, M. (Hrsg.). (1999). *Kinder mit aggressivem Verhalten: ein Praxismanual für Schulen, Kindergärten und Beratungsstellen.* Göttingen: Hogrefe.

Crick, N. R. & Dodge, K. A. (1994). A review and reformulation of social information-processing mechanisms in children's social adjustment. *Psychological Bulletin, 115,* 74-101.

Dutschmann, A. (2000a). *Verhaltenssteuerung bei aggressiven Kindern und Jugendlichen: der Umgang mit gezielten, instrumentellen Aggressionen. Manual zum Typ A des ABPro.* Tübingen: DGVT-Verlag.

Dutschmann, A. (2000b). *Aggressionen und Konflikte unter emotionaler Erregung: Deeskalation und Problemlösung. Manual zum Typ B des ABPro.* Tübingen: DGVT-Verlag.

Dutschmann, A. (2001). *Aggressivität und Gewalt bei Kindern und Jugendlichen: Steuerung fremdgefährdenden Verhaltens. Manual zum Typ C des ABPro* (2. Auflage). Tübingen: DGVT-Verlag.

Ellis, A. & Dryden, W. (Eds.). (2007). *The practice of rational emotive behavior therapy* (2nd edition). New York: Springer.

Franke, U. (Hrsg.). (1999). *Therapie aggressiver und hyperaktiver Kinder.* München: Urban & Fischer.

Gordon, T. (2006). *Lehrer-Schüler-Konferenz: wie man Konflikte in der Schule löst* (18. Auflage). München: Heyne.

Guggenbühl, A. (1997). *Die unheimliche Faszination der Gewalt: Denkanstöße zum Umgang mit Aggression und Brutalität unter Kindern* (2. Auflage). München: Deutscher Taschenbuch Verlag.

Humpert, W. & Dann, H.-D. (2001). *KTM kompakt: Basistraining zur Störungsreduktion und Gewaltprävention für pädagogische und helfende Berufe auf der Grundlage des „Konstanzer Trainingsmodells".* Bern: Huber.

Kullmann, V. J. E. (2000). *Selbst-Supervision in der Schule.* Neuwied: Luchterhand.

Molnar, A. & Lindquist, B. (2006). *Verhaltensprobleme in der Schule: Lösungsstrategien für die Praxis* (8. Auflage). Dortmund: Borgmann.

Nolting, H.-P. (2007). *Störungen in der Schulklasse: ein Leitfaden zur Vorbeugung und Konfliktlösung* (6. Auflage). Weinheim: Beltz.

Petermann, F. & Petermann, U. (2005). *Training mit aggressiven Kindern* (11. Auflage). Weinheim: Beltz.

Redlich, A. (1990). *Schulklassenbezogene Beratung: ein Erfahrungsbericht aus der Hamburger Beratungslehrerausbildung (Materialien aus der Arbeitsgruppe Beratung und Training, Fachbereich Psychologie, Universität Hamburg, Band 11).* Hamburg: Universität.

Rüedi, J. (2004). *Disziplin in der Schule: Plädoyer für ein antinomisches Verständnis von Disziplin und Klassenführung. Begründungen, Möglichkeiten, Hindernisse und Beispiele* (2. Auflage). Bern: Haupt.

Schreyögg, A. (2004). *Supervision: ein integratives Modell. Lehrbuch zu Theorie und Praxis* (4. Auflage). Wiesbaden: VS Verlag für Sozialwissenschaften.

9 Regionale Kriseninterventionsteams in Niederbayern: Ein Modell für erfolgreiches Krisenmanagement

Brigitte Eder

9.1 Einleitung

Durch Großschadenslagen an Schulen, wie z. B. den Amoklauf in Erfurt, findet das Thema der schulischen Krisenintervention zunehmend Beachtung. Einerseits ist dies positiv zu bewerten, da sich jetzt Behörden und psychosoziale Einrichtungen um Konzepte bemühen, langfristige Schäden Betroffener einzudämmen. Andererseits ist es für Schulen dadurch schwieriger geworden, aus den vielfältigen sozialen, kirchlichen, therapeutischen und psychiatrischen Angeboten das geeignete auszuwählen. Nicht jedes Angebot entspricht den schulischen Bedürfnissen oder weist die erforderlichen Qualitätsmerkmale auf. Vor allem aber berücksichtigen die wenigsten Angebote vorhandene regionale Besonderheiten (Lueger-Schuster & Pal-Handl, 2004).

Schulleiter sind immer häufiger mit kritischen Ereignissen einzelner Schüler oder Lehrer konfrontiert, die mit routinemäßigem pädagogischen Wissen nicht mehr bewältigt werden können und eine qualifizierte psychosoziale Unterstützung erfordern. So zeigt ein Schüler, der als Augenzeuge oder Opfer von einem Unfall oder einer Gewalttat direkt betroffen ist, häufig massive Belastungssymptome. Ebenso belastend kann es für indirekt betroffene Kinder oder Jugendliche sein, durch ein traumatisches Ereignis nahe Bezugsperson zu verlieren. Tod, Unfall, Suizid oder schwere Gewaltdelikte kommen als Krisenereignisse an Schulen relativ häufig vor und sind nicht vorhersehbar. Die Gefährdung von Personen oder Gruppen, infolge dieses Ereignisses psychische Langzeitfolgen davonzutragen, ist hoch. Schulleiter sind in diesen komplexen Situationen häufig stark belastet. Meist fehlen bewährte Handlungsmuster und Strategien. Aus Verunsicherung und emotionaler Betroffenheit heraus können sich oft unpassende Reaktionen mit negativen Folgen für die Betroffenen ergeben.

In schulischen Notfallsituationen ist daher ein rasches, strukturiertes und koordiniertes Vorgehen notwendig. Betroffene Personen in der Schule profitieren besonders durch zeitnahe psychosoziale Interventionen. Mit regionalen Kriseninterventionsteams (ReKIT) in Niederbayern wurde erstmalig ein Modell zum regionalen Krisenmanagement in Schulen erfolgreich implementiert. Ein Kriseninterventionsteam vernetzt unterschiedliche Fachkräfte und stellt innerhalb einer Region für die Schulleitung Hilfe zum Krisenmanagement und für Betroffene und Klassen Beratungs- und Unterstützungsangebote zur Verfügung. Im Folgenden sollen zunächst die psychotraumatologischen Grundlagen dargestellt werden, die für regionale Kriseninterventionsteams von Bedeutung sind. Hierbei wird insbesondere auf traumatische Ereignisse und die Möglichkeiten zur Intervention eingegangen. Anschließend wird über die Umsetzung der regionalen Kriseninterventionsteams in Niederbayern berichtet. Die Ziele und Prinzipien werden vorgestellt, und der Einsatz eines Krisenteams wird exemplarisch geschildert. Am Ende des Kapitels erfolgt eine Evaluation der bisherigen ReKIT-Einsätze in Niederbayern.

9.2 Psychotraumatologische Grundlagen

9.2.1 Traumatische Ereignisse und die Folgen

Um traumatische Ereignisse und ihre Folgen genauer zu betrachten, sollen zunächst die grundlegenden Begriffe definiert werden: Trauma, traumatische Ereignisse und psychische Traumatisierung. Darüber hinaus werden Risiko- und Schutzfaktoren zu psychischen Langzeitfolgen der Traumatisierung vorgestellt. Danach werden die Reaktionen auf traumatisierende Erlebnisse von Kindern und Jugendlichen beschrieben.

Ein **Trauma** – das Wort stammt aus dem Griechischen – ist in der wörtlichen Übersetzung eine Verletzung und bezeichnet im ursprünglichen Sinn eine körperliche Verwundung. In den letzten Jahrzehnten wurde zunehmend die seelische Dimension des Begriffs betont. So umschreibt der Duden ein Trauma als seelischen Schock und starke seelische Erschütterung.

Traumatische Ereignisse sind Situationen, wie Unfälle, der Verlust nahestehender Menschen, lebensbedrohliche Gewalt oder Naturkatastrophen, in denen Tod, Verletzungen oder massive Gefahr erfahren werden. Im diagnostischen und statistischen Manual psychischer Störungen der American Psychiatric Association (Saß, Wittchen, Zaudig & Houben, 2003) werden als Merkmale für ein traumatisches Ereignis ein objektives Situationskriterium und ein subjektives Reaktionskriterium genannt. (1) **Objektives Situationskriterium**: Die Person erlebte, beobachtete oder war mit einem oder mehreren Ereignissen konfrontiert, die den tatsächlichen oder drohenden Tod oder eine ernste Verletzung oder Gefahr der körperlichen Unversehrtheit der eigenen Person oder anderer Personen beinhaltete. (2) **Subjektives Reaktionskriterium**: Die Reaktion der Person umfasste intensive Furcht, Hilflosigkeit oder Entsetzen.

Eine **Klassifikation traumatischer Ereignisse** nach dem objektiven Situationskriterium ist hinsichtlich der Dauer und der Verursachung möglich. Bezüglich der Dauer ist nach Terr (1991) ein Ereignis dem **Traumatyp I** zuzuordnen, wenn es einmalig auftritt, wie etwa ein Unfall, ein Amoklauf an einer Schule oder der Suizid eines Menschen. Bei einer Mehrzahl von traumatischen Ereignissen, die zeitlich neben- und nacheinander auftreten können, wie z. B. bei sexuellem Missbrauch, wiederholter Kindesmisshandlung und Kriegsgeschehnissen, liegt der **Traumatyp II** vor. Bezüglich der Verursachung wird von **Natural Disaster** gesprochen, wenn die traumatischen Ereignisse nicht von Personen ausgelöst sind, wie z. B. bei Naturkatastrophen oder Krankheiten. **Men Desaster** liegen vor, wenn Menschen den Unfall oder die Gewalttat verursacht haben. Besonders gravierend wird dabei die absichtlich herbeigeführte Gewalttat empfunden und wenn der Täter, wie oft bei sexuellem Missbrauch, eine enge Bezugsperson des Opfers ist.

Von den objektiven Merkmalen der traumatischen Situation kann nicht unmittelbar auf die Reaktion einer Person geschlossen werden. Es kann individuell sehr verschieden sein, wie ein Mensch auf traumatische Ereignisse reagiert. Die traumatischen Erfahrungen und Reaktionen einer Person werden mit dem Begriff der Traumatisierung beschrieben. Fischer und Riedesser (1999, S. 79) geben dazu folgende Definition: „Eine **psychische Traumatisierung** ist ein vitales Diskrepanzerlebnis zwischen bedrohlichen Situationsfaktoren und den individuellen Bewältigungsmöglichkeiten, das mit Gefühlen von Hilflosigkeit und schutzloser Preisgabe einhergeht und so eine dauerhafte Erschütterung von Selbst- und Weltverständnis bewirkt." Die traumatische Wirkung ergibt sich demnach nicht allein aus dem Ereignis, sondern vor allem aus der Wahrnehmung, in der Situation über keine angemessenen Handlungsalternativen zu verfügen. Um eine wirksame Krisenintervention zu gewährleisten, müssen sowohl objektive Situationsfaktoren als auch subjektive Reaktionen erfasst werden.

Ein traumatisches Ereignis kann bei Betroffenen ganz unterschiedliche Reaktionen hervorrufen. Manche nehmen nach dem ersten Schock ihre berufliche Tätigkeit rasch wieder auf. Andere ziehen sich immer mehr zurück und sind selbst mit einfachsten Alltagshandlungen überfordert. Risiko- und Schutzfaktoren können dabei helfen zu ermitteln, welche Personengruppen von den Folgen traumatischer Ereignisse besonders bedroht oder vor ihnen geschützt sind. **Risikofaktoren** sind Person- oder Situationsmerkmale, die die Wahrscheinlichkeit erhöhen, dass eine Person unter psychischen und physischen Langzeitfolgen eines traumatischen Ereignisses zu leiden hat. Nach Egle, Hoffmann und Joraschky (2005) können z. B. folgende Faktoren ein größeres Risiko einer Traumatisierung mit sich bringen:

- ein niedriger sozioökonomischer Status
- eine schlechte Schulbildung der Eltern
- eine chronische Disharmonie in Beziehungen
- eine alleinerziehende Mutter oder belastete Eltern
- der Verlust der Mutter
- schlechte Kontakte zu Gleichaltrigen
- ein Junge zu sein
- frühere traumatische Lebenserfahrungen

Allgemein belegen Forschungsergebnisse die Bedeutung des Alters und des kognitiven und sozialen Entwicklungsstandes von Kindern und Jugendlichen. Je jünger ein Kind zum Zeitpunkt einer Traumatisierung ist, umso größer ist die Wahrscheinlichkeit, dass diese Person langfristig Schwierigkeiten in der Regulation von Angst und Aggression bekommt (Streeck-Fischer, 1999). Weinberg (2005, S. 24) führt dies „ auf die Beschädigung im Aufbau der Persönlichkeitsstruktur" zurück, die umso tiefgreifender ist, je früher die Traumatisierung einsetzt. Die besondere Gefährdung von Kindern und Jugendlichen nach traumatischen Ereignissen unterstreicht die Notwendigkeit einer kompetenten Krisenintervention in der Schule.

Schutzfaktoren sind Person- oder Situationsmerkmale, die die Wahrscheinlichkeit vermindern, dass eine Person unter psychischen und physischen Langzeitfolgen eines traumatischen Ereignisses zu leiden hat. Folgende Schutzfaktoren kommen nach Egle et al. (2005) in Frage:
* eine dauerhaft gute Beziehung zu mindestens einer primären Bezugsperson
* ein robustes, aktives und kontaktfreudiges Temperament
* soziale Förderung in Gruppen, in der Schule oder in der Kirche
* eine Großfamilie mit kompensatorischer Elternbeziehung
* eine durchschnittliche bis überdurchschnittliche Intelligenz

Für die Ermittlung individueller Risiko- und Schutzfaktoren im Rahmen des ReKIT erweist sich vor allem ein Klassenlehrer als kompetenter und unverzichtbarer Gesprächspartner. Er kennt die häusliche und schulische Situation seiner Schüler. Er kann in der Regel einschätzen, inwieweit betroffene Schüler in die Klassengemeinschaft integriert sind oder ob sie eher als Einzelgänger gelten und ob er deren Eltern als verlässliche, unterstützende Bezugspersonen erlebt. Diese Informationen helfen, bei einem schulischen Kriseneinsatz besonders belastete Schüler frühzeitig zu erkennen.

Die **traumatische Reaktion** umfasst das unmittelbare sowie das mittelfristige physische und psychische Verhalten einer Person infolge des traumatischen Ereignisses. Als unmittelbare Reaktion auf traumatische Ereignisse treten in der Akutsituation alle Formen des psychischen Schockerlebens, wie Angst, Panik, Erstarrung, aber auch heftiges Schreien und Erstarren, auf (Lueger-Schuster, Krüsmann & Purtscher, 2006). Je jünger Kinder sind, umso schwieriger ist es für sie, eine plötzliche traumatische Situation kognitiv zu erfassen. Gefühle des Ausgeliefertseins, der Angst und Panik verstärken sich. Sind Kinder direkt in der Schule einem traumatischen Ereignis ausgesetzt, können ihre abwesenden Eltern als wichtigste Bezugspersonen nicht für Schutz und Geborgenheit sorgen. Diese Aufgabe fällt dann dem Lehrer als nächster Vertrauensperson zu. Für die Interventionsphase ist es daher entscheidend, dass der Lehrer möglichst selbst in die Klasse geht und mit seinen Schülern gemeinsam ein schlimmes Erlebnis bewältigt.

Als mittelfristige Reaktion in den Tagen nach dem traumatischen Ereignis zeigen Kinder und Jugendliche häufig regressives Verhalten. Sie ziehen sich zurück oder sind extrem anhänglich. Ängste zeigen sich als Trennungs- und Verlustängste, Angst vor Dunkelheit und vor dem Einschlafen (Lueger-Schuster et al., 2006). Einige Kinder zeigen sich furchtlos und aggressiv, oft auch in Verbindung mit einer erhöhten körperlichen Unruhe und Rastlosigkeit. Der Körper ist nach vegetativer Übererregung noch immer in Alarmbereitschaft. Schlafstörungen, Reizbarkeit, unkontrollierte Gefühlsausbrüche und Konzentrationsstörungen können ebenfalls auftreten. Die Erregung steigert sich, wenn Orte, Personen, Geräusche an die traumatische Situation erinnern. Besonders belastend ist das mentale Wiedererleben des Traumas, das sogenannte Flash Back. Hierbei werden die traumatischen Erlebnisse durch Sinneseindrücke, die an das traumatische Ereignis erinnern, erneut ausgelöst. Ein systematischer Überblick zu unmittelbaren und mittelfristigen Reaktionen nach traumatischen Ereignissen ist in Tabelle 6 auf Seite 176 zu sehen. Die betroffenen Kinder und Jugendlichen werden von diesen Reaktionen vor allem in der Akutphase regelrecht überrollt. Manche äußern die Befürchtung, verrückt zu werden, weil ihr Gedächtnis nur noch lückenhaft funktioniert oder sie das Gefühl haben, neben sich zu stehen. Die Symptome können bereits nach wenigen Tagen verschwinden oder aber die Betroffenen noch Wochen oder Monaten nach dem Ereignis belasten.

Tabelle 6: Unmittelbare und mittelfristige Reaktionen von Kindern und Jugendlichen nach traumatischen Ereignissen

Kognitiv	Affektiv	Somatisch
• Verzerrte Wahrnehmung bezüglich Raum und Zeit • Räumliche Orientierungslosigkeit • Gedächtnisausfälle • Konzentrationsstörung • Schulprobleme • Entschlussunfähigkeit	• Panik, Angst • Trennungsangst bei jüngeren Kindern • Gefühlsüberschwemmung • Weinen, Schreien • Rückzug, Depression • Emotionale „Taubheit" • Aggression, Gereiztheit • Flash Backs	• Erbrechen • Schlafstörungen • Alpträume • Appetitlosigkeit • Erschöpfung nach körperlicher Übererregung • Herzflattern, Schwindel, weiche Knie • Motorische Beeinträchtigung

9.2.2 Interventionen bei traumatischen Ereignissen

9.2.2.1 Unterstützung für Schüler

Alle Interventionen zielen nach einem traumatisierenden Ereignis darauf ab, betroffene Personen zu stabilisieren. Nach Lackner (2004) sollen dabei vor allem die reale und die psychische Sicherheit wiederhergestellt, Kontrollierbarkeit ermöglicht und Normalität wiedererlangt werden. Zur Herstellung **physischer und psychischer Sicherheit** hat zunächst das Abschirmen vom Unglücksort oberste Priorität. Schüler sollen möglichst rasch an einen sicheren Ort gebracht werden, wo sie von weiteren belastenden Anblicken oder Sinneseindrücken geschützt sind. Seit dem Amoklauf von Erfurt hat das bayerische Kultusministerium alle Schulleiter dazu verpflichtet, mögliche geeignete Evakuierungsräume für den Notfall zu benennen. Ein warmer, geschützter und freundlicher Gruppenraum bietet Schülern den äußeren Rahmen für Geborgenheit und Ruhe. Innerhalb des ReKIT wird dieser Raum auch für Einzelgespräche oder Aktivitäten in Kleingruppen genutzt.

Kinder und Jugendliche sind darauf angewiesen, dass Erwachsene klare Strukturen schaffen, die deeskalierend wirken und Orientierung geben. Sachlich über das Ereignis zu informieren, gilt als eigene Interventionsmaßnahme und fördert erheblich das Sicherheitsgefühl der Betroffenen. Die sachliche Information trägt entscheidend zur Stabilisierung bei, da Unsicherheit und Unklarheit über das traumatisierende Erlebnis die Grundlage für Ängste oder Schuldgefühle sind. In der Schule übernimmt diese Aufgabe für das Lehrerkollegium in der Regel die Schulleitung, für die Klassen der zuständige Lehrer. Die weiterzugebenden Informationen werden von den Mitarbeitern des ReKIT zusammengestellt. Sie sollten einfach, klar und verständlich sein. Dafür eignen sich kurze, sachliche und eindeutige Sätze. Die Informationen sollten nach Möglichkeit ruhig und sicher verlesen werden.

Die meisten Personen sind nach einem krisenhaften Ereignis nicht mehr in der Lage, ihre Handlungen zu steuern. Sie fühlen sich der Situation ausgeliefert und verhalten sich aus eigener Sicht irrational. Das Ziel von Helfern ist es daher, **Kontrollierbarkeit** sicherzustellen, damit die Betroffenen wieder handlungsfähig werden. In der Praxis bedeutet das, so viel Hilfe wie nötig zu leisten, aber die belasteten Personen alles, wozu sie in der Lage sind, selbst tun zu lassen. Jede Aktivität fördert die individuellen Selbstheilungskräfte und sollte daher nicht unterbunden werden. Auch Kinder und Jugendliche können in der Regel sagen, was ihnen zur Beruhigung helfen kann. Hier ist genaues Zuhören wichtig. Eine weitere notwendige Maßnahme ist, dass traumatische Belastungsreaktionen erklärt werden. In Tabelle 7 auf Seite 178 wird ersichtlich, wie dies geschehen kann. Nicht nur Schüler, sondern auch deren Eltern profitieren davon, wenn sie erfahren, dass solche Reaktionen normal sind und nach einiger Zeit wieder verschwinden. Psychoedukation kann somit erheblich zur Stabilisierung beitragen.

Nach der Stabilisierung wird es als Erleichterung empfunden, wieder in die **Normalität**, also in bekannte und vertraute Situationen, zurückgeführt zu werden. In der Klasse kann ca. ein bis zwei Stunden nach dem krisenhaften Ereignis der Unterricht wieder behutsam fortgesetzt werden. Besonders betroffenen Schüler sollte jedoch weiterhin die Möglichkeit gegeben werden, einzeln oder in Kleingruppen individuelle Unterstützung zu erhalten. Dies kann in Form von Gesprächen oder Aktivitäten, wie zeichnen oder Briefe schreiben, geschehen. Auch zu Hause trägt das Beibehalten von gewohnten, geregelten Tagesabläufen zur Orientierung und Stabilisierung bei.

9.2.2.2 Hilfen für Lehrer

Lehrer sind durch plötzliche krisenhafte Ereignisse im Umgang mit den Schülern verständlicherweise verunsichert. Sowohl Informationen über mögliche Reaktionen ihrer Schüler als auch eine Grobstruktur für die Gesprächsführung in der Klasse erhöhen die Handlungssicherheit des Lehrers. Als entlastend wird von den Lehrern der Hinweis aufgenommen, dass sie in der Regel nichts falsch machen können, wenn sie klar informieren, gut zuhören und als verlässliche Bezugsperson einfach da sind. Für die Gespräche in den Klassen empfehlen wir als Grobstruktur die fünf Hauptschritte, die in Tabelle 7 zu sehen sind.

Tabelle 7: Strukturablauf für den Umgang mit Klassen nach einem krisenhaften Ereignis

1. Sachliche Information – Was ist passiert?
• Gemeinschaft schaffen, z. B. durch einen Stuhlkreis.
• Altersgemäße Information: sachlich, ehrlich, kurz.
• Eine klare Sprache benutzen, z. B. „[…] ist gestorben."
• Die Fragen der Schüler beantworten.
2. Sicherheit durch Ausdruck und Struktur
• Hören Sie zu! Ermöglichen Sie den Schülern, Eindrücke in geordneter Weise zu berichten.
• Bei Todesfällen den Sitzplatz und das Klassenzimmer nur in Abstimmung mit der Klasse verändern.
• Ausdrucksmöglichkeit schaffen: Brief schreiben, malen, Gedichte, Geschichten über/für den Verstorbenen, auch heitere Erinnerungen.
• Rituale: Platz schmücken, beten, Andacht aktiv mitgestalten.
• Auf Freiwilligkeit achten.

3. Psychoedukation – Reaktionen danach

- Erklären Sie mögliche psychotraumatologische Reaktionen, z. B.: „Schlafstörungen oder heftiges Weinen sind normale Reaktionen auf ein ungewöhnliches Ereignis und verschwinden wieder."

4. Ressourcen und soziales Netz aktivieren

- Freunde/Bezugspersonen: Wen hast du zum Reden? Wer hat dein Vertrauen?
- Tagesplanung besprechen: Was tust du heute?
- Ressourcen festigen: Was hast du bisher gemacht, wenn es dir schlecht ging?
- Gemeinsame (Freizeit-)Aktivitäten anregen.

5. Normalität

- Nach ca. ein bis zwei Stunden sollte wieder zum Unterricht übergegangen werden.

Besonders belastete Schüler können freiwillig das Angebot wahrnehmen, zum ReKIT in einen Besprechungsraum zu gehen!

9.2.2.3 Coaching der Schulleitung

Besonders in außergewöhnlichen Krisensituationen hat die Schulleitung einen entscheidenden Einfluss auf den Verlauf des Geschehens. Günstig ist, wenn ein Team zur Verfügung steht, das gewohnt ist zu kooperieren. So können Aufgaben delegiert werden. Bei einem ReKIT-Einsatz wird besonderer Stellenwert auf das Coaching des Schulleiters gelegt, um ihn bei der Bewältigung der komplexen Anforderungen zu stützen und zu beraten. Alle Aufgaben des Krisenmanagements, die ein Rektor aufgrund seiner Funktion innehat, sollten nach Möglichkeit auch von ihm übernommen werden. Die zentralen Aufgaben einer Schulleitung bei einem krisenhaften Ereignis sind in Abbildung 4 auf Seite 180 veranschaulicht. Eine handlungsfähige Schulleitung, die Übersicht bewahrt, steuert gegen Hilflosigkeit und Desorientierung. Schüler und Lehrer gewinnen an Sicherheit und Orientierung, wenn dies durch den Schulleiter vermittelt wird. Als Coach ist es wichtig einzuschätzen, wie viel Unterstützung dazu notwendig ist. In komplexen, schwierigen Situationen lässt es sich meist nicht umgehen, dass einzelne Bereiche nach Absprache vom ReKIT übernommen werden.

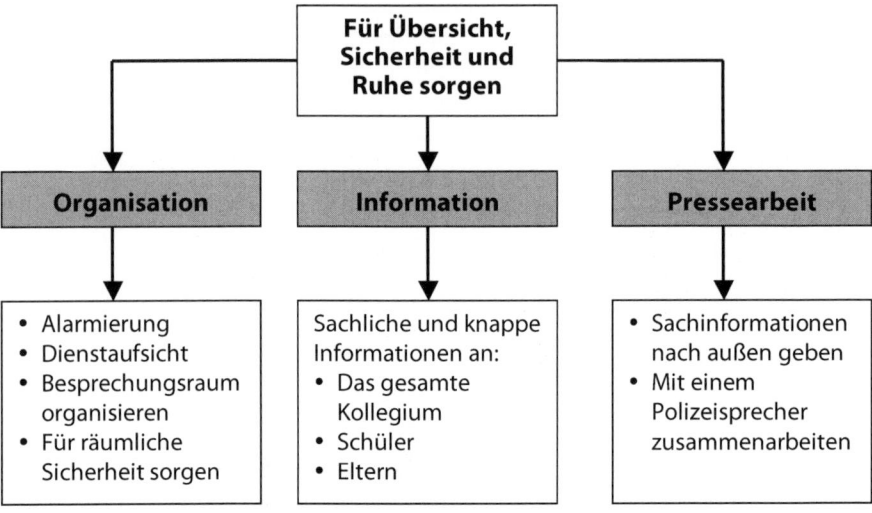

Abbildung 4: Die Aufgaben der Schulleitung bei einem krisenhaften Ereignis

9.3 Die Umsetzung regionaler Kriseninterventionsteams in Niederbayern

9.3.1 Ziele eines regionalen Kriseninterventionsteams

Bei einem traumatischen Ereignis in der Schule ist zum einen die Ordnung in der Schule selbst durch unüberlegtes organisatorisches Handeln bedroht. Zum anderen können Schüler wie Lehrer gleichermaßen desorientiert und hilflos sein und psychosozialer Unterstützung bedürfen. Demnach hat ein regionalen Kriseninterventionsteam **zwei Ziele:** (1) Das System Schule gilt es zu stabilisieren. Hierbei wird die Schulleitung von den ReKIT-Mitarbeitern gecoacht, damit sie das Krisenmanagement mit den einzelnen Aufgaben der Information von Lehrern und Schülern, der Organisation, des Umgangs mit der Presse und der Arbeit im Kollegium erfolgreich bewältigen

kann. (2) Die betroffenen Lehrer und Schüler sind durch Beratungsange-
bote für Einzelne und für Gruppen zu unterstützen. So sollen ihre Ressourcen aktiviert werden, damit sie das traumatische Ereignis selbst bewältigen
können.

9.3.2   Das Konzept für Niederbayern

Die regionalen Kriseninterventionsteams in Niederbayern wurden von mir
aufgebaut, um die oben genannten Ziele bei der Bewältigung traumatischer
Ereignisse in Schulen zu erreichen. Im Herbst 2003 trafen sich die zuständigen Dienstaufsichten von Niederbayern aller Schularten, um die rechtlichen
Voraussetzungen für die Implementierung der regionalen Kriseninterventionsteams zu schaffen. Bis dahin gab es bundesweit noch kein Konzept, Kriseninterventionsteams für Schulen regionen- und schulartübergreifend zu-
sammenzustellen. Insofern haben die ReKIT in Niederbayern innovativen
Modellcharakter. In Niederbayern gibt es für jeden Schulamtsbezirk ein Re-
KIT und damit insgesamt neun Kriseninterventionsteams. Die Mitarbeiter
eines jeden Teams sind Fachleute aus unterschiedlichen Bereichen, wie z. B.
Schulpsychologen oder Notfallseelsorger. Zusätzlich sind externe Mitarbeiter, wie etwa die Polizei oder Ärzte, eingebunden. Folgende **Merkmale** weist
ein regionales Kriseninterventionsteam auf:

1. Es ist auf die Bedürfnisse der jeweiligen Schulart (Hauptschule, Realschule, Gesamtschule, Förderschule, Gymnasium) abgestimmt.
2. Es basiert auf den neuesten Erkenntnissen der Psychotraumatologie.
3. Es gewährleistet hohe Fachkompetenz durch interdisziplinäres Arbeiten.
4. Es bündelt und nutzt regionale Ressourcen.
5. Es erhöht durch eingespielte Teamarbeit die Vertrauensbildung und die
   Nachhaltigkeit der Maßnahmen.

Die Merkmale des schulartspezifischen Einsatzes und der schulartübergrei-
fenden Zusammenarbeit, der Interdisziplinarität und der regionalen Res-
sourcenbündelung stellen die drei grundlegenden Prinzipien dar. Auf sie soll
nachfolgend näher eingegangen werden.

9.3.3 Drei grundlegende Prinzipien

9.3.3.1 Schulartspezifischer Einsatz und schulartübergreifende Zusammenarbeit

In einem Beispiel wird das Bedürfnis nach schulartspezifischem Einsatz eines Kriseninterventionsteams deutlich: Ein Gymnasiast ertrank bei einem Schulausflug im See. Ein Mitschüler war Augenzeuge und daher besonders geschockt. Der Sportlehrer machte sich Vorwürfe. Kollegen sahen sich infolge des tödlichen Unfalls nicht imstande, den Unterricht wie gewohnt fortzusetzen. Zunächst versuchte der Schulleiter selbst, den vielfältigen Bedürfnissen der betroffenen Schüler und Lehrer gerecht zu werden, und ließ sich telefonisch beraten. Nachdem sich jedoch die Situation in der Schule nicht beruhigte, forderte er unser Team an. Dabei war ihm besonders wichtig, dass eine Person, die mit seiner Schulart vertraut war, die Leitung des Einsatzes übernehmen würde.

In hektischen und angespannten Situationen greifen Menschen auf Bewährtes und Vertrautes zurück. Die Erfahrung zeigt, dass sich Schulleiter bei kritischen Ereignissen eher Unterstützung von Personen erwarten, die aus der eigenen Schulart kommen. Personen aus anderen Schularten werden oft nicht angenommen. Deshalb sind grundsätzlich Mitarbeiter aller Schularten in den regionalen Kriseninterventionsteams vertreten. Fordert ein Schulleiter im Krisenfall Unterstützung an, setzt der ReKIT-Leiter das Einsatzteam so zusammen, dass wenigstens eine Person aus der betreffenden Schulart kommt. Kulturelle und strukturelle Besonderheiten einer Schule können dann bei der Interventionsplanung optimal berücksichtigt werden.

Krisenmanagement an Schulen ist immer die Aufgabe der Schulleitung. Der Schulleiter wird dabei von den ReKIT-Mitarbeitern so gecoacht, dass er das Krisenmanagement bestmöglich gewährleisten kann. Ein Schulleiter soll sich unterstützt und sicher in seinen Handlungen fühlen, aber niemals entmachtet oder bevormundet. Die dafür notwendige enge Kooperation zwischen Schulleiter und dem ReKIT-Team wird erleichtert, wenn ein ReKIT-

Mitarbeiter in der gleichen Schulart tätig ist wie der Schulleiter. Kenntnisse über die spezifische Schulart sind für den Coach außerdem von Vorteil, wenn mit dem Schulleiter zusammen die einzelnen Handlungsschritte geplant werden, die Pressearbeit abgestimmt und die Arbeit mit dem Kollegium vorbereitet wird. Der Einsatz des Kriseninterventionsteam ist damit immer schulartspezifisch. Die Zusammenarbeit des Teams außerhalb der Einsätze ist schulartübergreifend, um die Mitarbeiter aus den verschiedenen Schularten zu integrieren.

9.3.3.2 Interdisziplinarität

Den einzelnen Bedürfnissen und Betroffenheitsgraden nach einem traumatischen Ereignis kann ein Kriseninterventionsteam nur mit Experten ganz unterschiedlicher Berufsgruppen gerecht werden. Die Fachkräfte werden nach sorgfältiger Situationsanalyse für den Einsatz ausgewählt. Folgende **Fachkräfte** aus den Bereichen Psychologie, Kirche, Trauerarbeit, Lehrerberatung, Supervision und Coaching sind über das ReKIT miteinander vernetzt: Schulpsychologen, Notfallseelsorger, Pfarrer, Psychotherapeuten, Kinder- und Jugendpsychiater, Ärzte, Trauerbegleiter und Lehrer. Hinzu kommen **regionale Kooperationspartner**: das Jugendamt, die Erziehungsberatungsstelle, die Polizei und die Selbsthilfeorganisation der Angehörigen um Suizid (AGUS).

Für das oben genannte Beispiel des tödlichen Badeunfalls sah die interdisziplinäre Zusammenarbeit wie folgt aus: Das Coaching des Schulleiters übernahm ein Schulpsychologe, der für Gymnasien zuständig ist. Ihm waren die personellen und strukturellen Besonderheiten dieser Schulart vertraut. Die Polizei klärte ab, wie es zu diesem Badeunfall gekommen war und ob eventuell eine Aufsichtspflichtverletzung von Seiten des Lehrers vorlag. Die Ermittlungen ergaben eindeutig, dass keinerlei Fremdverschulden vorlag. Diese Erkenntnis wurde in einer kurzen, sachlichen Pressemitteilung in Teamarbeit formuliert. Um möglichen Gerüchten vorzubeugen, übernahmen weitere Teammitglieder des ReKIT gemeinsam mit dem Schulleiter die Information der Lehrer und der Klassen. Für einzelne Schüler boten zwei weitere Schulpsychologen Gespräche an, für die ein gesonderter Raum zur Verfügung stand. Die Polizei und der Notfallseelsorger überbrachten gemeinsam der betroffenen Familie die Todesnachricht. Der Notfallseelsorger stand auch in den darauffolgenden Tagen der Familie zur seelischen Unterstützung zur Verfügung. Pfarrer und Religionslehrer gestalteten gemeinsam mit Schülern und Lehrern, die mitwirken wollten, eine Schulandacht. Besonderes Augenmerk wurde auf die Einzelbetreuung der Klassenlehrer und jener Mitschüler gelegt, die als Augenzeugen betroffen waren und auch Schuldgefühle hatten. Diese Gespräche wurden einzeln von den beiden ReKIT-Leitern geführt. Ein Psychotherapeut des ReKIT stand in Bereitschaft, falls Betroffene nicht ausreichend stabilisiert werden könnten.

9.3.3.3 Regionale Ressourcenbündelung

Alle der neun regionalen Kriseninterventionsteams in Niederbayern sind bemüht, möglichst umfassend die verschiedenen Berufsfelder in ihrem Team abzubilden. Die einzelnen ReKIT weichen jedoch in ihrer Zusammensetzung entsprechend regionalen Besonderheiten geringfügig voneinander ab. So gibt es nicht in allen Teams Traumatherapeuten, Psychotherapeuten oder Trauerbegleiter. Es wird jedoch sichergestellt, dass alle vorhandenen regionalen Ressourcen ausgeschöpft und teilweise Experten aus anderen Regionen hinzugezogen werden. Die Einbindung der Mitarbeiter des zuständigen Jugendamtes und der lokalen Polizei erweist sich bei komplexen Fällen, wie dem Tod der Eltern, intrafamiliärer Gewalt oder Suizid in der Familie, als besonders hilfreich.

Brauchle, Wirnitzer, Mariacher, Ballweber und Beck (2000) weisen darauf hin, dass Krisenintervention grundsätzlich Teamarbeit ist. Er unterscheidet jedoch deutlich zwischen Teams, die nur im Bedarfsfall eher zufällig zusammengestellt werden, und solchen, die auf kontinuierliche Einsatzerfahrung zurückgreifen können. Für die Mitarbeiter des ReKIT trifft Letzteres zu. Sie sind durch regelmäßige Teamarbeit miteinander vertraut und kennen gegenseitig ihre Kompetenzen. Ihr Kriseneinsatz ist durch langjährige Erfahrung aufeinander abgestimmt. Sie haben notwendige Abläufe automatisiert und verfügen so über grundlegende Handlungssicherheit. Die Personen werden nach Bedarf und Eignung vom ReKIT-Leiter zum Einsatz benannt. Nicht jeder hat Erfahrung mit dem Coaching von Schulleitern. Manchen liegt mehr das Gespräch mit Schülern, andere fühlen sich im Umgang mit Lehrern sicherer. Die Aufgabenverteilung im ReKIT wird durch die Berufsfelder bestimmt. Tabelle 8 zeigt, welche Mitarbeiter für welche Aufgaben in Frage kommen.

Tabelle 8: Mitarbeiter und Aufgabenschwerpunkte eines regionalen Kriseninterventionsteams

Mitarbeiter eines ReKIT	Aufgabenschwerpunkte der Mitarbeiter
• Schulpsychologen • Beratungslehrer • Lehrer	• Coaching der Schulleitung • Sachliche Informationen für Lehrer und Schüler • Psychoedukation • Einzelgespräche für besonders Betroffene (Schüler, Eltern, Lehrer) • Gruppenangebote: Lehrerkonferenz, Elternabend, Klassenbetreuung • Vermittlung weiterer Hilfen bei Bedarf
• Kirche • Notfallseelsorger • Religionspädagogen • Pfarrer	• Betreuung von Familien im Todesfall nach Notfalleinsatz • Vorbereitung und Durchführung von Beerdigungen • Trauergottesdienst in Schule gestalten • Trauerarbeit mit Klassen und Gruppen
• Polizei	• Kooperation bei Suizid, Gewalt(androhung) oder Schülerunfall
• Selbsthilfegruppe AGUS • Verwaiste Eltern • Trauerbegleiter • Hospiz	• Betreuung von Familien bei Suizid • Gruppenangebote für verwaiste Eltern • Therapeutische Trauerbegleitung einzeln und in Gruppen für Kinder und Jugendliche
• Psychotherapeuten • Kinder- und Jugendpsychiater	• Diagnostische Abklärung bei Suizidgefährdung • Psychotherapeutische Behandlung • Akutbetreuung nach besonders traumatischen Ereignissen

Mitarbeiter eines ReKIT	Aufgabenschwerpunkte der Mitarbeiter
• Erziehungsberatungs- stelle und Jugendamt • Sozialpädagogen der Familienhilfe • Psychologen	• Unterstützung von Familien bei der Krisenbewältigung • Hilfen für verwaiste Kinder • Hilfen für Eltern im Umgang mit betroffenen Kindern • Bereitstellung weiterer Hilfsangebote nach dem Jugendhilfegesetz

Anmerkungen. Grau unterlegt = diese Aufgaben fallen meist nicht direkt in Schulen an.

9.3.4 Der Einsatz eines regionalen Kriseninterventionsteams

Der Einsatz eines regionalen Kriseninterventionsteams umfasst die Schritte der Alarmierung, der Situationsanalyse, der Einsatzplanung, der Durchführung, der Nachbesprechung in der Schule, der Einsatznachbesprechung innerhalb des ReKIT und die Erstellung des Einsatzberichts. Die einzelnen Einsatzschritte sollen an folgendem Beispiel veranschaulicht werden.

Am Montagnachmittag rief mich als Leiterin des ReKIT der Notfallseelsorger unseres regionalen Krisenteams an. Er bat im Auftrag einer Mutter um Unterstützung und rief aus dem Haus der Familie K. an. Deren jüngster Sohn, sechs Jahre alt und in der ersten Klasse, war durch einen Schulbusunfall direkt vor dem elterlichen Haus tödlich verunglückt. Nach dem Unterricht in einer ländlichen Grundschule waren der Verunglückte und sein Bruder nach Hause gefahren. Der Bruder war sieben Jahre alt und ging in die zweite Klasse derselben Schule. Beim Aussteigen kam der sechsjährige Junge aus bislang ungeklärten Gründen unter die Räder des Busses. Er war sofort tot. Sein Bruder war unmittelbar vor ihm ausgestiegen. Die Polizei hatte ihre Ermittlungen am Unfallort bereits abgeschlossen. Der Notfallseelsorger betreute zum Zeitpunkt des Anrufs die Eltern des verstorbenen Jungen. Das tote Kind wurde zu Hause aufgebahrt, und die Eltern nahmen Abschied von ihrem Sohn.

9.3.4.1 Alarmierung

Die Alarmierung eines regionalen Kriseninterventionsteams umfasst die Benachrichtigung des ReKIT und die Erteilung des Auftrags zum Einsatz des

ReKIT. Die **Benachrichtigung des ReKIT** kann zum einen von der Schule selbst aus erfolgen. In den meisten Fällen nimmt der Schulleiter hierbei mit dem jeweiligen ReKIT-Leiter Kontakt auf und informiert die zuständige Dienstaufsicht über den Einsatz. Zum anderen kann das ReKIT von Personen außerhalb der Schule informiert werden. Sind bei einem Unglück Schüler betroffen, kann das ReKIT von Notfallseelsorgern oder der Polizei verständigt werden. Danach setzt sich der ReKIT-Leiter mit der Schule in Verbindung und bietet Unterstützung an. Den **Auftrag**, dass das regionale Krisenteam eingesetzt werden soll, erteilen die Schulleitung oder die Dienstaufsicht. Hierzu wurde, wie in Abbildung 5 zu sehen ist, ein Alarmierungsplan mit den möglichen Informationswegen und der Auftragsvergabe aufgestellt. Er wurde von den jeweiligen Dienstaufsichten aller Schularten befürwortet.

Bezogen auf das Beispiel verständigte ich als ReKIT-Leiterin den Rektor der Schule des Verunglückten. Der Schulleiter musste den formalen Auftrag zum ReKIT-Einsatz erteilen. Er forderte für den nächsten Tag das ReKIT an und verständigte die Dienstaufsicht über den erteilten Auftrag. Damit war für den Einsatz Versicherungsschutz gegeben. Die Mitarbeiter des ReKIT waren von sonstigen dienstlichen Aufgaben mit sofortiger Wirkung freigestellt.

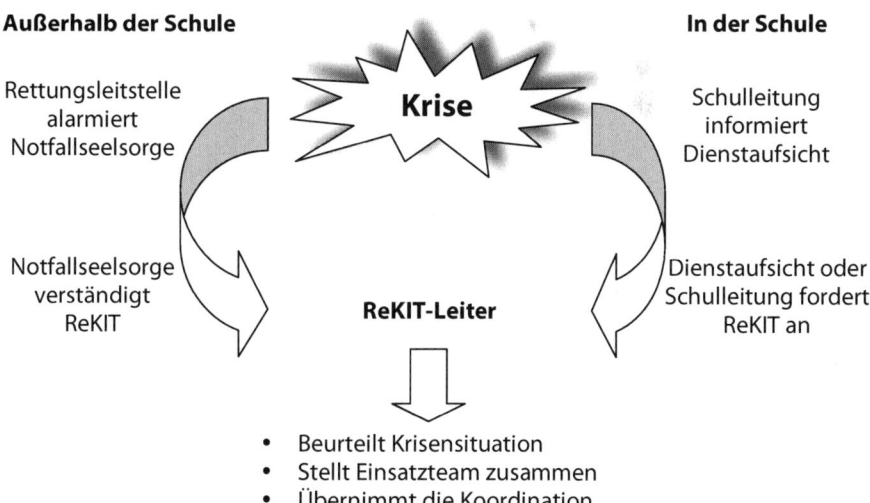

Abbildung 5: Alarmierungsplan

9.3.4.2 Situationsanalyse

Die Analyse der Situation mit allen Folgewirkungen erfolgt grundsätzlich gemeinsam im Leitungsteam. Diese Analyse muss mit größter Sorgfalt durchgeführt werden, weil darauf die Einsatzplanung aufbaut. Hier geht es darum, Übersicht zu gewinnen und gleichzeitig Ruhe zu bewahren. Das ist die Grundlage, um später planvoll handeln zu können. Die **Situationsanalyse** umfasst eine Sachanalyse und eine Betroffenheitsanalyse. Bei der **Sachanalyse** werden alle Umgebungsbedingungen und Sachverhalte zusammengestellt. Die **Betroffenheitsanalyse** stellt fest, inwieweit die einzelnen beteiligten Personen in das Ereignis gefühlsmäßig involviert sind.

Die Sachanalyse im Rahmen des Beispiels ergab Folgendes: Der Unfall geschah außerhalb der Schule. Daher war das schulische System nur indirekt betroffen. Die Unfallursache musste durch die Polizei geklärt werden. Es war mit Zeugenbefragungen und eventuell Presseanfragen zu rechnen. Zwei Klassen benötigten einen besonderen Rahmen für den nächsten Schultag: die erste Klasse, in der der Platz des verstorbenen Schülers leer blieb, und die zweite Klasse, die sein Bruder besuchte.

Innerhalb der Betroffenheitsanalyse werden die Betroffenheitsgrade der Beteiligten ermittelt. Die Betroffenheitsgrade der beteiligten Personen unterscheiden sich durch die emotionale oder räumliche Nähe zum Verstorbenen oder zum Ereignis. Die unterschiedlichen Betroffenheitsgrade können in einem **Kreis der Betroffenheit** visualisiert werden (siehe Abbildung 6 auf Seite 190). Unmittelbar betroffene Personen werden dem Innenkreis zugeordnet. Die Personen im mittleren Kreis sind indirekt betroffen. Im äußeren Kreis finden sich Personen, die zum Ereignis eine größere räumliche und emotionale Distanz haben. Der Betroffenheitsgrad bestimmt zudem die Art der Intervention. Für unmittelbar betroffene Personen im Innenkreis muss eine intensive Unterstützung mit therapeutischen Elementen angeboten werden. Indirekt betroffenen Personen im mittleren Kreis werden Gruppenaktivitäten und Einzelgespräche angeboten. Personen mit größerer Distanz im Außenkreis werden über das Ereignis informiert. Der Kreis der Betroffenheit verschafft rasch einen Gesamtüberblick und strukturiert die schulische Situation. Damit erleichtert er die anschließende Einsatzplanung.

Im vorliegenden Beispiel waren unmittelbar der Bruder, die Eltern und die drei Schulkinder, die Augenzeugen waren, betroffen. Sie sind im Innenkreis der Abbildung 6 auf Seite 190 dargestellt. Der plötzliche Unfalltod stellte ein erheblich traumatisierendes Ereignis dar. In besonderem Maße war der Bruder belastet, der noch sehr jung war und das Ereignis in unmittelbarer Nähe erlebte. Es war davon auszugehen, dass der Bruder und die Kinder im Schulbus einen Schock erlitten hatten. Diese Kinder mussten am nächsten Tag in der Schule identifiziert werden. Für sie stellten gestalterische Ausdrucksformen, wie Malen, Kneten etc., altersgemäße Maßnamen dar, um die Ereignisse zu verarbeiten. Die Familie wurde über einen längeren Zeitraum hinweg unterstützt. Nach einer akuten Stabilisierung nahm der Bruder an einer therapeutischen Trauergruppe für Kinder teil, die eine Sozialpädagogin des ReKIT leitete. Außerdem gab es vom ReKIT-Team längerfristige Hilfestellung für die Eltern.

Die Lehrerinnen der ersten und zweiten Klasse, der Banknachbar des Verstorbenen sowie die Schüler der Klassen waren indirekt betroffen. Für sie stellte der nächste Unterrichtstag eine besondere Herausforderung dar, da sie mit dem Tod eines Klassenkameraden unmittelbar konfrontiert waren. Als entlastende Maßnahmen boten sich für sie Sicherheit gebende Strukturen und gestalterische Aktivitäten zum Ausdruck der Trauer an. Die restlichen Lehrer und Schüler hatten, wie im äußeren Kreis zu sehen ist, dem Ereignis gegenüber eine größere räumliche und emotionale Distanz. Für diese Personengruppen kamen als Maßnahmen kurze Informationen und ein zeitlich begrenztes Angebot für ausführlichere Gespräche in Frage.

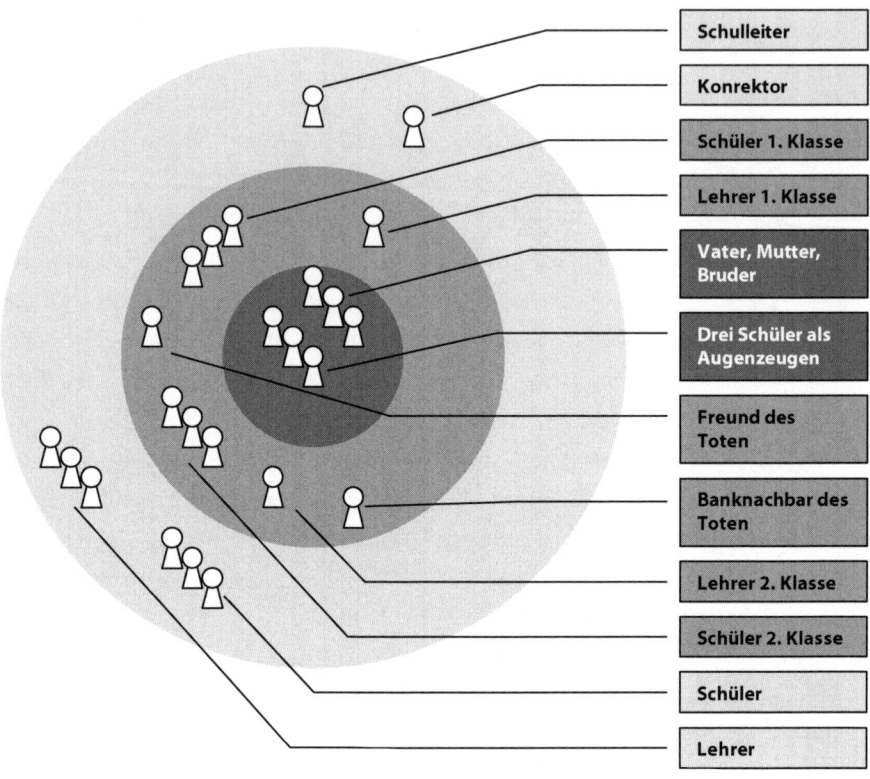

Abbildung 6: Der Kreis der Betroffenheit am Beispiel eines tödlich verunglückten Schülers

Anmerkungen. 1. Klasse = erste Klasse, in die der verunglückte Schüler ging, 2. Klasse = zweite Klasse, in die der Bruder des verunglückten Schülers ging.

9.3.4.3 Einsatzplanung

Auf der Grundlage der Situations- und Betroffenheitsanalyse wurden die einzelnen Interventionsmaßnahmen geplant. Das Coaching des Schulleiters sollte von mir als Leiterin des ReKIT und Schulpsychologin für Hauptschulen durchgeführt werden. Eine weitere Kollegin und ich als ReKIT-Leiterin boten für besonders belastete Schüler Einzelgespräche oder Gespräche in Kleingruppen an. Der Notfallseelsorger, der ein wichtiges Bindeglied zwischen Schule und Elternhaus darstellte, sollte weiterhin die Begleitung der Familie übernehmen. Es war mit polizeilichen Zeugenbefragungen von Schülern zu rechnen. Daher wurde der polizeiliche Ansprechpartner des ReKIT zur Unterstützung hinzugezogen. Dem Einsatzteam gehörten damit vier Personen an: zwei Schulpsychologinnen, ein Notfallseelsorger und ein Polizist. Alle Interventionsmaßnahmen wurden in zeitlicher Abfolge nach dem Einsatzplan zusammengestellt. In einem telefonischen Vorgespräch wurde dann mit dem Schulleiter der erarbeitete Einsatzplan besprochen und nach seinen Wünschen abgeändert. Die Klassenlehrerinnen wurden ebenfalls telefonisch darauf vorbereitet, wie am nächsten Tag der Gesprächsverlauf in den Klassen zum Tod des Mitschülers gestaltet werden könnte.

9.3.4.4 Durchführung

Die Durchführung des Einsatzes erfolgte entsprechend dem Einsatzplan. In Tabelle 9 auf Seite 192 ist der Verlauf des Einsatzes am Tag nach dem Busunglück des Schülers und an den Folgetagen zu sehen. Zunächst wurde der Schulleiter gecoacht. Dann hielt der Schulleiter zusammen mit dem Lehrerkollegium eine Kurzkonferenz ab. Danach wurden die Augenzeugen von den beiden Schulpsychologinnen betreut. Die Klassenlehrerinnen sprachen dann in den Klassen über den Tod des Mitschülers. In der Pause tauschten sich die Lehrer im Kollegium über ihre Gespräche in den Klassen aus. Am Vormittag wurden die weiteren Regelungen mit Presse und Busfahrer getroffen. Abends sprachen die ReKIT-Leiterin und der Schulleiter mit den Eltern. In den Tagen danach kehrte der Bruder des Verstorbenen wieder in seine Klasse zurück.

Tabelle 9: Ein Beispiel für die Durchführung eines ReKIT-Einsatzes

Zeit	Durchführende Personen	Zielgruppe	Maßnahmen
7.00 Uhr	ReKIT-Leiter	Schulleitung	• Vorbereitung der Konferenz. • Bereitstellen von zwei Besprechungsräumen mit Material für die Schüler.
7.30 Uhr	Rektor	Alle Lehrer, Sekretärin, Hausmeister	• Der Rektor beruft eine Kurzkonferenz ein. • Kurze, sachliche Information über den Unfall werden gegeben. • Die Lehrer werden über mögliche Reaktionen der Schüler informiert (Psychoedukation). • Es wird festgestellt, welche Kinder im Bus saßen.
8.00 Uhr bis 10.30 Uhr	Beide Schulpsychologinnen des ReKIT	Drei Kinder, die im Bus saßen, und vier ihrer Freunde	• Sie werden vorsichtig ermuntert, über das Ereignis zu erzählen. • Malen, erzählen, Brief schreiben. • Aktivierung und Festigung der Ressourcen zur Bewältigung des Traumas.
8.00 Uhr bis 9.30 Uhr	Klassenleiter der ersten Klasse (Klasse des tödlich Verunglückten) Klassenleiter der zweiten Klasse (Klasse des Bruders des Verunglückten)	Mitschüler, Klasse	• Die Klassenleiter informieren die Schüler kurz und sachlich. • Alle in der Klasse schreiben für den Bruder des Verunglückten Briefe oder malen Bilder. • Sie schmücken den leeren Sitzplatz.
In der Pause	Beide ReKIT-Leiter	Kollegium	• Nachbesprechung mit den Lehrern über den bisherigen Verlauf in den Klassen.

Zeit	Durchführende Personen	Zielgruppe	Maßnahmen
Vormittags	ReKIT-Leiter	Rektor	• Umgang mit der Presse. • Die Presse wird auf den Polizeibericht verwiesen.
Vormittags	Polizist des ReKIT	Polizei	• Die Kinder, die im Bus saßen, stehen unter Schock und werden daher nicht erneut als Zeugen befragt.
Vormittags	Rektor	Busunternehmer, Mutter	• Der Rektor setzt einen ReKIT-Vorschlag um: Der Bus fährt nicht mehr direkt am Unfallort vorbei. • Eine Mutter begleitet im Bus die betroffenen Schüler des Unfalls.
19.00 Uhr bis 20.00 Uhr	ReKIT-Leiter	Eltern des Verunglückten	• Abends wird ein erstes Gespräch mit Psychoedukation durchgeführt. • Die Bedeutung der aktiven Trauergestaltung für den Bruder wird betont. • Rituale der Beerdigung und die Einbeziehung der Klasse werden besprochen.
19.00 Uhr bis 20.00 Uhr	Rektor	Eltern des Verunglückten	• Der Rektor drückt sein Beileid aus und erkundigt sich, in welcher Form die Schule sich bei der Beerdigung einbringen kann.
Die Tage danach	ReKIT-Leiter	Eltern und Klassenlehrer der zweiten Klasse	• Abstimmung darüber, wie der Bruder des Verstorbenen wieder in die Klasse zurückkehrt.

9.3.4.5 Nachbesprechung in der Schule

Etwa eine Woche nach der Beerdigung des Jungen fand eine Nachbesprechung in der Schule zwischen Einsatzteam und Schulleiter statt. Der Rektor gab hierbei eine Einschätzung zu den eingesetzten Maßnahmen ab. Für ihn war es besonders entlastend, dass er sich nicht um einzelne Schüler und Lehrer kümmern musste, sondern diese Arbeit vollständig an das Einsatzteam abgeben konnte. Einige Lehrer sprachen ihm gegenüber ihren Dank für die Organisation durch das Einsatzteam aus. Viele Lehrer gewannen durch die konkrete Hilfestellung zur Gestaltung der Klassengespräche Handlungssicherheit. Positiv wurde auch das Angebot aufgenommen, besonders belastete Schüler der Gruppenbetreuung durch die Schulpsychologinnen zu übergeben. Einige Lehrer wollten auf das Angebot zu weiterführenden Einzelgesprächen mit Mitarbeitern des ReKIT zurückkommen.

9.3.4.6 Einsatznachbesprechung

Besprechungen und Supervision nach einem Einsatz sind unabdingbar, um auch den Helfern die Möglichkeit zu geben, die Erlebnisse rund um den Einsatz zu verarbeiten und abschließend zu bewerten (Brauchle et al., 2000). In regionalen Kriseninterventionsteams sollte die Nachbesprechung nach einem strukturierten Vorgehen ablaufen, bei dem jeder der Helfer unter der Verschwiegenheitspflicht aller Anwesenden über seine Erfahrungen berichten kann. Folgende **Ziele der Nachbesprechung** werden damit verfolgt:

* Die Helfer sollen durch das Gruppengespräch entlastet werden und einen emotionalen Abstand zum Geschehen bekommen.
* Jedes ReKIT-Mitglied soll auf den gleichen Informationsstand gebracht werden.
* Die Besprechung soll eine objektivere Beurteilung des Einsatzes ermöglichen.
* Die Reflexion über das eigene Tun soll die Wahrnehmung der persönlichen Ressourcen und Grenzen fördern.

- Die Belastung der betroffenen Schüler und Lehrer soll eingeschätzt werden. Bei Bedarf sind weiterführende Maßnahmen zu vermitteln.
- Die Wirksamkeit der Interventionen soll beurteilt werden.

Ein Teammitglied, das selbst nicht am Einsatz beteiligt war, übernimmt die Moderation der Nachbesprechung. Zu Beginn wird nochmals auf strenge Vertraulichkeit hingewiesen. Der **Ablauf der Nachbesprechung** umfasst insgesamt fünf Schritte:

1. Die Sachinformationen über den Grund des Einsatzes und den Auftrag werden zusammentragen. Hierbei sollen sich die Teilnehmer zu folgenden Fragen äußern: Was weißt du darüber? Was hast du gehört und gelesen? Was sind die Tatsachen? Welche Gerüchte wurden gestreut? Schließlich werden die Ereignisse sachlich zusammengefasst, und der Auftrag wird genau formuliert.

2. Die betroffenen Personen werden erfasst. Hierbei werden die Betroffenen mit Hilfe des Kreises der Betroffenheit visualisiert. An die Teilnehmer werden die Fragen gestellt: Mit welchen Personen hast du gearbeitet? Welche Interventionen wurden durchgeführt? In welche Maßnahmen konnten die Personen, die nicht im Einsatz waren, unterstützend eingebunden werden?

3. Auf den eigenen Einsatz wird zurückgeblickt. Hierbei stehen folgende Fragen an die Teilnehmer im Vordergrund: Was hast du gemacht? Wie erging es dir dabei? Wie geht es dir jetzt? Welcher Person standest du besonders nah? Was beschäftigt dich noch am meisten?

4. Der Einsatz wird bewertet. Die Fragen an die Teilnehmer lauten hierbei: Was ist gut gelaufen und hat sich bewährt? Brauchen bestimmte Personen noch weitere Unterstützung? Wie war die Rückmeldung des Auftraggebers? Kann der Fall abgeschlossen werden? Was könnte beim nächsten Einsatz optimiert werden?

5. Die Abschlussrunde: Hierbei soll jeder Teilnehmer sagen, was ihm aktuell besonders wichtig ist.

9.3.4.7 Einsatzbericht

Nach der Einsatznachbesprechung erstellt die Einsatzleitung des regionalen Kriseninterventionsteams den Einsatzbericht. Die **Elemente eines Einsatzberichts** sind dabei der Anlass, der Einsatzort, die Personen, die wichtigsten Interventionen und der Zeitaufwand. Ein Einsatzbericht kann die Grundlage für weitere ReKIT-Teamsitzungen darstellen, in denen Teilaspekte des Einsatzes noch einmal vertieft besprochen werden. Die laufende Reflexion der Mitarbeiter ist ein Eckpfeiler der Qualitätssicherung regionaler Krisen-interventionsteams. In einem **Gesamtbericht über die jährlichen ReKIT-Einsätze** in Niederbayern werden schließlich die Daten aller Einsätze pro Schuljahr von mir als Koordinatorin der ReKIT-Teams ausgewertet und interpretiert. Diesen Gesamtbericht erhalten dann die Dienstaufsichten aller Schularten.

9.3.5 Evaluation bisheriger Einsätze regionaler Krisen-interventionsteams

2003 kamen die regionalen Kriseninterventionsteams in Niederbayern erstmals zum Einsatz. Die Anlässe der ReKIT-Einsätze können insgesamt den drei Hauptkategorien Todesfall, Suizid und massive Gewalt(androhung) zugeordnet werden. Abbildung 7 auf Seite 197 zeigt die Häufigkeit dieser drei Kategorien in den drei Schuljahren 2003 bis 2006. In der Abbildung wird ersichtlich, dass Todesfälle der häufigste Grund sind, die Unterstützung eines regionalen Kriseninterventionsteams anzufordern. Der Suizid von Schülern ist der zweithäufigste Grund. Massive Gewalt als krisenhaftes Ereignis tritt hingegen seltener auf. Auffällig ist, dass die Zahl der ReKIT-Einsätze in den vergangenen Jahren kontinuierlich angestiegen ist. Sie hat sich im Schuljahr 2005/2006 (30 Einsätze) im Vergleich zum ersten Einsatzjahr (15 Einsätze) verdoppelt. Diese Entwicklung kann darauf zurückgeführt werden, dass Schulleiter untereinander das ReKIT aufgrund seiner unterstützenden und entlastenden Wirkung weiterempfehlen.

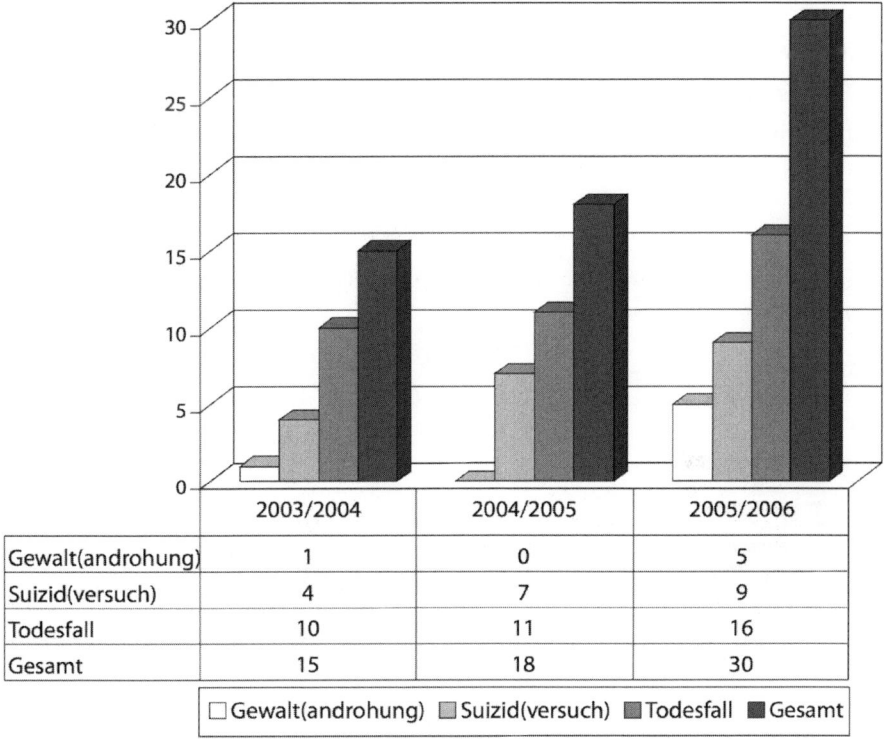

	2003/2004	2004/2005	2005/2006
Gewalt(androhung)	1	0	5
Suizid(versuch)	4	7	9
Todesfall	10	11	16
Gesamt	15	18	30

☐ Gewalt(androhung) ▨ Suizid(versuch) ▤ Todesfall ■ Gesamt

Abbildung 7: Anlässe und Anzahl der ReKIT-Einsätze in Niederbayern in den drei Schuljahren 2003/2004, 2004/2005 und 2005/2006

Tabelle 10 auf Seite 198 gibt einen exemplarischen Überblick über die einzelnen Anlässe, nach denen regionale Kriseninterventionsteams in Niederbayern für das erste Schulhalbjahr 2005/2006 angefordert wurden. Hierbei wird deutlich, dass bei Todesfällen der plötzliche, unerwartete Tod von Schülern nach Unfällen überwiegt. Besorgniserregend sind die häufigen Suizidhandlungen, verbunden mit der Tendenz, dass das Alter der Jugendlichen, die einen Selbstmordversuch unternehmen, zunehmend sinkt. Um Nachahmungen vorzubeugen, besteht zwischen Polizei und Presse meist ein stilles Übereinkommen, über den Suizid von Schülern nicht zu berichten. Obgleich Gewalt und Gewaltandrohung statistisch gesehen eine untergeordnete Rolle spielen, können sie sich zu komplexen Problemlagen entwickeln. Gewalttaten von Trittbrettfahrern nehmen zu, nachdem entsprechend aufsehenerregende Fälle durch die Presse gingen. Der Einsatz erfordert dann auch bei angedrohten Morden oder Amokläufen einen hohen personellen und zeitlichen Aufwand. Einsätze dieser Art erfordern immer eine längerfristige Kooperation zwischen der Schule, dem ReKIT, Polizei oder Jugendamt.

Tabelle 10: Anlässe von ReKIT-Einsätzen in Niederbayern im ersten Schulhalbjahr 2005/2006

Nr.	Datum	Schulart	Ereignis
1.	22.09.2005	RS	Der Bruder eines Schülers wird nach einer Bergtour vermisst.
2.	24.09.2005	FöSch	Plötzlicher Tod eines Schülers.
3.	03.10.2005	GY	Tod eines Schülers durch einen Unfall.
4.	14.10.2005	RS	Ein Schüler verunglückt auf einem Feld.
5.	25.10.2005	HS	Eine Schülerin droht mit Suizid.
6.	25.10.2005	GS	Ein Schüler erschießt beim Spielen seinen Bruder.
7.	06.11.2005	FöSch	Tod eines Schülers nach einer Operation.
8.	07.11.2005	HS	Die Mutter einer Schülerin verunglückt plötzlich.
9.	16.11.2005	HS	Morddrohung eines Schülers gegenüber einem Fachlehrer.
10.	29.11.2005	HS	Ein Schüler verstirbt nach einer Herzoperation.
11.	12.12.2005	RS	Versuchter Suizid einer Schülerin zu Hause.
12.	15.12.2005	GS	Ein Schüler findet seinen Großvater, der sich umbrachte.
13.	09.01.2006	HS	Schülertod durch Unfall, einige Schüler waren Augenzeugen.
14.	20.01.2006	HS	Messerattacke im Unterricht.

Nr.	Datum	Schulart	Ereignis
15.	23.01.2006	HS	Plötzlicher Tod einer Schülerin nach grippalem Infekt.
16.	23.01.2006	HS	Suizidversuch eines Schülers.
17.	25.01.2006	HS	Morddrohung eines Schülers gegenüber einem Lehrer.
18.	07.02.2006	RS	Der Vater eines Schülers stürzt im Haus und verstirbt.

Anmerkungen. FöSch = Förderschule, GS = Gesamtschule, GY = Gymnasium, HS = Hauptschule, RS = Realschule.

9.4 Resümee

Vor drei Jahren habe ich damit begonnen, in den einzelnen Schulamtsbezirken Niederbayerns regionale Kriseninterventionsteams aufzubauen. Es dauerte ein ganzes Schuljahr, bis alle behördlichen Hürden für den Einsatz der Kriseninterventionsteams überwunden waren. Dabei wurden wir allerdings auch durch die schulischen Dienstaufsichten unterstützt. Die niederbayerische Regierung und das Kultusministerium beteiligten sich finanziell an der ersten Fortbildung der ReKIT-Mitarbeiter. Die regionalen Kriseninterventionsteams haben sich dabei als Erfolgsmodell erwiesen. Ein eingespieltes interdisziplinäres Team gibt bei traumatischen Ereignissen fundierte Unterstützung und hilft so vielen Betroffenen, die Krise zu bewältigen und neue Wege in den Alltag zu finden.

9.5 Literatur

Brauchle, G., Wirnitzer, J., Mariacher, A., Ballweber, P. & Beck, T. (2000). Das „verdrängte" Thema: Sekundäre Traumatisierungen von Notfallpsychologen. *Psychologie in Österreich, 20,* 287-292. Verfügbar unter: http://www.notfallpsychologie.at/trauma.htm [20.03.2008].

Egle, U. T., Hoffmann, S. O. & Joraschky, P. (Hrsg.). (2005). *Sexueller Missbrauch, Misshandlung, Vernachlässigung: Erkennung, Therapie und Prävention der Folgen früher Stresserfahrungen* (3. Auflage). Stuttgart: Schattauer.

Fischer, G. & Riedesser, P. (1999). *Lehrbuch der Psychotraumatologie* (2. Auflage). München: Reinhardt.

Lackner, R. (2004). *Wie Pippa wieder lachen lernte: Fachliche Hilfe für traumatisierte Kinder.* Wien: Springer.

Lueger-Schuster, B., Krüsmann, M. & Purtscher, K. (2006). *Psychosoziale Hilfe bei Katastrophen und komplexen Schadenslagen.* Wien: Springer.

Lueger-Schuster, B. & Pal-Handl, K. (2004). *Wie Pippa wieder lachen lernte: Elternratgeber für traumatisierte Kinder.* Wien: Springer.

Saß, H., Wittchen, H.-U., Zaudig, M. & Houben, I. (2003). *Diagnostisches und statistisches Manual psychischer Störungen – Textrevision – DSM-IV-TR.* Göttingen: Hogrefe.

Streeck-Fischer, A. (1999). *Adoleszenz und Trauma.* Göttingen: Vandenhoeck & Ruprecht.

Terr, L. C. (1991). Childhood traumas: An outline and overview. *American Journal of Psychiatry, 148,* 10-20.

Weinberg, D. (2005). *Traumatherapie mit Kindern: strukturierte Trauma-Intervention und traumabezogene Spieltherapie.* Stuttgart: Klett-Cotta.

10 Krisenmanagement bei Tod in Schulen

Helmut Bauhuber

10.1 Einleitung

Schwere oder tödliche Unfälle von Schülern oder Lehrkräften, Gewalttaten, Tod nach Drogenmissbrauch, Suizid eines Schülers – immer wieder kommt es in Schulen zu massiven Krisensituationen. Hier ist ein Krisenmanagement erforderlich, das trotz Betroffenheit und Ohnmacht der Beteiligten übergreifende Handlungsfähigkeit gewährleistet (Gutzeit, Hemmert, Meißner & Sachs, 2003). Der vorliegende Beitrag, der auf eigenen Erfahrungen beruht, soll es ermöglichen, ein maßgeschneidertes Krisenmanagement insbesondere bei Tod in Schulen zu implementieren. Zunächst werden die Begriffe der Krise und des Krisenmanagements erläutert. Ausgehend von entwicklungspsychologischen Überlegungen wird dann dargestellt, wie Schüler mit Sterben und Tod umgehen. Anschließend wird exemplarisch aufgezeigt, wie ein Krisenmanagement nach einem Todesfall ablaufen kann. Damit in Schulen langfristig ein professionelles Handeln bei Krisenereignissen sichergestellt wird, werden im letzten Teil alle notwendigen Aktivitäten rund um das präventive Krisenmanagement erörtert.

10.2 Krise und Krisenmanagement

Unter einer **Krise** kann nach Stein (1998, S. 8) „eine vorübergehende, der Stütze bedürfende massive Instabilität eines Individuums oder sozialen Systems verstanden werden". Krisen sind die Spitzen von Konfliktverläufen. Die Betroffenen fühlen sich massiv bedroht und sind in ihren Handlungen regelrecht gelähmt, da sie über keine Erfahrungen aus ähnlichen Situationen verfügen. Eine Krise kann sich nach gravierenden externen oder internen Ereignissen innerhalb eines sozialen Systems, wie einer Schule oder einer Organisation, entwickeln. Während der Krise sind die Betroffenen häufig psychisch instabil und haben stark ausgeprägte Ängste, ein Gefühl von Unsicherheit und tief gehende Selbstzweifel. Damit geht ein großes Bedürfnis nach externer Hilfe einher (Evangelisch-Lutherische Kirche in Bayern, 2006).

Krisenmanagement umfasst alle Schritte zur Krisenbewältigung, von der Information der Betroffenen über Sofortmaßnahmen und weitergehende Aktivitäten, die emotionale Unterstützung, Betreuung und Beratung der Betroffenen bis hin zur Normalisierung und Anpassung des Alltags an die veränderte Situation (Landesverband Bayerischer Schulpsychologen, 2002). Teil des Krisenmanagements kann die **Psychologische Erste Hilfe (PEH)** sein, d. h. der professionelle psychologische Umgang mit Menschen, die sich in einer Krisen- oder Notfallsituation befinden. Bei dieser Intervention werden die Gefühle der Angst und Hilflosigkeit der Betroffenen gemindert, und sie werden wieder zu geplantem Handeln geführt (Kreis, Marti & Schreyer, 2004).

10.3 Der Umgang von Schülern mit Sterben und Tod

Wie Schüler mit Sterben und Tod umgehen, hängt vom Alter und von ihren bisherigen Erfahrungen ab. Hinsichtlich des Alters ist das Wissen über den Tod vom kognitiven Entwicklungsstatus bestimmt. Damit können drei grundlegende entwicklungspsychologische Stadien angegeben werden, in denen Schüler etwa in gleicher, typischer Weise mit Tod und Sterben umgehen: (1) das Alter von sechs bis neun Jahren, (2) das Alter von zehn bis zwölf Jahren und (3) das Alter ab dreizehn Jahren.

10.3.1 Schüler der Primarstufe: Sechs bis neun Jahre

Kinder im Alter von sechs bis neun Jahren beginnen langsam zu verstehen, was der Tod bedeutet. Sie haben weitestgehend noch einen unemotionalen Bezug zum Tod und einen eher **sachlich-konkreten Blick** auf die Fakten und Ereignisse rund um Sterben und Tod. Gedanken über mögliche Formen des Todes, die durch Geschichten oder Medien angeregt werden und noch nicht von Gefühlen der Trauer begleitet sind, bestimmen die Wahrnehmung der Kinder. Manchmal äußern sie Gedanken, dass die Eltern oder ihnen nahestehende Personen sterben könnten. Hierbei können sie Angst vor Dingen äußern, die sie nicht verstehen. Dass jemand mit dem Tod endgültig fort sein wird, können sie meist nicht nachvollziehen, was ihnen Angst machen kann. Sie nehmen noch nicht zur Kenntnis, dass man auch schon im Kindesalter sterben kann. Da Kinder dieser Altersstufe den Tod eher sachlich-konkret auffassen, sollte vor ihnen ein Todesfall in der Familie nicht gänzlich abgeschirmt werden. Kinder können vielmehr schon in diesem Alter lernen, dass Sterben und Tod zum Lebensverlauf dazugehören.

10.3.2 Schüler der Sekundarstufe I: Zehn bis zwölf Jahre

Im Alter von zehn bis zwölf Jahren beschäftigen Kinder vor allem die **biologischen Aspekte** des Sterbens und des Todes. Sie möchten wissen, wie ein toter Mensch aussieht, wie er riecht und sich anfühlt. Es kann vorkommen, dass Kinder eine Aussegnungshalle in der Hoffnung aufsuchen, einen toten Menschen zu sehen. Die Kinder wissen nun, dass man stirbt, wenn man alt ist, und dass das Leben endlich ist und der Tod unabänderlich. Schüler in dieser Alterspanne interessieren sich vermehrt für Gruselgeschichten über Tote und Scheintote, was auch in vielen Märchen und Fantasyromanen thematisiert wird. Mitunter können ihre Gedanken über Sterben und Tod von heftigen Emotionen, wie Trauer, Wut oder auch Schuldgefühlen, begleitet sein. Sie realisieren nun, dass auch Kinder sterben können, und sie sprechen manchmal davon, selbst sterben zu müssen.

10.3.3 Schüler der Sekundarstufe I und II: Ab dreizehn Jahren

Heranwachsende Jugendliche ab dreizehn Jahren entwickeln eine zunehmend rationale Sicht auf die Welt. Zentral ist ab diesem Alter der Prozess der körperlichen Reifung. Die körperlichen Veränderungen lösen oft Unsicherheit und Ängste aus. Damit geht auch die Suche nach ihrer persönlichen und geschlechtlichen Identität einher. Positive und negative Gefühle können häufig wechseln. Teilweise erleben sie durch diese emotionale Instabilität Sterben und Tod besonders intensiv. Jugendliche nehmen den Tod mehr und mehr als **kritisches, Angst und Trauer auslösendes Lebensereignis** wahr. Ihnen ist bewusst, dass der Tod unausweichlich und endgültig ist und dass jeder einmal sterben muss. Die Jugendlichen wissen, dass auch sie selbst sterben können, und beschäftigen sich auch gelegentlich mit den Fragen, wie man sterben wird und ob es eine Existenz nach dem Tod gibt. Gedanken daran, dass der Tod unausweichlich ist und ungewiss bleibt, was nach dem Tod kommt, können negative Gefühle, wie Angst, Traurigkeit und Unsicherheit, auslösen.

10.4 Ablauf des Krisenmanagements

In den Jahren 2004 bis 2006 war ich in meinem Schulamtsbezirk bei vier Todesfällen an Schulen in das dortige Krisenmanagement eingebunden. Im ersten Fall handelte es sich um einen häuslichen Unfall eines Schülers mit tödlichem Ausgang. Im zweiten Fall verunglückte ein Schüler nachmittags beim Baden tödlich. Der dritte Fall war der Suizid des Vaters eines Schülers, der sich von einem Lastkraftwagen überfahren ließ. Beim vierten Fall kam ein Lehrer auf tragische Weise durch seine Schusswaffe ums Leben. Seine Schule wurde am nächsten Morgen durch den Bruder des Verstorbenen informiert. Alle vier Fälle ereigneten sich außerhalb der Schulzeit. Aus diesen Erfahrungen resultieren die folgenden Hinweise, wie ein professionell durchgeführtes Krisenmanagement bei Tod in Schulen ablaufen kann und welche Aktivitäten als präventive Maßnahmen in Frage kommen, um an einer Schule bei Krisenfällen vorbereitet zu sein. Am ersten Fall des tödlichen Unfalls eines Schülers sollen im Folgenden die Interventionen im Rahmen eines Krisenmanagements veranschaulicht werden.

10.4.1 Eingang der Nachricht

Durch einen Notfallseelsorger des Schulamtsbezirks wurde in Erfahrung gebracht, welche Schule von dem Unglücksfall unmittelbar betroffen war. Er informierte den Schulleiter dieser Schule. Zugleich bot er sich an, ein Kriseninterventionsteam mit den Fachkräften der Schule (Beratungslehrer, Religionspädagoge) und des Schulamtsbezirkes (Notfallseelsorger, Schulpsychologe) zu organisieren. Teilweise wurde ich mit der Planung und Durchführung des Krisenmanagements an der betroffenen Schule beauftragt. In allen vier Fällen zeigte sich, dass der Schulleiter und die Lehrkräfte im Umgang mit der Krise weitgehend überfordert und hilflos waren. Das lag zum einen an der emotionalen Betroffenheit der Lehrer, zum anderen an ihrer Ratlosigkeit, geeignete Maßnahmen auszuwählen und umzusetzen.

10.4.2 Krisenbesprechung

Unmittelbar nachdem der Schulleiter von dem Krisenereignis erfahren hatte, wurde zu einer ersten Krisenbesprechung eingeladen. Hieran nahmen der Schulleiter, der betroffene Klassenleiter und die Mitarbeiter des Kriseninterventionsteams teil, das aus dem Schulpsychologen, dem Beratungslehrer und dem Religionspädagogen bestand. Alle Beteiligten wurden durch die Informationen zum Ereignis – es wurden lediglich konkrete Fakten mitgeteilt – auf einen gemeinsamen Wissensstand gebracht. Als Nächstes wurde ermittelt, welche Klassen unmittelbar betroffen waren. Der Schulleiter nahm mit den Hinterbliebenen Kontakt auf und besprach mit ihnen, wie die Todesnachricht in geeigneter Form an Lehrer und Schüler weiterzugeben sei. Es bot sich an, für die Weitergabe der Information die Fakten kurz schriftlich zu fixieren. In einer Dienstbesprechung mit dem Kollegium sollten die weitergehenden Schritte festgelegt werden.

10.4.3 Dienstbesprechung

Zu Beginn des darauffolgenden Schultages hatte der Schulleiter das Lehrerkollegium eine Stunde vor Unterrichtsbeginn zu einer Dienstbesprechung eingeladen. Das Kollegium wurde durch die Schulleitung über das Krisenereignis und die weitere Vorgehensweise informiert. Sachliche Informationen standen dabei im Vordergrund. Der Schulleiter gab auch weiter, wie die Lehrer die Nachricht an die Schüler und Schülerinnen weiterzugeben hätten. Jeder Lehrer konnte dabei angeben, ob ein Schüler aus seiner Klasse durch familiäre Bindung oder enge Freundschaft mit dem Verstorbenen besonders betroffen war. In einem solchen Fall wurde der Klassenleiter von einem Mitarbeiter des Kriseninterventionsteams begleitet. In den unmittelbar betroffenen Klassen begleiteten von vornherein Mitarbeiter des Kriseninterventionsteams die Klassenlehrerin. Zudem wurde dem Kollegium mitgeteilt, mit welchen unterschiedlichen Reaktionsmöglichkeiten der Schüler zu rechnen sei. Grundsätzlich sollte das Krisengespräch mit den Schülern gegenüber dem geplanten Unterricht Vorrang haben. Der nachfolgende Stundenplan des weiteren Tages sollte allerdings weitestgehend eingehalten werden. Auf geplante Leistungstests wurde an diesem Tag verzichtet.

10.4.4 Gespräche in den Klassen

Die folgenden Maßnahmen sind sowohl bei Gruppengesprächen mit der ganzen Klasse als auch in Einzelgesprächen mit Schülern hilfreich. Zunächst wurde die Nachricht durch den Klassenleiter weitergegeben. Danach sollten die Schüler ihre Eindrücke dazu schildern. Hilfreiche Fragen waren hierbei: Wo warst du, als es geschah? Was hast du bereits auf dem Weg zur Schule erfahren? Wer hat dir davon erzählt? Jeder einzelne Schüler wurde dazu aufgefordert, über seine Gedanken und Gefühle hinsichtlich des Krisenereignisses zu sprechen. Im Gespräch mit der Klasse sollte der Lehrer keine Verallgemeinerungen, wie „immer" oder „nie", sondern stattdessen eher abgestufte Häufigkeitsbegriffe, wie „oft" oder „häufig" verwenden. Die Schüler wurden dazu ermuntert, ihre eigenen Reaktionen zu schildern: „In einer solchen Situation reagieren wir oft mit [...]. Ist das bei dir ähnlich?" Spontane negative Gefühlsausbrüche, die aus Scham oft unterdrückt werden, konnten durch den Lehrer positiv verstärkt werden: „Es ist verständlich, wenn du in einer solchen Situation weinst oder Wut empfindest." Dennoch sollte der Lehrer nicht insistieren und den Schüler zur Beantwortung einer Frage drängen. Er konnte ihm die Beantwortung der Frage nach dem persönlichen Empfinden durch vorgegebene Antwortalternativen erleichtern. Es wurde respektiert, wenn sich ein Schüler partout nicht zum Ereignis äußern wollte. Um das Thema der Bewältigung anzusprechen, setzte der Lehrer ebenfalls geeignete Fragen ein: „Was hat dir denn bisher in schwierigen Situationen geholfen?" „Wer könnte dir helfen, damit es dir besser geht?"

Die Schüler verhielten sich nach Übermittlung der Todesnachricht sehr unterschiedlich. Einige weinten, andere schwiegen und zeigten sich wie versteinert. Wieder andere reagierten aggressiv oder mit verbalen Provokationen. Vor dem Hintergrund, dass jeder Schüler durch die Nachricht auf seine Weise betroffen war, sollte keine dieser Reaktion in Frage gestellt werden, um die Schüler nicht zusätzlich zu verunsichern. Ich habe auch die Erfahrung gemacht, dass durch das Ereignis bei einigen Schülern ähnliche Trauererfahrungen aktiviert wurden. Sie berichteten dann beispielsweise über den Tod eines Verwandten, der Großeltern oder eines Haustiers.

Um die Trauerreaktion der Schüler zu bearbeiten, konnten vor allem kreative Materialien oder Aktionen eingesetzt werden. Zum Abschiednehmen wurden Rituale vorgeschlagen, wie z. B. einen Erinnerungskasten aufzustellen, eine Kerze auf dem leer gebliebenen Stuhl anzuzünden, mit den Schülern ein Lied für den Verstorbenen zu singen oder gemeinsam zu beten. Einige Schüler malten auch ein Plakat dazu, was sie an dem Verunglückten besonders geschätzt hatten. In einer Klasse waren die Schüler eingeladen, dem Verstorbenen einen Abschiedsbrief zu schreiben und für ihn ein Bild zu malen, was ihm im Grab mitgegeben werden konnte. Zur Erstellung des Abschiedsbriefes waren folgende Fragen hilfreich: „Welche Fragen hättest du vom Verstorbenen gerne noch beantwortet gehabt?" „Was hättest du ihm gerne noch gesagt?" Eine weitere Möglichkeit bestand darin, einen gemeinsamen Kondolenzbrief an die Geschwister oder die Trauerfamilie aufzusetzen. Als in einer Klasse zunehmend Unruhe aufkam, wurde entschieden, einen kurzen Spaziergang mit der gesamten Klasse zu unternehmen. Schülern, die sich sehr betroffen zeigten, wurde die Möglichkeit gegeben, die Klasse zu verlassen und in einem eigens dafür eingerichteten Raum mit dem Schulpsychologen zu sprechen. Das Ziel war hierbei, die Schüler im Gespräch weg vom Trauma hin zur Trauerarbeit zu führen.

10.4.5 Konferenzen in den Pausen

In den Pausen wurden kurze Konferenzen mit den Lehrern einberufen. Hier hatten die Lehrkräfte die Möglichkeit, über ihre Erfahrungen in den Klassen zu sprechen und ein Feedback vom Kriseninterventionsteam zu bekommen. Um der gesamten Schule das Abschiednehmen zu ermöglichen, wurde hierbei die Einrichtung einer Trauerecke im Klassenzimmer des Verstorbenen beschlossen. In einer der Konferenzen schlug der Religionspädagoge vor, einen Gedenkgottesdienst für den Verstorbenen in der Schule zu feiern. Dieser wurde nach Absprache mit den Hinterbliebenen umgesetzt.

10.4.6 Abschlusskonferenz

Am Ende des Tages fand eine Abschlusskonferenz mit allen Lehrern und den Mitarbeitern des Kriseninterventionsteams statt. Hierbei konnten sich die Lehrer darüber austauschen, was gut und was weniger gut funktioniert hatte und was man in Zukunft bei ähnlichen Krisen ändern wollte. Außerdem wurde darauf hingewiesen, dass in dringenden Fällen weiterhin schulpsychologische Unterstützung von der Schule angefordert werden konnte. Die Lehrer wurden auch darauf vorbereitet, dass das Krisenereignis in den nächsten Tagen noch Gesprächsstoffe in der Klasse sein könnte und sie sich Zeit dafür nehmen sollten. Viele Lehrer waren anfangs skeptisch, ob sie die Gespräche in den Klassen ohne weitere fachliche Unterstützung meistern könnten. Es zeigte sich aber, dass sie meist sehr gut wussten, welche Maßnahmen angemessen waren. Die Lehrer wurden von den Schülern immer wieder als Vertrauensperson angesprochen. Auch kritische Gespräche führten sie hierbei mit großem Einfühlungsvermögen und Sachverstand.

Zusätzlich wurde bei Bedarf für betroffene Lehrer und den Schulleiter eine Supervision durch den Schulpsychologen angeboten (siehe Schreyögg, 2003, 2004). Eine Lehrerin nahm dieses Angebot in Anspruch. Sie machte sich im Falle des häuslichen Unfalls eines Schülers, bei dem Suizidverdacht bestand, große Vorwürfe, dass ihr nichts an dem verstorbenen Schüler aufgefallen war, was auf die Tat hätte hindeuten können. Sie sagte: „Wenn ich sensibler mit ihm umgegangen wäre, würde er vielleicht noch leben." Nach mehreren Supervisionsgesprächen konnten diese Selbstvorwürfe jedoch ausgeräumt werden.

10.5 Präventives Krisenmanagement

Es hat sich gezeigt, dass in den meisten Fällen an den Schulen kein ausreichendes präventives Krisenmanagement vorgesehen war. Dies ist jedoch notwendig, um Schulleitung und Kollegium auch in unvorhergesehenen Notfällen professionelles Handeln zu ermöglichen. Hierbei sollten vorbereitende Maßnahmen getroffen werden. Außerdem sollte eine Checkliste für Akut-Maßnahmen mit allen auszuführenden Aktivitäten vorliegen.

10.5.1 Vorbereitende Maßnahmen

Als zentrale vorbereitende Maßnahme ist ein **Krisenplan** zu erstellen. Dieser enthält alle Handlungsanweisungen und Dokumente, die im Krisenfall notwendig werden. Der Schulleiter trägt für die Ausarbeitung, Aktualisierung und Umsetzung des Krisenplans die Verantwortung.

Zum Krisenplan gehört zunächst eine **Handlungsanweisung** für verschiedene Krisenfälle in Form einer Schritt-für-Schritt-Anleitung. Die Handlungsanweisungen können durch eine **Checkliste der Akutmaßnahmen** unterstützt werden, die alle notwendigen Maßnahmen im Krisenfall stichpunktartig auflistet. Tabelle 11 auf Seite 211 zeigt, wie solch eine Checkliste für Todesfälle in Schulen aussehen kann. Außerdem sind die **Kontaktadressen der schulinternen und schulnahen Helfer** (Beratungslehrer, Religionslehrer, Schulpsychologe, Schularzt) zu hinterlegen. Außerdem gehört zum Krisenplan ein **Standortplan mit allen Telefongeräten**, mit denen man von der Schule aus nach außen telefonieren kann. Weiterhin ist innerhalb des Krisenplans das **Kriseninterventionsteam** vorab festzulegen. Hierbei werden die Namen der Beteiligten, ihre Funktionen und ihre Kontaktdaten schriftlich fixiert. Feststehen sollte, wer von den Beteiligten jederzeit, auch in den Ferien und am Wochenende, erreichbar ist und in Notsituationen umgehend informiert wird.

Der Krisenplan wird mit dem gesamten Kollegium innerhalb einer schulinternen Lehrerfortbildung besprochen und abgestimmt. Das Krisenmanagement sollte für ausgewählte Ereignisse probeweise in der Schule getestet werden. Die Inhalte des Krisenplans sind laufend zu aktualisieren. Jeweils zu Beginn eines Schuljahres wird der Krisenplan dem Kollegium mit etwaigen Neuerungen vorgestellt. Insbesondere neue Kollegen sind mit seinen Inhalten vertraut zu machen. Für das Verhalten in Notfällen sollte ein Aushang in der Schule existieren. Sinnvoll ist auch die regelmäßige Teilnahme von Lehrern an Fortbildungen zur Krisenintervention. Schließlich sollten auch alle externern Partner der Schule über den Krisenplan informiert werden.

10.5.2 Akutmaßnahmen

Zu den Akutmaßnahmen gehören die erste Übermittlung der Kriseninformation an alle Verantwortlichen, die Arbeit im Kriseninterventionsteam am Tag der ersten Kriseninformation, die Gespräche in den Klassen am Tag darauf und die Nachbereitung in den weiteren Tagen. Alle Maßnahmen bei Todesfällen in Schulen sind in Form einer Checkliste in Tabelle 11 auf Seite 211 zusammengestellt.

Tabelle 11: Checkliste der einzuleitenden Akutmaßnahmen im Rahmen der Krisen-information

---

Rufnummern zur ersten Kriseninformation

- Notruf (allgemein): 110
- Rettung: 112 oder 19222
- Polizei: 110
- Feuerwehr: 112
- Weitere Personen: Schulaufsicht, Kollegium, schulnahe Helfer, Schüler, Eltern

---

Arbeit im Kriseninterventionsteam am Tag der ersten Kriseninformation

Das Krisenteam innerhalb des Kollegiums bestimmen

- Wer ist wofür zuständig?
- Leitung des Krisenteams
- Aufgabenklärung
- Protokollant bestimmen
- Eventuell weitere Sitzungen anberaumen

Information über die Fakten des eingetretenen Krisenereignisses bestimmen

- Welchen Personen ist was, wo, wann, wie und warum passiert?

Sofortmaßnahmen einleiten

- Bestimmung der Sofortmaßnahmen und der Handlungsträger
- Umsetzung der Sofortmaßnahmen

Unterstützungsbedarf durch externe Fachleute klären

- Bedarf es externer fachlicher Unterstützung von außen? Wenn ja: Wer soll angefordert werden?
- Welche Lehr- und Fachkräfte stehen für unterstützende Einzelgespräche zur Verfügung?

Den folgenden Schultag planen und organisieren

- Planung der Informationsweitergabe an die Schüler in den Klassen:
  - Den Kontakt zur Familie des Betroffenen herstellen und den weiteren Austausch sicherstellen
  - Die Informationen, die weitergegeben werden sollen, mit den Hinterbliebenen abstimmen
  - Informationen und Form der Informationsweitergabe wählen
  - Welche besonderen Materialien müssen für die Bearbeitung in den Schulklassen beschafft werden (Texte, Kerzen, Zeichenblätter, Stifte)?

- Gedenkveranstaltung organisieren:
  - Findet bei eingetretenem Tod eine Gedenkminute mit allen Schülern statt?
  - Zielsetzung der Veranstaltung klären
  - An welchem Ort soll sie stattfinden?
  - Wer soll aktiv mitwirken?
- Krisenbesprechung mit den Mitarbeitern des Kriseninterventionsteam, dem Klassenlehrer, den direkt betroffenen Lehrpersonen, den externen Fachleuten und der Schulleitung: erste Weitergabe der Informationen über das Krisenereignis
- Gedenkort organisieren:
  - Wird ein Gedenkort bei eingetretenem Tod angeboten?
  - Wer ist für die Organisation zuständig?
  - Welche Personen stehen dort als Gesprächspartner zur Verfügung?
- Einzelgespräche organisieren:
  - Welche Ansprechpartner stehen für Einzelgespräche mit Schülern zur Verfügung?
  - Organisation der Räume und der Sprechzeiten
- Einbindung der externen Fachleute:
  - Bei welchen Maßnahmen sollen sie eingesetzt werden?
  - Organisation der Bewirtung

Gespräche in den Klassen am Tag nach der ersten Kriseninformation

- Dienstbesprechung mit dem gesamten Kollegium zum Krisenereignis
- Information, Gespräche und weitergehende Bearbeitung zum Krisenereignis in den Klassen
- Information der Eltern über das Krisenereignis
- Einzelgespräche mit besonders betroffenen Schülern und Lehrern
- Entlastung der schulischen Helfer durch Einbindung externer Fachleute

Nachbereitung in den weiteren Tagen nach der ersten Kriseninformation

- Rückmeldung, Dank und Abschlussgespräch mit allen, die an der Krisenintervention beteiligt waren
- Hilfe für die Helfer in Form von Supervision und Coaching anbieten
- Bei Bedarf weitergehende Beratung für Lehrer und Schüler anbieten
- Protokoll und Evaluation zu allen Aktivitäten der Krisenintervention

10.5.3 Symptome einer posttraumatischen Belastungsreaktion

Im Einzelfall können bei den Schülern Symptome einer posttraumatischen Belastungsreaktion auftreten. Lehrer sollten gegenüber diesen Symptomen besonders aufmerksam sein. Falls eines der folgenden Symptome länger als einen Monat nach dem Krisenereignis auftritt, kann dies ein Anzeichen für eine posttraumatische Belastungsreaktion sein. Dann sollte der Schulpsychologe konsultiert werden. Mögliche **Symptome** sind:

- Traumatisches Spiel, d. h., ein Schüler spielt unaufhörlich das Erlebte nach
- Leistungsabfall in der Schule durch Konzentrations- und Gedächtnisschwierigkeiten
- Gereiztheit, Wut und gesteigerte Aggressivität
- Alpträume, andere Schlafstörungen und damit verbundene Tagesmüdigkeit
- Ausgeprägtes Vermeidungsverhalten, d. h., ein Schüler läuft z. B. nicht mehr über den Teil des Schulhofs, auf dem ein Mitschüler verunglückt ist
- Angst und Erregungszustände
- Kopf-, Magen-, Rückenschmerzen
- Ein In-sich-gekehrt-Sein oder auffallendes Schweigen des Schülers
- Drogen- und Alkoholkonsum
- Suizidandrohung eines Schülers

10.6 Resümee

Todesfälle in Schulen kommen als massive Krisenereignisse immer wieder vor. Im vorliegenden Beitrag wurde an einem Beispiel erläutert, wie das Krisenmanagement bei Tod in Schulen ablaufen kann. Es umfasst mehrere Dienstbesprechungen, die Gespräche in den Klassen und die Kommunikation mit den Hinterbliebenen. Innerhalb eines präventiven Krisenmanagements sollte im Krisenplan schriftlich festgehalten werden, welche Akutmaßnahmen im konkreten Fall umzusetzen sind. So wird die Schule auch zukünftig in der Lage sein, Tod in Schulen und andere Krisen erfolgreich zu bewältigen.

10.7 Literatur

Evangelisch-Lutherische Kirche in Bayern & Katholisches Schulkommissariat in Bayern (Hrsg.). (2006). *Wenn der Notfall eintritt: Handbuch für den Umgang mit Tod und anderen Krisen in der Schule.* Heilsbronn: Religionspädagogisches Zentrum.

Gutzeit, S., Hemmert, B.-L., Meißner, B. & Sachs, M. (2003). *Hilfen zur Krisenintervention an Schulen in Bayern: auf der Grundlage der Erfahrungen des Kriseninterventionsteams der Bayerischen Schulpsychologen übersetzt und erarbeitet nach Scott Poland & Jami S. McCormick, Coping with crisis: A quick reference.* Freising: Kriseninterventions- und Bewältigungsteam Bayerischer Schulpsychologinnen und Schulpsychologen. Verfügbar unter: http://www.realschule.bayern.de/schulleitung/arbeitshilfen/archiv/ki_hilfen.doc [20.03.2008].

Kreis, A., Marti, U. & Schreyer, R. R. (Hrsg.). (2004). *Interventionen in Schulen nach einem Suizidereignis (Praxisforschung der Erziehungsberatung des Kantons Bern, Band 6).* Bern: Edition Soziothek.

Landesverband Bayerischer Schulpsychologen (Hrsg.). (2002). *Krisenmanagement in Schulen: Umgang mit Krisensituationen, Gewalt und Tod (Forum Schulpsychologie, Band 14).* Bad Windsheim: Herausgeber.

Schreyögg, A. (2003). *Coaching: eine Einführung für Praxis und Ausbildung* (6. Auflage). Frankfurt am Main: Campus.

Schreyögg, A. (2004). *Supervision: ein integratives Modell. Lehrbuch zu Theorie und Praxis* (4. Auflage). Wiesbaden: VS Verlag für Sozialwissenschaften.

Stein B. (1998). Reaktionen auf Katastrophen in Kommunen in Israel. In Landesverband Bayerischer Schulpsychologen (Hrsg.), *Schulpsychologie und Schulentwicklung (Forum Schulpsychologie, Band 5)* (S. 5-20). Bad Windsheim: Herausgeber.

11 Konfliktpotenziale bei der Zusammenarbeit von Kindergarten und Grundschule

Reinhard Maar

11.1 Einleitung

Die Bedeutung des Kindergartens als eine Institution des Bildungswesens ist heute unumstritten. Einer jüngeren Pressemeldung zufolge fordert selbst die deutsche Wirtschaft eine fundierte Bildung schon im Kindergarten (dpa, 2006). Die Ständige Konferenz der Kultusminister der Länder in der Bundesrepublik Deutschland benennt den Kindergarten eindeutig als Bildungseinrichtung für bis zu sechsjährige Kinder, an die sich die Grundschule anschließt (Sekretariat der Ständigen Konferenz der Kultusminister der Länder der Bundesrepublik Deutschland, Dokumentations- und Informationsdienst, 2005). In einigen Ländern gibt es mit Vorklassen oder Schulkindergärten bereits besondere Einrichtungen, die den Übergang vom Kindergarten in die Grundschule erleichtern und zudem einen ausgeprägten Bildungsanspruch haben.

Unmittelbar nach Veröffentlichung der ersten PISA-Studie erklärte die Ständige Konferenz der Kultusminister, dass die Verbindung zwischen Kindergarten und Schule gestärkt werden müsse. In diesem Zusammenhang wurden zahlreiche **Projekte zum Übergang zwischen Kindergarten und Schule** initiiert. Beispiele dafür sind:

* die „Optimierte Schuleingangsphase" sächsischer Grundschulen
* der „KIDZ – Kindergarten der Zukunft", ein Modellprojekt zur Verschmelzung von Kindergarten und erster Grundschulklasse in Bayern
* „Unser Kind kommt in die Schule", ein Projekt zur Zusammenarbeit im Erziehungsbereich aus Bayern
* „Frühes Lernen: Kindergarten und Grundschule kooperieren", ein Konzept für einen übergreifenden Bildungsplan in Bremen

* „Vorschulische Bildung und Erziehung in der Kindertagesstätte", ein Modellprojekt in Rostock

Auch die Friedrich-Ebert-Stiftung und die Bertelsmann-Stiftung unterstützen und begleiten neue Modelle der Zusammenarbeit von Kindertagesstätte und Grundschule durch Fachtagungen und Wettbewerbe.

Ziel des vorliegenden Beitrags ist es, die Konfliktpotenziale aufzuzeigen, die bei der Zusammenarbeit von Kindergarten und Grundschule innerhalb gemeinsamer Projekte bestehen können. Zunächst werden jedoch die Bildungsaufgaben von Kindergarten und Grundschule erörtert. Exemplarisch sollen dazu der bayerische Bildungs- und Erziehungsplan und der Lehrplan für bayerische Grundschulen herangezogen werden.

11.2 Die Pläne der bayerischen Staatsministerien zu Kindergarten und Grundschule

Der **bayerische Bildungs- und Erziehungsplan** für Kinder in Tageseinrichtungen bis zur Einschulung wurde vom bayerischen Staatsministerium für Arbeit und Sozialordnung, Familie und Frauen (BayStMAS) und vom Staatsinstitut für Frühpädagogik in München (IFP) herausgegeben (BayStMAS & IFP, 2006). Der **Lehrplan für die bayerische Grundschule** wurde vom bayerischen Staatsministerium für Unterricht und Kultus (BayStMUK) unter Beteiligung des Staatsinstituts für Schulqualität und Bildungsforschung (ISB), München, herausgegeben (BayStMUK, 2000). Die Aufgaben und Funktionen von Kindergarten und Grundschule im jeweiligen Plan werden herausgearbeitet. Anschließend werden die Pläne miteinander verglichen.

11.2.1 Der bayerische Bildungs- und Erziehungsplan

Im Vorwort zum bayerischen Bildungs- und Erziehungsplan (BayStMAS & IFP, 2006) bezeichnet die bayerische Staatsministerin für Arbeit und Sozialordnung, Familie und Frauen, Christa Stewens, den Plan als Teil der Qualitäts- und Bildungsoffensive Bayerns. Mit ihm sollen die zentralen **Ziele** der Stärkung der Kinder, der kindlichen Autonomie und der sozialen Mitverantwortung verfolgt werden. Die Förderung grundlegender Kompetenzen und Ressourcen des Kindes ist dabei besonders bedeutsam. „Das Spiel ist weiterhin pädagogisches Grundprinzip" (BayStMAS & IFP, 2006, S. 10). Es wird jedoch mit Nachdruck darauf hingewiesen, dass die Lernprozesse in den Tageseinrichtungen von pädagogischen Fachkräften begleitet werden sollen. Erziehung und Bildung sind eine untrennbare Einheit. Persönlichkeitsbildung ist ebenso wichtig wie die übrigen Bildungsinhalte. Der Direktor des Staatsinstituts für Frühpädagogik, Professor Wassilios Fthenakis, weist in seinem Vorwort darauf hin, dass im Bildungsplan nunmehr das lernende Kind im Zentrum steht und Bildung das Ergebnis eines sozialen Prozesses ist:

„Denn in der Tat versucht dieser Bildungsplan, eine veränderte bildungstheoretische und bildungsphilosophische Position einzunehmen: Nicht die Institution, sondern das sich entwickelnde und lernende Kind steht im Mittelpunkt. Ein hohes Maß an Individualisierung bei der Begleitung kindlicher Bildungsprozesse ist demnach die logische Konsequenz. Der Plan verlässt die bisherige Auffassung, der zufolge Bildung ein individueller, kind- und personenzentrierter Vorgang im Sinne von Selbstbildungsprozessen sei. Er versteht vielmehr unter Bildung einen zwar individuell verankerten, aber sozial hergestellten Erkenntnisgewinn. Bildung ist somit das Ergebnis sozialer Prozesse, die, kontextuell eingebettet, nach Sinnkonstruktion streben. Daran beteiligen sich Kinder, pädagogische Fachkräfte, Eltern und weitere Erwachsene aktiv." (BayStMAS & IFP, 2006, S. 11).

Die Notwendigkeit eines Bildungs- und Erziehungsplans resultiert aus den Ergebnissen internationaler Bildungsstudien, wie z. B. der Studie „Starting Strong" der Organisation für wirtschaftliche Zusammenarbeit und Entwicklung (OECD, 2001), und international herausragender Reformen im Elementarbereich. Norwegen, Schweden, Finnland, England und Neuseeland – und damit vor allem die Länder mit den besten Ergebnissen in der PISA-Studie – haben solche Pläne bereits erfolgreich umgesetzt.

Dem Bildungs- und Erziehungsplan entsprechend sollen den Kindern vor allem Basiskompetenzen vermittelt und so Lernprozesse angestoßen werden.

Der Plan ist weniger ausdifferenziert als schulische Lehrpläne. Er lässt großen pädagogischen Freiraum, setzt auf spielerische Lernformen und ganzheitliches Lernen. Die **Basiskompetenzen**, die bei den Kindern gefördert werden sollen, sind:

- **personale Kompetenzen**, wie Selbstwahrnehmung, motivationale Kompetenzen, kognitive Kompetenzen und physische Kompetenzen
- **Kompetenzen zum Handeln im sozialen Kontext**, wie soziale Kompetenzen, Werte und Orientierungskompetenz, Fähigkeit und Bereitschaft zur Verantwortungsübernahme
- **lernmethodische Kompetenz**, die den bewussten Erwerb von Wissen ermöglicht
- **Kompetenz im Umgang mit Veränderungen und Belastungen**, die vor allem auf Widerstandsfähigkeit (Resilienz) abzielt

Im Bildungs- und Erziehungsplan wird auch auf die Bedeutung einer gezielten Vorbereitung und Begleitung beim **Übergang vom Kindergarten in die Schule** hingewiesen. Der Blick der pädagogischen Fachkräfte in den Kindergärten soll sich darauf richten, dass das Kind grundlegende Fähigkeiten erwirbt, um diesen Übergang gut zu bewältigen. Im Plan wird gefordert, dass die Bildungs- und Erziehungskonzeptionen von Kindergärten und Grundschulen anschlussfähig sind. Hierbei bilden Kooperationsbeauftragte in Kindergärten und Grundschulen die Voraussetzung, um auf lokaler Ebene Kooperationsformen zu entwickeln und umzusetzen. Hilfen für Kindergartenkinder zum Einstieg in die Grundschule sind Schulbesuche, gemeinsame Unterrichtsstunden, der Besuch von Lehrkräften in den Kindergärten und die Begleitung der Erstklässler durch Schulkinder der zweiten Klasse.

11.2.2 Der Lehrplan für die bayerische Grundschule

Das Vorwort des Lehrplans für die bayerische Grundschule trägt die Überschrift „Lehrplan 2000 – für die Zukunft der Kinder". Darin wird betont, dass „im Mittelpunkt von Unterricht und Erziehung [...] nach wie vor das Kind" steht, „als Mensch, als neugierig Fragender und Suchender, als wissbegierig Lernender und Forschender, aber auch als Kind, mit Anrecht auf sein Kind-Sein, sein Spielen und Träumen" (Hartwig, 2000, S. 3). Schüler sollen auf ihr künftiges Leben vorbereitet werden. Die Grundschule befindet sich dabei im Spannungsfeld zwischen Personalität und Funktionalität des Kindes.

In den **Leitlinien** wird der Auftrag der Grundschule definiert, Schüler in der Persönlichkeitsentwicklung zu unterstützen. Es geht darum, „Wissenserwerb zu ermöglichen, Verstehen anzubahnen, Interessen zu entwickeln, soziale Verhaltensweisen sowie musische und praktische Fähigkeiten zu fördern und Werthaltungen aufzubauen" (BayStMUK, 2000, S. 7). In einer Atmosphäre des Vertrauens, der Anerkennung und der Lebensfreude sollen die Kinder Selbstwertgefühl, Eigenverantwortung und eine bejahende Lebenseinstellung aufbauen. Dabei sollen sie lernen, die eigene Person und die des anderen anzunehmen.

Die elementaren Kulturtechniken Lesen, Schreiben und Rechnen werden als **zentrale Bildungsaufgaben** der Grundschule bezeichnet. Die Förderung der Sprach- und Kommunikationsfähigkeit ist eine fächerübergreifende Aufgabe, da die Entwicklung des Denkens im Wesentlichen über die Sprache erfolgt. Weitere Aufgaben bestehen darin, die kindliche Wahrnehmungsfähigkeit, die musischen Kräfte, die Kreativität, das Lernen des Lernens, das Denken in Zusammenhängen und das interkulturelle Lernen zu fördern. Die vorrangige Verantwortung der Eltern für die Erziehung der Kinder wird betont. Jedoch sind auch Lehrer verpflichtet, den Erziehungsauftrag anzunehmen.

Es wird darauf hingewiesen, dass sich Bildung und Persönlichkeitsentwicklung durch **Lernen** vollziehen. Die natürliche Neugier des Kindes soll dabei erhalten und eine beständige Lernmotivation aufgebaut werden. Die Schüler sollen eine realistische Selbsteinschätzung entwickeln und erkennen, dass Lernerfolge auch durch Mühen und Anstrengung erreicht werden. Die Unterrichtsmethoden werden durch die Lernziele und Lernsituationen bedingt. Hierbei kommen entdeckend-problemlösendes Lernen, Formen freien Arbeitens, selbstständiges Lernen, lehrerzentriertes Unterrichten und direkte Unterweisung in Frage.

Dabei wird an die Erfahrungs- und Erlebniswelt der Schüler angeknüpft. Lerninhalte sollen emotional ansprechend und in lebensnahe Zusammenhänge eingebettet sein. Wiederholung, vielfältige Übungen und Hausaufgaben in altersangemessenem Umfang und Anspruch sind wichtig. Leistungsfreude, Leistungsbereitschaft der Kinder und die Forderung von Leistung durch die Schule werden betont. Die Leistungsbeurteilung ist die Grundlage, um den individuellen Lernfortschritt zu beschreiben. Sie ist damit ein Diagnoseinstrument zur individuellen Förderung und zur weiteren Unterrichtsplanung. Die Leistungsbeurteilung ermöglicht dem Kind eine realistische Selbsteinschätzung und hilft bei der weiteren Schullaufbahnentscheidung.

Die Leitlinien des Lehrplans und seine fächerübergreifenden Bildungs- und Erziehungsaufgaben werden auf insgesamt elf Seiten dargestellt. Die Profile und Lehrpläne der einzelnen Fächer der Grundschule werden demgegenüber auf mehr als 300 Seiten ausgearbeitet. Dies zeigt, wie ausdifferenziert der Lehrplan für die bayerische Grundschule ist.

11.2.3 Der Vergleich beider Pläne und grundlegende Schwierigkeiten bei der Zusammenarbeit von Kindergarten und Grundschule

Beim Vergleich der Pläne sind grundlegende Gemeinsamkeiten und Unterschiede in den spezifischen Zielen auszumachen. So betonen beide Pläne die Erziehung als Schwerpunkt, wobei der Kindergarten mehr die Bildung, die Grundschule mehr den Unterricht akzentuiert. Der Bildungs- und Erziehungsplan fordert die Stärkung der Kinder. Der Lehrplan für die bayerische Grundschule betont in gleicher Hinsicht die Persönlichkeitsentwicklung. Im Kindergarten ist das Spiel das pädagogische Grundprinzip, auch in der Grundschule soll der Schüler Kind sein dürfen. In beiden Plänen geht es um den Erwerb von Basiskompetenzen, wobei es im Kindergarten eher um personale und interpersonale Kompetenzen im ganzheitlichen Sinne, in der Grundschule eher um die Kulturtechniken des Lesens, Schreibens und Rechnens geht. Der Schwerpunkt kognitiver Bildung im Grundschullehrplan gegenüber dem ganzheitlichen Lernen des Bildungs- und Erziehungsplans erscheint dabei nicht als Widerspruch. Die Zielsetzungen beider Bildungsein-richtungen ergänzen sich vielmehr.

Der bayerische Bildungs- und Erziehungsplan und der Lehrplan für die bayerische Grundschule stellen somit keine unüberwindlichen Hindernisse für die Zusammenarbeit beider Einrichtungen dar. Dennoch gibt es zahl-reiche Stimmen, die Gefahren bei einer Annäherung der beiden Bildungs-institutionen sehen. Es wird beispielsweise befürchtet, dass die Einheit von frühkindlicher Betreuung, Bildung und Erziehung als Stärke des Elemen-tarbereichs durch die Übernahme von Inhalten und Methoden aus dem Pri-marbereich verloren geht. Entwicklungspsychologische, neuropsychologische und neurophysiologische Forschungsergebnisse zeigen jedoch, dass eine umfassende und frühe Bildungsfähigkeit der Kinder unbestritten ist (z. B. Fthenakis, 2003; Spitzer, 2007; Singer, 2003). In diesem Zusammenhang wird auch bemängelt, dass Deutschland und Österreich die beiden letz-ten Länder Europas sind, in denen Erzieherinnen nicht auf akademischem Niveau ausgebildet werden (OECD, 2004).

Gefahr für die Kinder besteht insofern, als durch einseitige Förderung kognitiver Fähigkeiten eine ganzheitliche Entwicklungsförderung der Kinder vernachlässigt werden könnte. Zur ganzheitlichen Förderung gehört auch die Stärkung der elterlichen Erziehungskompetenz, die bei den heutigen Famili-enstrukturen und Arbeitsbedingungen immer wichtiger wird. Hierbei wird auch auf die Schutzfaktoren für die kindliche Entwicklung hingewiesen (siehe Antonovsky, 1997; Oerter, von Hagen, Röper & Noam, 1999). Von besonde-rer Bedeutung ist hierbei die Förderung der Resilienz, also der Widerstands-kraft des Kindes. Der bayerische Bildungs- und Erziehungsplan fordert dies ausdrücklich und bezeichnet die Resilienz als eine Basiskompetenz. Resilienz entwickelt sich in einem komplexen Zusammenspiel von genetischen Anla-gen und Lernumwelten. Positive und stabile Beziehungen zu Gleichaltrigen und soziale Unterstützung durch intensive Betreuung fördern die Resilienz. Diese Einflüsse könnten bei einer Verschulung des Kindergartens verloren gehen (siehe Fröhlich-Gildhoff, 2005).

Noch deutlicher werden die Unterschiede zwischen beiden Einrichtungen, wenn man Eltern befragt, was sie vom Kindergarten und von der Schule erwarten. Von der Elementarpädagogik erwarten die Eltern vor allem eine gute und zuverlässige Betreuung der Kinder. Der Kindergarten soll die individuelle und soziale Entwicklung der Kinder fördern und ein anregendes Lernumfeld bieten, aber keine „Verwahranstalt" sein. Eltern erwarten hierbei, dass ihr Kind sich wohlfühlt und als Person wertgeschätzt wird. Die allgemeine Bildungsaufgabe des Kindergartens wird zwar auch als wichtig angesehen, rangiert aber in der Einschätzung der Eltern weiter hinten (Schreiber, 2004). Allenfalls im letzten Kindergartenjahr erwarten Eltern eine Vorbereitung auf die Schule.

Von der Grundschule erwarten Eltern, dass sie den Kindern in erster Linie Lesen, Schreiben und Rechnen beibringt. Im Hinblick auf spätere Karrierewege der Kinder wird hier schon der Ehrgeiz der Eltern deutlich. Eltern konzentrieren sich vor allem auf den Schulerfolg ihrer Kinder, der durch Zensuren dokumentiert wird. Der Besuch der Hauptschule nach der vier Jahre dauernden Grundschulzeit gilt als Misserfolg und Scheitern. Der Übertritt zur die Realschule ist das Mindeste, was Eltern erwarten, der Wechsel auf das Gymnasium ist das Ziel.

11.3 Spezifische Konfliktpotenziale bei gemeinsamen Projekten von Kindergarten und Grundschule

Bei gemeinsamen Projekten zwischen Kindergarten und Schule sind verschiedene Konfliktpotenziale zu bedenken. **Konfliktpotenziale** sind hierbei Faktoren, die bei zukünftiger Durchführung eines Projekts zu Unvereinbarkeiten führen und damit einen Konflikt bedingen können. Als Konfliktpotenziale werden im Folgenden zunächst Aspekte vorgestellt, die die Mitarbeiter in Kindergarten und Grundschule betreffen, wie Unterschiede in der Qualifikation, den Berufsrollen und Arbeitszeiten. Weiterhin werden hierarchische Unterschiede, Machtverhältnisse, beeinflussende Personen und Geldgeber, das Projektkonzept und Einrichtungen erörtert, die besonders im Blick der Öffentlichkeit stehen. Diese Konfliktpotenziale habe ich selbst als Supervisor und Coach bei gemeinsamen Projekten von Kindergarten und Grundschule erfahren. Bei diesen Projekten arbeiteten jeweils Kindergärtnerinnen, Lehrkräfte und die vorgesetzten Stellen zusammen. Alle vorgestellten Punkte sollten von Personen, die das Projekt leiten oder begleiten, noch vor Projektdurchführung umfassend berücksichtigt werden.

11.3.1 Unterschiede in der Qualifikation

In Kindergärten sind vorwiegend Erzieherinnen beschäftigt. Diese verfügen mindestens über einen mittleren Schulabschluss und haben eine mehrjährige Berufsausbildung an einer Fachschule, Fachakademie oder einem Berufskolleg hinter sich. Im öffentlichen Dienst erfolgt eine Eingruppierung in die Entgeltgruppe 6, Stufe 2, bis Entgeltgruppe 9, Stufe 4, bei einem Monatsbruttoentgelt von 1960 bis 2730 Euro (Bundesagentur für Arbeit, 2008).

Teilweise werden in Kindergärten auch Diplom-Sozialpädagoginnen beschäftigt. Diese haben nach Erreichen der Hochschulreife ein Studium an einer Universität, Fachhochschule oder Berufsakademie abgeschlossen. Im öffentlichen Dienst werden sie in die Entgeltgruppe 9, Stufe 4, bis zur Entgeltgruppe 12, Stufe 4, bei einem Monatsbruttoentgelt von 2730 bis 3550 Euro eingruppiert (Bundesagentur für Arbeit, 2008). Die Praxis zeigt jedoch, dass Diplom-Sozialpädagoginnen im Bereich der Elementarpädagogik diese Bezahlung kaum erhalten. Meistens werden sie entsprechend den Erzieherinnen eingruppiert. Allenfalls Leiterinnen von Kindergärten kommen in den Genuss eines höheren Arbeitsentgelts.

Darüber hinaus sind in Kindergärten Kinderpflegerinnen und Heilerziehungspflegerinnen beschäftigt. Sie verfügen über Berufsschul- oder Hauptschulabschluss und haben eine zwei- bis dreijährige Ausbildung an einer Fachschule, Berufsfachschule oder einem Berufskolleg hinter sich. Im öffentlichen Dienst erfolgt eine Eingruppierung in die Entgeltgruppe 5, Stufe 3 bis 6, bei einem Monatsbruttoentgelt von 1970 bis 2185 Euro (Bundesagentur für Arbeit, 2008).

An Grundschulen sind, abgesehen von wenigen Förderlehrerinnen, Lehrkräfte für das Lehramt an Grundschulen eingesetzt. Diese verfügen über eine allgemeine Hochschulreife. Nach einem Universitätsstudium von acht

Semestern haben sie die erste Lehramtsprüfung und nach einer anschließenden weiteren Ausbildungsphase die zweite Lehramtsprüfung abgelegt. In der Regel sind Lehrkräfte Beamte auf Lebenszeit und werden in Bayern entsprechend der Besoldungsgruppe A 12 bezahlt. Das entspricht je nach Dienstzeit einem monatlichen Entgelt von 2630 bis zu 3620 Euro brutto, zuzüglich eventueller Zuschläge für Verheiratete und Lehrkräfte mit Kindern (Bayerischer Lehrer- und Lehrerinnenverband, 2007).

Durch die verschiedenen Schulabschlüsse und Ausbildungen sind die unterschiedlichen Arbeitsentgelte zwar begründet. Sie werden jedoch als ungerecht empfunden, wenn innerhalb eines Projektes Angehörige verschiedener Berufsgruppen den gleichen Aufgaben nachgehen. Neid und Missgunst werden zwar selten ausgesprochen. Diese Gefühle sind jedoch spürbar, vor allem weil die Lehrerinnen aufgrund des Beamtenstatus über einen absolut sicheren Arbeitsplatz verfügen, die Erzieherinnen, Kinderpflegerinnen und Heilerziehungspflegerinnen hingegen nicht.

Ebenso sind die Möglichkeiten, nach einer Familienphase wieder in den Beruf einzusteigen, bei Lehrerinnen wesentlich günstiger als bei Erzieherinnen. Erzieherinnen im Angestelltenverhältnis müssen nach einer Elternzeit von maximal drei Jahren wieder berufstätig sein, um ihren Arbeitsplatz behalten zu können. Verbeamtete Lehrerinnen können zusätzlich eine mehrjährige Beurlaubung aus familiären Gründen in Anspruch nehmen, ohne dass das Recht auf den Arbeitsplatz verloren geht.

Sticheleien von Angestellten in Kindergärten gegenüber Lehrerinnen, die sich gegen deren bessere Arbeitsbedingungen richten, sind üblich. Die Projektleitung erklärt dieses Thema daher oft zum Tabu. Aufgabe des Supervisors ist es dann, diese meist unterschwelligen Vorbehalte einer Diskussion zugänglich zu machen. Die negativen Emotionen sollen so bearbeitet werden, damit sie das Projekt nicht gefährden. Auch die unterschiedlichen Bildungsabschlüsse können zu Provokationen führen. Wenn z. B. ein Bericht verfasst wird, kann es vorkommen, dass Lehrerinnen Satzbau und Orthografie der Erzieherin mit Genugtuung korrigieren. Meist folgen Retourkutschen, indem darauf hingewiesen wird, dass ein Kindergarten viel umfassendere Bildungsziele habe als nur eine sichere Rechtschreibung.

11.3.2 Unterschiede bei den Berufsrollen

Die von mir begleiteten Projekte fanden alle im Vorfeld der Einschulung statt. Erzieherinnen wiesen gerne darauf hin, dass sie für diese Altersgruppe eine fundiertere Ausbildung durchlaufen hätten und die Lehrkräfte sich diesbezüglich erst einarbeiten müssten. Erzieherinnen, Kinderpflegerinnen und Heilerziehungspflegerinnen haben nach meiner Erfahrung ein differenzierteres berufliches Selbstverständnis als Lehrkräfte. Mitarbeiterinnen in Kindergärten haben sich häufig mehrmals auf Vorstellungsgespräche vorbereitet und sich daher mit ihrer Berufsrolle intensiv auseinandergesetzt. Sie können leichter als Lehrkräfte ihre Beweggründe, warum sie diesen Beruf ergriffen haben, und ihr fachliches Know-how in Worte fassen. Lehrerinnen mussten selten in einem Vorstellungsgespräch erklären, warum sie diesen Beruf ergriffen haben. Die Note der Staatsprüfung war für die Übernahme in den Staatsdienst maßgeblich.

Die Mitarbeiterinnen in Kindergärten sind den Lehrkräften häufig in der Fähigkeit überlegen, ihre Arbeit zu reflektieren und als Team zusammenzuarbeiten. Lehrer unterrichten oft hinter verschlossenen Türen, ohne dass sie von Kollegen oder Vorgesetzten beobachtet werden. Sie werden daher auch oft als Einzelkämpfer bezeichnet. Kindergartengruppen werden hingegen von zwei Fachkräften geleitet, die meistens durchgängig zusammen im selben Raum arbeiten. Die Beobachtung durch eine Kollegin ist hierbei Gewohnheit und nicht die Ausnahme. Das bringt häufig mit sich, dass über pädagogische Maßnahmen diskutiert wird und ein kritischer Austausch zustande kommt. Die Fähigkeiten der Erzieherinnen, Kritik zu ertragen und Kritik konstruktiv zu äußern, werden dabei grundlegend geschult. Diese Kultur der Reflexion und der Teamarbeit ist in Kindergärten fester Bestandteil, in Grundschulen eher selten anzutreffen. Supervision für das Kindergartenteam ist folgerichtig weit verbreitet, für das Kollegium einer Grundschule eher die Ausnahme.

Erschwerend kommt hinzu, dass Kindergartenpersonal und Lehrkräfte häufig wenig von einander wissen und sich mit Vorurteilen begegnen. Manchmal wird so von den Mitarbeiterinnen die jeweils andere Gruppe schon in der Phase der Projektplanung schlechtgemacht. Lehrkräfte sehen mit Verweis auf die eigene universitäre Ausbildung Fortbildungsbedarf bei den Erziehe-rinnen. Die Kindergartenfachkräfte betonen die eigene Expertise im Um-gang mit bis zu sechsjährigen Kindern und sehen praktischen Nachholbedarf bei den Lehrkräften. Wenn diese Vorbehalte geäußert werden, kann schon ein Konflikt entstehen, noch bevor das Projekt begonnen hat.

11.3.3 Unterschiedliche Arbeitszeiten

Erhebliches Konfliktpotenzial bergen auch oft Umfang und Verteilung der Arbeitzeiten. Die Wochenarbeitszeit vollzeitbeschäftigter Erzieherinnen, Kinderpflegerinnen und Heilerziehungspflegerinnen beträgt je nach Vertrag 38 bis 40 Stunden. Sie haben einen Jahresurlaub von insgesamt ca. sechs Wochen. Die wöchentliche Unterrichtszeit beläuft sich bei Lehrkräften auf 29 Unterrichtsstunden zu je 45 Minuten, was ca. 22 Zeitstunden entspricht. Hinzu kommen Aufsichten, die Arbeit mit Kindern vor Unterrichtsbeginn, Konferenzen und Fortbildungen. Ebenso umfasst die Arbeitszeit die Vor- und Nachbereitung des Unterrichts, die Korrektur der Schülerhefte, die Leistungsfeststellungen und Probearbeiten. In Bayern wurde die Wochenar-beitszeit der Beamten auf 42 Stunden erhöht. Die sogenannte unterrichtsfreie Zeit, nämlich die Ferienzeit, umfasst 14 Wochen, die teilweise aber auch oft als Arbeitszeit oder zu Fortbildungen genutzt werden muss.

Das Problem liegt darin, dass die Arbeit der Lehrkräfte außerhalb des Un-terrichts von einem außen stehenden Beobachter oftmals nicht gesehen oder gar bestritten wird. Einen Konflikt kann das Thema Arbeitszeiten auslösen, wenn in einem gemeinsamen Projekt von Kindergarten und Schule die Lehr-kräfte ihre Arbeitszeit z. B. wie folgt selbst angeben: Arbeit mit Kindern von 8 Uhr bis 13 Uhr, Vorbereitung am Nachmittag auf den nächsten Tag, in den Schulferien wird nicht gearbeitet. Es ist dann nur schwer vermittelbar, wenn bei einem gemeinsamen Projekt zwischen Kindergarten und Grundschule die Lehrkräfte die Einrichtung schon um 13 Uhr verlassen, während die anderen Beschäftigten bis 17 Uhr arbeiten. Angesichts der darüber hinaus bestehenden Ferienzeit von 14 Wochen, in denen die Lehrkräfte nicht vor Ort sind, kommen schnell Neid und Missgunst bei den Angestellten der Kindertagesstätte auf.

Ein solcher Konflikt verschärfte sich durch eine Fortbildung in einer Einrichtung, bei der ich eine Supervision durchführte. Da alle Beschäftigten an der Fortbildung teilnehmen sollten, blieb nur die Ferienzeit für die Fortbildung, in der der Kindergarten ohnehin geschlossen hatte. Die Lehrerinnen, die am Projekt beteiligt waren, konnten dann unter Hinweis auf die ihnen zustehenden Ferien nicht teilnehmen. Konflikte dieser Art sind dann auch durch Moderation oder Supervision nicht zu lösen. Vielmehr müssen schon bei der Planung des Projekts die unterschiedlichen Arbeitszeiten für die Arbeitsgestaltung, die Aufgabenteilung, für gemeinsame Besprechungen und Fortbildungen berücksichtigt werden.

11.3.4 Unterschiedliche Hierarchien

Die Institutionen sind in unterschiedliche Hierarchien eingebunden. Am Beispiel Bayern sei dies kurz erläutert. Die vorgesetzte Behörde der Schulen ist das Schulamt. Die vorgesetzte Dienststelle des Schulamts ist die Bezirksregierung. Über ihr steht wiederum das Ministerium für Unterricht und Kultus. Kindergärten sind zum einen kommunale oder kirchliche Einrichtungen und damit dem Bürgermeister oder Pfarrer unterstellt. Zum anderen können es private Kindergärten sein, die von den Entscheidungen des Trägervereins abhängig sind. Die Fachaufsicht der Kindergärten liegt bei den Landratsämtern. Das zuständige Ministerium ist dasjenige für Arbeit und Sozialordnung, Familie und Frauen. Die Zusammenarbeit von Einrichtungen oder Dienststellen, die in unterschiedliche Hierarchien eingebunden sind, ist manchmal ungewohnt und mühsam. Oft müssen voneinander abweichende Entscheidungswege berücksichtigt und verschiedene Vorgesetzte bei der Durchführung des Projekts kontaktiert werden.

11.3.5 Personen, die das Projekt nicht unterstützen

In der Phase der Projektplanung sollte festgestellt werden, welche der beteiligten Personen innerhalb der Hierarchie, in die Kindergarten und Grundschule eingebunden sind, das Projekt fördern, unterstützten, lediglich dulden oder vielleicht sogar bekämpfen. Es ist denkbar, dass ein Projekt vom Landrat oder Bürgermeister aus Prestigeüberlegungen oder parteipolitischen Gründen erwünscht ist, während es vom Schulamt aus fachlichen Gründen jedoch abgelehnt wird. Wenn das Projekt von einer Stelle abgelehnt wird, wird diese die Projektdurchführung auch nicht unterstützen. Meist wird es die Stelle sein, die immer schon Bedenken gegenüber dem Projekt äußerte. Es ist im Vorfeld der Projektdurchführung auch genau zu prüfen, ob die beteiligten Personen aus eigenem Antrieb mitmachen oder ob sie lediglich dazu verpflichtet wurden. Leistungswille, Motivation und Engagement eines Projektmitarbeiters hängen zum Großteil davon ab, inwieweit er aus eigenem Antrieb und persönlicher Überzeugung mitarbeitet.

11.3.6 Einfluss der Geldgeber

Bei der Projektplanung muss auch geklärt werden, wer das Projekt finanziert. Oft werden erhebliche Summen in die Durchführung eines gemeinsamen Projekts von Kindergarten und Grundschule investiert. Es muss festgehalten werden, welchen fachlichen Einfluss der Geldgeber geltend macht. Auch sollte ein möglicher Wechsel in der Zielsetzung des Projekts aufgrund veränderter finanzieller Unterstützung berücksichtigt werden. Von einem Modellversuch mit erheblichen Investitionen wird erwartet, dass er erfolgreich ist. Der Erfolg muss sich innerhalb einer vorgegebenen Zeit und gemessen an einzelnen Erfolgskriterien einstellen. Der damit verbundene Zeitdruck verhindert mitunter die gründliche fachliche Auseinandersetzung innerhalb des Projekts. Durch eine vorschnelle Pressearbeit werden dann die Ergebnisse dargestellt. Falls die Ergebnisse nicht zufriedenstellend ausfallen, werden sie gegebenenfalls gegenüber Presse und Öffentlichkeit beschönigend nachgezeichnet.

11.3.7 Machtverhältnisse der beteiligten Personen

Entscheidend für den Erfolg des Projekts ist es, vor Durchführung die bestehenden Machtverhältnisse zu klären. Für alle Personen, die am Projekt beteiligt sind, muss eindeutig festgehalten werden, wer wessen Vorgesetzter in welcher Angelegenheit ist. Zudem muss bestimmt werden, wer das Projekt verantwortlich leitet und Entscheidungen treffen darf. Es muss auch geklärt sein, wer die Projektleitung stellvertretend innehat, falls die Leitung ausfällt oder erkrankt ist. Ein Beispiel aus der Praxis soll diese Überlegungen verdeutlichen.

In einem gemeinsamen Modellprojekt von Kindergarten und Grundschule war die Leiterin des Kindergartens auch die Projektleiterin. Im Kindergarten arbeiteten zusätzlich zum üblichen Fachpersonal auch drei Lehrerinnen. Bei Unstimmigkeiten wandten sich die Lehrkräfte mit ihren Forderungen jedoch nicht an die Leiterin des Kindergartens, sondern an ihre vorgesetzten Dienststellen der Schulleitung oder des Schulamts. Das Schulamt machte den Lehrerinnen daraufhin Zugeständnisse, die von der Kindergartenleiterin aber nicht eingelöst werden konnten. Hinzu kam, dass eine jüngere Erzieherin zur Leiterin der Einrichtung vor Ort aufrückte, da die frühere Leiterin längere Zeit erkrankt war. In dieser Rolle wurde die junge Erzieherin von den viel älteren und auch berufserfahreneren Lehrerinnen nicht akzeptiert. Über das Schulamt machten diese dann ihren Einfluss geltend, sodass es immer wieder zu Konflikten zwischen Lehrerinnen und Projektleitung kam. Noch im ersten Jahr des Projekts schieden alle drei Lehrerinnen aus.

11.3.8 Das Projektkonzept

Es sollte von Anfang an feststehen, welches theoretisch und praktisch gesicherte Konzept dem Projekt zugrunde liegt und wie dies innerhalb der Projektplanung berücksichtigt wird. Ein unausgereiftes Konzept und eine fehlende Planung führen bei der Projektdurchführung häufig zu Aktionismus und fachlich unzureichenden Maßnahmen. So sollte bei der Zusammenarbeit von Kindergarten und Grundschule beispielsweise ermittelt werden, wie viel freies Spiel und anderweitige Lernmethoden eingesetzt werden. Der Umfang der kognitiven Bildung sollte festgelegt und die Bildungsziele operationalisiert werden. Hierbei muss auch überlegt werden, was mit jenen Kindern geschehen soll, die mit der Vermittlung kognitiver Wissensbestandteile überfordert sind. Es sollte auch feststehen, ob die Maßnahmen zur kognitiven Bildung ein verpflichtendes oder ein freies Angebot für die Kindergartenkinder sind.

In einer Einrichtung, die einen Modellversuch durchführte, wurden Kinder systematisch auf mögliche Defizite getestet. Diese Defizite wurden dann den Eltern mitgeteilt. Zum einen wurden hierbei fachliche Fehler gemacht, da es sich bei den festgestellten Defiziten um altersgemäße Entwicklungsunterschiede handelte. Zum anderen ist eine solche Sichtweise, die sich an den Schwächen des Einzelnen orientiert, weit entfernt von den Grundannahmen der Sozialpädagogik, die Wachstum und Entwicklung betonen. Auch findet ein solches Vorgehen bei den Fachkräften außerhalb der Einrichtung, bei Kinderärzten, Fachärzten, Ergotherapeuten und Logopäden, oftmals keinerlei Verständnis.

11.3.9 Einrichtungen, die besonders im Blick der Öffentlichkeit stehen

Herausgehobene Einrichtungen, die am Projekt beteiligt sind, stehen meist besonders im Blick der Öffentlichkeit. Die Aufmerksamkeit der Medien ist auf sie gerichtet. Von anderen Einrichtungen, die dann vorübergehend im Schatten der Berichterstattung stehen, wird dies oftmals sehr kritisch gesehen. Der Modelleinrichtung kann schnell Besserwisserei unterstellt werden. Die Pressearbeit ist hierbei sorgfältig abzuwägen, damit solche Zuschreibungen nicht noch zusätzlich gefördert werden. Ein Kindergarten, der ein Modellprojekt durchführt, sollte sich nicht als der bessere Kindergarten darstellen, es sei denn, Unterschiede sollen damit betont werden und Gegenreaktionen sind ausdrücklich erwünscht.

11.4 Resümee

Je mehr die aufgeführten Konfliktpotenziale in der Phase der Projektplanung berücksichtigt werden, desto eher lassen sich Konflikte vermeiden. Es wird somit auch unwahrscheinlicher, dass im Konfliktfall nach einzelnen Schuldigen gesucht wird. Die Einflussfaktoren können vielmehr im Zusammenhang gesehen werden. Eine konstruktive Konfliktlösung auf sachlicher Ebene ist damit absehbar. Die Zusammenarbeit von Kindergarten und Grundschule kann grundlegend verbessert werden, wenn schon im Vorfeld Konfliktpotenziale ausgeräumt werden. Dies eröffnet wiederum neue Möglichkeiten zu Kooperation und Bildung im Elementarbereich.

11.5 Literatur

Antonovsky, A. (1997). *Salutogenese: zur Entmystifizierung der Gesundheit.* Tübingen: DGVT-Verlag.

Bayerischer Lehrer- und Lehrerinnenverband (Hrsg.). (2007). *Besoldungstabelle.* Verfügbar unter: http://www.bllv.de/service/besoldung.shtml [20.03.2008].

Bayerisches Staatsministerium für Arbeit und Sozialordnung, Familie und Frauen & Staatsinstitut für Frühpädagogik München (Hrsg.). (2006). *Der Bayerische Bildungs- und Erziehungsplan für Kinder in Tageseinrichtungen bis zur Einschulung.* Weinheim: Beltz. Verfügbar unter: http://www.ifp. bayern.de/imperia/md/content/stmas/ifp/bildungsplan_endfassung.pdf [20.03.2008].

Bayerisches Staatsministerium für Unterricht und Kultus (Hrsg.). (2000). *Lehrplan für die bayerische Grundschule.* München: Maiß. Verfügbar unter: http://www.isb.bayern.de [20.03.2008].

Bundesagentur für Arbeit (Hrsg.). (2008). *BERUFENET: Berufsinformationen einfach finden. Die Datenbank für Ausbildungs- und Tätigkeitsbeschreibungen der Bundesagentur für Arbeit.* Nürnberg: Herausgeber. Verfügbar unter: http://berufenet.arbeitsagentur.de [20.03.2008].

dpa (2006, 11. August). Wirtschaft für mehr Bildung im Kindergarten. *Augsburger Allgemeine.*

Fröhlich-Gildhoff, K. (2005). Ganzheitliche Entwicklungsförderung statt einseitiger kognitiver Bildung – Gedanken zur Zukunft der Kindertagesstätten aus psychologischer und psychotherapeutischer Perspektive. *Verhaltenstherapie & psychosoziale Praxis, 37*, 553-561.

Fthenakis, W. E. (Hrsg.). (2003). *Elementarpädagogik nach PISA: wie aus Kindertagesstätten Bildungseinrichtungen werden können.* Freiburg im Breisgau: Herder.

Hartwig, H.-W. (2000). Lehrplan 2000 – für die Zukunft der Kinder [Vorwort]. In Bayerisches Staatsministerium für Unterricht und Kultus (Hrsg.), *Lehrplan für die bayerische Grundschule* (S. 3). München: Maiß.

Oerter, R., von Hagen, C., Röper, G. & Noam, G. (Hrsg.). (1999). *Klinische Entwicklungspsychologie: ein Lehrbuch.* Weinheim: Beltz.

Organisation für wirtschaftliche Zusammenarbeit und Entwicklung (Hrsg.). (2001). *Starting strong. Early childhood education and care.* Paris: Herausgeber. Verfügbar unter: http://213.253.134.43/oecd/pdfs/browseit/9101011E.pdf [20.03.2008].

Organisation für wirtschaftliche Zusammenarbeit und Entwicklung (Hrsg.). (2004). *Die Politik der Frühkindlichen Betreuung, Bildung und Erziehung in der Bundesrepublik Deutschland. Ein Länderbericht der Organisation für wirtschaftliche Zusammenarbeit und Entwicklung (OECD).* Paris: Herausgeber. Verfügbar unter: http://www.bmfsfj.de/bmfsfj/generator/RedaktionBMFSFJ/Pressestelle/Pdf-Anlagen/oecd-studie-kinderbetreuung.pdf [20.03.2008].

Schreiber, N. (2004). *Erwartungen und Einschätzungen von Eltern, Erzieherinnen und Erziehern.* Hohentengen: Autor. Verfügbar unter: http://www.mbwjk.rlp.de/fileadmin/Dateien/Downloads/Jugend/Folien_Schreiber-Mainz04.doc [20.03.2008].

Sekretariat der Ständigen Konferenz der Kultusminister der Länder der Bundesrepublik Deutschland, Dokumentations- und Informationsdienst (Hrsg.). (2005). *Grundstruktur des Bildungswesens in der Bundesrepublik Deutschland – Diagramm.* Bonn: Herausgeber. Verfügbar unter: http://www.kmk.org/doku/dt-2005.pdf [20.03.2008].

Singer, W. (2003). Was kann ein Mensch wann lernen? Ein Beitrag aus Sicht der Hirnforschung. In W. E. Fthenakis (Hrsg.), *Elementarpädagogik nach*

PISA: wie aus Kindertagesstätten Bildungseinrichtungen werden können (S. 67-77). Freiburg im Breisgau: Herder.

Spitzer, M. (2007). *Lernen: Gehirnforschung und die Schule des Lebens*. München: Elsevier.

Personenverzeichnis

Sachverzeichnis

Die Autoren

Bachheibl, Petra
Staatliche Schulpsychologin an der staatlichen Realschule Puchheim und an der staatlichen Schulberatungsstelle Oberbayern-West.
Anschrift:
Beetzstraße 4
81679 München
Telefon: 089/982955124
E-Mail: pbachheibl.sbwest@gmx.de

Bauhuber, Helmut
Lehrer und staatlicher Schulpsychologe an der Hauptschule an der Herschelstraße in Ingolstadt und Beratungsrektor am staatlichen Schulamt der Stadt Ingolstadt.
Anschrift:
Neubaustraße 2
85049 Ingolstadt
Telefon: 0841/99359200
E-Mail: bauhuber.helmut@t-online.de

Cronenberg, Ulf
Staatlicher Schulpsychologe am Deutschhaus-Gymnasium Würzburg.
Anschrift:
Deutschhaus-Gymnasium
Zeller Straße 41
97082 Würzburg
Telefon: 0931/3594018
E-Mail: mail@schulpsychologie-dhg.de

Eder, Brigitte

Staatliche Schulpsychologin, Beratungsrektorin an der staatlichen Schulberatungsstelle Niederbayern, Koordinatorin aller ReKIT in Niederbayern.
Anschrift:
Seligenthaler Str. 36
84034 Landshut
Telefon: 0871/43031-19
E-Mail: brigitte.eder@sbndb.de

Gastl, Hanna

Staatliche Schulpsychologin am Gymnasium Donauwörth und an der staatlichen Schulberatungsstelle für Schwaben, Seminarlehrerin für Psychologie am Holbein-Gymnasium Augsburg.
Anschrift:
Pyrkstockstraße 1
86609 Donauwörth
Telefon: 0906/706560
E-Mail: hanna.gastl@gym-don.de

Graf, Doris

Staatliche Schulpsychologin, Schulberatungsstelle Oberbayern-West.
Anschrift:
Staatsinstitut für Schulqualität
Schellingstraße 155
80797 München
Telefon: 089/2170-2301 und 089/982955-120
E-Mail: Doris.graf@isb.bayern.de

Hacker-Eichenseer, Maria

Staatliche Schulpsychologin für Realschulen an der staatlichen Schulberatungsstelle für Niederbayern, Seminarlehrerin für Psychologie an der staatlichen Realschule Landshut.

Anschrift:
Staatliche Schulberatungsstelle Landshut
Seligenthaler Str. 36
84034 Landshut
Telefon: 0871/43031-23
E-Mail: Mariahacker-eichenseer@sbndb.de

Huber, Michaela
Staatliche Schulpsychologin am Oskar-von-Miller-Gymnasium München.
Anschrift:
Siegfriedstrasse 22
80803 München
E-Mail: mi.huber@t-online.de

Lucas, Ute
Schulpsychologin für Hauptschulen, Beratungsrektorin.
Anschrift:
Lohbachstraße 44
91161 Hilpoltstein
Telefon: 09174/970846
E-Mail: utea.lucas@t-online.de

Maar, Reinhardt
Staatlicher Schulpsychologe in Günzburg, Beratungsrektor,
Ausbilder im Fachseminar Schulpsychologie Schwaben.
Anschrift:
St.-Vitus-Straße 23
89312 Günzburg
Telefon: 08221/250839
E-Mail: r.maar@t-online.de

Maier-Gigl, Barbara

Koordinatorin für Ganztagsschulen, staatliche Schulpsychologin und Fachmitarbeiterin Psychologie beim Ministerialbeauftragten für Realschulen in der Oberpfalz.

Anschrift:

Isarstraße 24

93057 Regensburg

Telefon: 0947/5073080

E-Mail: ganztagsbetreuung@mbrs.schulen.regensburg.de

Mortler, Dagmar

Staatliche Schulpsychologin, Seminarlehrerin für Psychologie.

Anschrift:

Weigelstraße 26

92637 Weiden

Telefon: 0961/41221

E-Mail: ehg-dagmar.mortler@t-online.de

Roth, Klaudia

Staatliche Schulpsychologin für Grund- und Hauptschulen, Beratungsrektorin am staatlichen Schulamt Main-Spessart.

Anschrift:

Am Marktplatz 8

97753 Karlstadt

Telefon: 09353/793205

E-Mail: roth.tellingen@freenet.de

Dr. Schreyögg, Astrid

Freiberufliche Psychotherapeutin, Supervisorin und Coach.

Anschrift:

Breisgauer Straße 29

14129 Berlin

Telefon: 030/8023302

Mail: info@schreyoegg.de